新时代考试招生制度改革研究

张家勇◎著

上海教育出版社
SHANGHAI EDUCATIONAL PUBLISHING HOUSE

图书在版编目（CIP）数据

新时代考试招生制度改革研究 / 张家勇著.— 上海：上海教育出版社，2020.11
ISBN 978-7-5720-0406-3

Ⅰ.①新… Ⅱ.①张… Ⅲ.①高考－考试制度－教育改革－研究－中国 ②中考－考试制度－教育改革－研究－中国 Ⅳ.①G632.474

中国版本图书馆CIP数据核字(2020)第221881号

责任编辑　曹婷婷　董龙凯
封面设计　王　捷

新时代考试招生制度改革研究
张家勇　著

出版发行　上海教育出版社有限公司
官　　网　www.seph.com.cn
地　　址　上海市永福路123号
邮　　编　200031
印　　刷　昆山市亭林印刷有限责任公司
开　　本　700 × 1000　1/16　印张 15
字　　数　269 千字
版　　次　2020年11月第1版
印　　次　2020年11月第1次印刷
书　　号　ISBN 978-7-5720-0406-3/G·0298
定　　价　49.80 元

如发现质量问题，读者可向本社调换　电话：021-64377165

自　序

考试招生制度改革是教育教学工作的指挥棒，是教育综合改革的方向舵，是教育事业发展的定盘星。拙著综合考虑社会发展水平、制度文化相似性、人口规模总量、教育国际影响力等因素，撷取美国、英国、日本、印度等具有代表性的国家和地区作为案例，从考试评价、招生录取、监督管理等方面入手全面叙说这些国家和地区考试招生制度的概况。并以此为背景，系统梳理改革开放以来我国考试招生制度改革的历史轨迹，从促进公平、科学选才、扩张权限、严格监管等方面总结改革取得的重要进展，同时指出各地改革试点暴露出来的准备不足、措施不力、共识不够、机制不顺等问题，最后从体制改革、招生录取、综合评价等多方面提出了新时代深化考试招生制度改革的总体思路和政策建议。

拙著直面中央关心、社会关注、群众关切的改革过程中迸发出来的热点难点问题，尝试提出一些新观点、新思路和新举措。

如何厘清考试机构职能？我国考试机构长期附属于政府相关行政部门，服务意识、法律意识、市场意识、专业技术等相对薄弱，这种制度设计固然有其合理之处，但一定程度上混淆了考试机构和教育行政部门的职能界限。建议剥离各级教育考试机构身上与考试服务无直接关联的行政职能，取消政府财政拨款，使之专注于提供命题、考试、评价服务。考试评估机构应根据各自优势和特色重新定位，共同参与竞争全国统一考试命题和单科命题等工作；完善内外部专家协助命题机制，实现国家教育考试社会化、专业化和市场化；支持社会力量举办专业考试机构，为社会提供更加多样化和有特色的考试选择；授权考试机构举办考试招生协作研讨会，促进不同层级和类型教育的顺畅衔接。

如何提高考试评价服务质量？由于体制机制等的掣肘，我国考试评价服务不能很好地适应改革发展需求，滞后于社会实际发展水平，其专业性、科学性亟待提高，建议政府通过健全相关市场机制和法律手段向全国乃至全球招标，将考试评价服务外包给专业考试机构，甚至可以将不同性质、不同科目的考试评价服务外包给不同的考试机构，推动各考试机构在竞争中转型升级。作为人民权益的代表及公共利益的具现者，政府负责框定考试评价目标、内容、形式、范围和标准等，并协调各承包机构的考试设计、试题研发、考试实施、阅卷评价、测量分析、结果报告等方面工作。

如何确定高中选考科目的功能定位？从教学方式、考试范围、考试时间、试题类型、成绩呈现、考评功能等方面看，高中学业水平考试各选考科目与诸学考科目之间都有本质不同。建议让选考科目回归到全国统一考试，可以继续保留“3＋3”“3＋1＋2”等形式的选择弹性，与此同时让学业水平考试和综合素质评价真正发挥作用，体现“两依据一参考”的政策初衷和改革主旨。

如何化解学生选择权与学校自主权的冲突？现行招考录取办法的设计天然地存在学生选择权与学校自主权冲突的问题，学校作为高度专业化的育人机构，理应最有资质、最有能力依据自身教育理念、培养目标、学科性质、教育教学特色等确定招生录取标准，提出不同科目组合和特有的评价要求，决定如何利用考试机构和高中提供的评价信息，让学生享有选择科目组合而不是组合科目的权利。特别是热门学校还应有权组织学校自主评价，采取笔试、面试、调查书、档案袋等方法，多方面、多角度考查考生的表现力、创造力、社会活动参与度、兴趣点和适应性等。

如何用好学校考试招生自主权？招生学校拥有考试招生自主权，是世界通行的规则。为推动改革顺利落地、消除社会对考试招生腐败的担忧，建议学校重组招生机构，建立校内监督和申诉机制，实现招生机构功能化、实置化和效能化；建立以学校教师为主要成员的考试招生委员会或由全校（学院）学术委员会、教授会具体承担考试招生工作；建立教师和职员协力合作机制，由教师负责命题、评卷、面试、结合书面材料综合评价确定录取名单等核心工作，职员负责考试招生宣传、咨询、办理手续和组织考试等非核心工作。

如何完善监督制衡机制？建立健全监督制衡机制，是考试招生制度改革的重要保障。建议明确相关责任主体的权利和义务，制定考试招生基本规范以及违规违法行为的处罚措施；鼓励不同利益群体成立不同层级的代言机构、民主选举代言人，维护公共利益；完善信息公开制度，整合自我监督、司法监督、舆论监督、群众监督、社会监督和党政监督等多方力量；健全考试招生申诉体制机制，明确政府、学校和考试机构的申诉受理机构，申诉受理机构应该既能同教育行政部门保持必要联系，又能免于受到教育行政部门的直接干预；指定专门机构为有申诉需求的考生及家长提供免费法律援助服务和指导。

如何健全教育决策体制机制？考试招生制度改革要遵循政治逻辑、教育逻辑、学术逻辑、实践逻辑，需要利益相关者的共同参与。建议坚持顶层设计与分层决策相结合、充分代表与深度协商相结合、政府主导与社会治理相结合等原则，识别并动员拥护改革的核心力量，以核心力量为主导建立利益攸关方深度参与的社会合作机制，在内外沟通、相互论辩、充分协商的集中互动中达成共识；组织全国性、多层次、多渠道的系列专题培训，让行政官员与人民群众形成政策决策共同体，避免形成行政主导一言堂的局面。在个人与公共、局部与整体、眼前与长远利益间保持平衡，既要善于把握民心，又要注意甄别研判民意，同时要预防被民粹绑架，做出符合大多数人权益、合理且可行的改革方案。

“周虽旧邦，其命维新，苟日新，日日新，又日新。”（《大学·章二·汤之盘铭》）我国中高考改革正在路上，且可预见在未来相当长一段时期内仍将走在路上，以适应不断变化的社会发展水平、满足人民群众日益增长的教育需求。有鉴于此，有关教育改革的研究成果社会需求旺盛，拙著可以说是应时而作、应运而生。拙著力求做到具有较强的系统性、实用性和可读性，庶几可为教育决策者、教育研究者、教育工作者乃至学生家长提供些许参考，则幸甚至哉。

CONTENTS | 目录

第一编　总　　论

第二编　高等学校考试招生制度改革研究

第三编　高中学校考试招生制度改革研究

第一编

总　　论

第一节 改革需要创新决策体制机制

十八届四中全会通过的《中共中央关于全面推进依法治国若干重大问题的决定》明确提出，健全依法决策机制，建立行政机关内部重大决策合法性审查机制，建立重大决策终身责任追究制度及责任倒查机制，确保决策制度科学、程序正当、过程公开、责任明确。教育决策作为政府决策的重要组成部分，是教育治理体系与治理能力现代化的重要内容，不仅直接影响到巨额公共财政支出的使用效益，而且关系到亿万学生成长成才，理应受到更多关注。

一、改革议题需要经过上下双向多轮沟通

考试招生制度改革是教育领域社会反响大、迁延时间久、群众关注度高、涉及面极广的"硬骨头"，党和国家领导人多次作出重要批示。经过学校管理层、教师、家长、学生、专家学者、各级官员等多轮双向沟通后，考试招生制度改革被教育规划纲要确定为重大改革任务，被党的十八大报告和十八届三中全会《中共中央关于全面深化改革若干重大问题的决定》视为全面深化教育领域综合改革的突破口，被国家教育体制改革领导小组列入国家层面推进的 20 项重大改革项目，2011—2013 年连续三年被列为教育部年度工作要点。

考试招生制度改革在 2011 年底启动时仅限于高考改革，2013 年初扩展到整个教育系统（从小升初到研究生招生全覆盖）；题目也从《关于深化高等学校考试招生制度改革的指导意见》，初变为《考试招生制度改革的总体目标和基本框架》，再变为《考试招生制度改革总体方案》，最终确定为《关于深化考试招生制度改革的实施意见》。2014 年还出现主文件和两个配套文件"三合一"的内容整合变动。改革政策议题的调整表明决策过程充满灵活性、竞争性和不确定性，议事日程和步骤次序因实际情况的发展随时可能会被调整乃至被重塑。

二、改革决策需要发挥各行为主体的优势

改革议题由什么人、以何种方式构建论证，在很大程度上决定了决策质量。一般认为，参与决策的行为主体包括政府官员、利益集团、研究机构、大众等，他们在决策过程中的主导性、参与度、优劣势各有不同。就考试招生制度改革的决策而言，参与的行为主体构成较一般改革议题的决策班子更为复杂，有教育行政部门官员、考试招生机构负责人、研究机构及高校专家、中学学生及家长、大众媒

体等，他们在决策过程中发挥各自优势，为提高决策质量做出共同努力。

（一）政府官员

在中国，政界是优秀人才的聚集地，中央政府更是高层次人才宝库，高层领导者往往是政策目标的设定者。中央教育行政官员政治觉悟高、大局意识重、社会动员能力强，擅长以宏大叙事方式分析问题，相对于专家而言更推重操作性，其佼佼者更是兼具战略思维和行动能力。地方教育行政官员则熟悉教育生态业态，他们是政策向导，对政策是否切实可行富有判断力，具有较强的专业性、创造性和务实性，自然更能找到适切方法实现政策目标。政府官员参与决策也有其固有劣势，尤其是中层和基层官员群体，岗位流动性小，相互勾连日久，势必结成官僚集团，天然地形成一个牢固的利益共同体，他们是现有利益格局的主要制造者和受益者；如果说中央层级的政治家尚可权衡利弊、放眼长远，甘愿让渡部分权益的话，指望官僚集团放弃部分到手的利益则几无可能；改革是一种自我扬弃，是某种意义上的自我否定，自然会在官员中间激起阻力。具体而言，部分官员会养成威权思想，决策时习惯于垄断话语权，不愿听不同意见；部分官员谨守上令下从的为官之道，只要不妨碍切身利益，绝无质疑上级意见之举；地方教育行政官员更是常常囿于当前工作，固执于地方主义，前瞻性和全局性较弱。

（二）专家学者

研究机构或高校专业知识丰富的专家学者，也会受邀参加教育改革决策咨询论证，他们的角色是维护公共利益的知识分子，是改革的理想主义者，他们往往戮力于理论层面的逻辑推演，没有或较少有直接利益诉求。拥有不同专业知识的专家以不同的方式定义问题，专业知识一旦得到权力的加持便能够下沉形成政策。专家学者的劣势是对实践层面的实然状态认识不充分，对政策操作性较迟钝，往往求真有余而务实不足。专家学者做学问好比孔雀开屏，而理想的政策落地实施起来往往如同土鸡散养。专家领着大家认识政策如同看山，“横看成岭侧成峰”，“山”究竟是个什么样子，经专家的解析，峰峦叠嶂如在眼前；但政策不单单要刻画“山”的样貌，终究还需要有通达此山的路径。这路径通常不像专家所设想的那样是一条较平直的高速公路，而更多的是老城区里七扭八拐的小路。科尔巴奇指出，完全诉诸专家并不能解决所有决策问题，似乎也不存在一个单一的、明确的与任何政策问题相关的专业领域。[①]

① H.K.科尔巴奇：《政策》，张毅、韩志明译，吉林人民出版社，2005，第85页。

（三）大众媒体

大众媒体是决策过程中颇具影响力的行为主体，近年来在我国教育决策过程中作用越来越大。大众媒体具有传播速度快、受众面广、社会敏感性高、社会舆论导向性强等优点。大众媒体被誉为无冕之王，能有效增强政府的回应性。然而，大众媒体在教育决策过程中既可能发挥引导监督的正向作用，也可能有导致政府回应过度的负面影响。不少教育政策因在大众媒体裹挟下仓促出台，并不能很好地达到政策目标，甚至打乱了教育改革发展既定顺序或整体部署，如校车、"全面改薄"、免费午餐等政策就很典型。

各类行为主体既可能在既定程序和规则下实现优势互补，也可能站在不同立场、以不同视角，对同一政策议题作出符合自身利益的判断。比如，学校最关注能否取消录取批次和增加自主权，学生则希望加强职业生涯教育和专业选择指导等，专家最关注能否实现招考分离和招考体制改革等。考试机构以政治责任为借口反对社会组织参与考试业务竞争，高中校长以完全中学更有利于初中生成长为借口反对九年一贯制学校建设，招生机构以技术不可行为借口反对取消录取批次，部分官员以招生安全为借口拒绝赋予高校招生自主权，等等，其实背后都隐藏着私利的算计、权力的申张、传统的维护、责任感的迸发、理想的追寻、荣誉的渴求、个人和机构的自我价值的实现等，这些考量相互纠缠、难解难分，加大了我们分辨诉求真伪的难度，也加大了决策协商过程的张力。

四、改革决策要坚持三项基本原则

（一）顶层设计与分层决策相结合

以顶层设计为主要特征的旧有集权化、标准化和模式化教育决策模式，很难达到理想的政策目标，不能很好地适应因国土广大、人口众多、族群多样所形成的地方差异性显著的中国国情，还会导致教育发展多样性、地方性和特色性的丧失。传统决策模式亟待转变为顶层设计与分层决策相结合的决策模式，自上而下从政策目标、基本框架到具体举措逐步细化，给地方实施留出充足创新空间。顶层设计应在地方创新成果基础上集成创新，成功标志是改革目标的清晰化和明朗化。中央政府的职能在于掌舵而不是划桨，顶层设计的主要任务是提出政策目标，论证改革目标依据，制定具有目标性、纲领性和方向性的大政方针；省级政府结合治下各地情况，制定中观层次兼具创造性、地方性和灵活性的实施意见；县级政府则自主创新制定具体操作性政策措施，因地制宜地落实上级政策目标要求。中央负责统筹协调、督促落实，从基层创新中甄别优秀案例，给予资源分配和荣誉奖励上的倾斜，而不是推广试点的具体政策措施。

（二）充分代表与深度协商相结合

公众参与、专家论证、风险评估、合法性审查、集体讨论决定是重大行政决策的法定程序。政策过程不仅包括追求共有目标，而且要为拥有丰富观点的参与者之间的集体行动构建基础。[①] 教育决策应该综合使用传统及现代沟通交流技术，为各行为主体充分表达诉求提供渠道和机会，促使主导政策过程的官员与在政策实施过程中有着切身利益的外围大众形成政策共同体。应允许组织化的利益群体自行推举代言人，代表委托人或者政策受益者发声，从而便于在内外沟通、相互论辩、上下磨合的集体互动中达成共识，让教育决策符合大多数人权益、合理且可行。特别要指出的是，需要专业人士决定的事项未必要问政于民，例如考试内容和考试科目、考试形式、测试方法等必须由相关领域的专家决断，考试时间、异地高考办法、加分项目、招生名额分配等则可以在兼听各种意见的得失中作出抉择。

（三）政府主导与社会治理相结合

优化教育决策需要决策体制机制创新，需要从单一的政府主导走向复合的政府与社会力量合作。教育决策应由利益攸关方代表共同组成调研组或工作组，不能单靠政府的政策能力而无视专业判断，必须动员政府之外的业界权威加入到共同决策框架当中。教育决策是不同参与者之间持续的结构化交互作用过程，不仅会吸引专家共同体的兴趣，还会成为公众争论的主题，各种备选方案和立场意向都会在媒体中得到公开讨论。公开听证会也会为潜在受益者提供探讨别样政策方案的机会。此外，应构建权力监督制衡机制，鼓励不同利益群体成立不同层级的代言机构，并民主选举代言人，共同致力于确保决策者维护公共利益。不受约束的权力无论是集中在教育部还是下放到学校，都会发生严重腐败。因此，改革的首要问题是识别并动员拥护改革的所有力量，让他们自决策之初就最大限度地全程参与进来。否则，即便有了路线图、任务书和时间表，实施过程也会困难重重。

---

① H.K.科尔巴奇：《政策》，张毅、韩志明译，吉林人民出版社，2005，第6页。

第二节　改革需要正确处理五对关系

一、中考改革与高考改革之间的关系

中考改革应该与高考改革保持什么样的关系？这是一个被长期忽视的重要问题。21 世纪之初基础教育新课程改革从初中发端，与之相应，中考改革走在高考改革的前面。无论是国家层面的顶层设计，还是地方层面的实践创新，中考改革在考试评价、招生录取和监督管理等诸多方面都取得了积极进展。可以说，中考改革步子比高考改革迈得更早、更大、更快，在等级制赋分、综合素质评价、多次考试等方面的探索为高考改革积累了经验。2014 年《国务院关于深化考试招生制度改革的实施意见》发布后，新一轮高考改革配套文件及试点方案相继出台，高考改革又“超车”走到了中考改革前面。相比之下，中考是各省命题(部分省会或地级市自主命题)，以地级市为单位组织，理应拥有更广阔的试点探索空间。中考既要同高考保持一定的延续性、同构性和衔接性，但也应因性质、作用、功能不同而保持自身特点。在高等教育特色化和高中教育多样化的发展背景下，两者都要为引导并满足学校和学生的个性化、多样化教育需求服务。但从相关层次教育普及程度、是否为义务教育性质、相关阶段学校类型、教育管理体制等外部制约因素综合考虑，两者之间在很多方面不能亦步亦趋。因为中考是义务教育阶段结束的升学考试，与非义务教育性质的高中阶段教育升学考试基本性质不同。在高中阶段教育基本普及的今天，中考的分流匹配功能是第一选择；高等教育虽然也进入普及化阶段，但竞争性选拔依然是高考的首要功能。就分类考试而言，2019 年全国拥有中等职业教育学校 1.01 万所，在校生1 576.47 万人，占高中阶段教育招生总数的 41.70%；高职(专科)院校 1 423 所，在校生1 280.7 万人，占普通高校在校生总数的 42.25%，高考实行分类考试有现实需要和发展基础。而同期全国只有职业初中 11 所，相比初中学校的 5.24 万所在数量上微不足道，中考就完全没有必要分类考试了。①

二、全面综合评价与学生负担之间的关系

考试评价更加全面综合会不会适得其反地加重学生学习和考试负担？这是

① 中华人民共和国教育部:《2019 年全国教育事业发展统计公报》,www.moe.gov.cn/jyb_xwfb/s5147/202005/t20200521_457227.html,访问日期:2020 年 4 月 16 日。

当前困扰高考中考改革的一个难题。考试评价有必要为招生学校提供全面充足、准确可靠、区分度高的学生信息，为学校和学生之间双向选择、合理匹配提供科学依据。对学生的考试评价既要依靠经验和观察进行记录总结，也要根据数据和事实进行分析研判，既强调结果也注重考查过程，全面客观地反映学生成长的过程及阶段性特征。除了考查学生基本知识和基本能力外，还应对学生的学习态度和目的、品行、个性、兴趣、特长、职业适应性等方面进行综合评价，以备招生学校选择使用。考试机构应尽可能全面地提供覆盖国家课程方案的考试评价服务，即便同一考试科目也应根据考试评价目的、功能不同采用两卷制或多卷制。考试成绩呈现要从方便学校招生的角度，提供原始分、标准分、等级分、考生在群体中的相对位置等完整信息。学业水平考试包括语文、数学、英语、物理、化学、思想品德、历史、地理、生物、体育与健康、实验操作技能、信息技术、音乐、美术、综合实践活动以及地方与学校特色课程等科目。如果所有科目采取完全相同的考试评价方法，以同一考试标准要求所有考生，必然增加学生考试负担和学习压力。

消解这个矛盾的途径是，统筹考虑不同地区教育发展水平的差距，兼顾城市和农村学生的学习生活体验，增加考试评价选择性，确定考试评价侧重点，对不同志向、兴趣和潜能的学生区别对待，让他们根据报考学校要求、自身志向、兴趣爱好及潜能特长选择性地参加各考试评价项目，其他方面合格即可（或通过综合素质评价反映）。让考试评价真正引导素质教育，减轻学生过重的课业负担，回归健康教育生态。鼓励招生学校根据办学类型、培养目标、办学水平，对报考者提出录取标准和考试要求，改变过去单纯依靠原始分简单相加录取的做法，以最能反映录取标准要求的考试评价信息作为选拔依据。只要达到学校招生要求、完成国家规定教育目标、满足基础教育阶段素质教育基本要求，完全没有必要让所有考生参加完全一样的统一考试，也没有必要要求所有招生学校使用完全一样的考试评价信息。这样既能减轻学生不必要的课业负担和考试压力，也能更有效地提高学生和学校之间的匹配度。这一点有“他山之石”，可咨“攻玉”，美国、英国、印度等初高中毕业考试就是核心主干科目采取笔试、其他课程通过平时成绩加以反映，因此不会导致群体性偏科，校外考试机构以教学目标为标准对学校评分例行抽查，以确保平时成绩分数可靠。

三、促进社会公平与保证考试招生科学的关系

通过考试招生制度改革促进社会公平，是世界各国通行的做法。尤其是在地区间、民族间发展不平衡的国家，普遍采取面向弱势群体的倾斜照顾性政策。

比如，印度拥有数十个少数民族，以表列种姓/表列部落①为代表的所谓“不可接触者”长期处于弱势地位，印度将高中学校40%以上的招生计划作为配额，让这些家庭背景的学生享有更多升学机会。2002年我国教育部提出积极探索建立招生名额分配制度，目前各地以应届毕业生数、学校办学水平和上一年毕业生去向等为主要依据，将优质高中招生名额按一定比例分配到区域内初中，有力地推动了义务教育均衡发展，缓解了义务教育阶段择校热，增加了薄弱学校中考分稍低但潜力较大的学生进入重点中学的机会。此外，我国还实行面向老少边穷地区考生的加分政策等。

促进社会公平是考试招生制度的外部性特征，而科学性是考试招生制度的内在本质性要求，两者具有高度一致性，但也存在相互有冲突的地方。一般来说，家长和考生对考试招生制度是否公平更为敏感。例如，随迁子女异地高考政策成为社会热点，正是因为它本质上事关社会公平，并不存在科学性障碍，如何使本地人和外地人的局部性利益、群体性利益符合社会整体性利益才是破解之道。再如，名额分配制度是以促公平为出发点的政策，但过高比例的名额分配不仅剥夺了学校的招生自主权，也会因以不同标准录取学生可能导致弱势群体学生对主流群体学生的反向歧视，另外，以更低标准录取能否对薄弱学校考生发展真正有利也有待观察。总而言之，各类加分政策的立意也是促进社会公平，运用适当对科学性并无实质性损害，但加分项目过多和加分值过高势必对考试招生科学性造成冲击；更有甚者，加分政策在实施过程中逐渐变形扭曲，失衡失度，最终走向其初衷的反面，从而对考试招生公平性和科学性造成双重危害。

四、政府监管与社会治理之间的关系

新世纪以来，全国各地为了应对信息时代考试招生安全问题，确立了“政事分开、分级管理”的监管体制，初步建立了审批制度、诚信制度、公示制度、申诉制度和责任追究制度等。除此之外，部分地区还成立了班级师生民主推荐委员会、综合素质评价小组等组织，更有相当一部分地区利用现代信息技术强化对关键环节的监管。这些举措无不有效打击了各类违规违纪行为，提高了考试招生工作的安全性、透明度和规范性。但是，强化政府监管并没有突破传统考试招生体制，现行报考机制依然存在政府职能定位不清、行政权力僭越专业职能、专业考试机构政府依附性强、学校考试招生自主权不足、考生选择权不多、考生及家长

① 表列种姓/表列部落是印度因历史原因形成的、处于印度主流社会之外的、印度宪法规定的两类社会弱势群体的总称。

救助申诉渠道不畅等社会问题。

中高考改革的社会敏感度和错综复杂程度高，不能只是政府的专属领地，必须提高社会治理参与度。政府可以对考试招生提出原则性建议，如实施老少边穷等弱势群体照顾政策，但不应直接参与考试招生具体工作。按照国际惯例，应该赋予考试机构独立非营利性法人地位，逐步取消财政性拨款或政府补贴，强化各级考试机构的专业性和社会性。此外，在学业水平考试和综合素质评价过程中，应该充分发挥教师、学生、家长等各类主体的作用：例如，将学校平时作业、单元测验、期中和期末等阶段性考试的成绩按照一定比例纳入相关科目最终成绩；让家长和学生参与综合素质评价相关记录等。招生学校自主制定录取标准、招生程序、招生计划、招生周期，自主选择招生方式并决定录取结果，承担招生公平公正的主体责任。设立中央级非政府公共监管机构，负责制定国家考试标准、审核批准专业考试机构拟订的考试大纲和计划、审查部分学科考试结果、监督考试机构执行国家考试标准等等，由国家机关监督、党组织监督、舆论监督、司法监督、民主监督、群众监督、当事人监督、法律监督等形成外部监管网络。

五、立足基本国情与借鉴国际经验之间的关系

考试招生制度改革既要立足基本国情审慎操作，也要遵循国际社会通行的基本原则和规律。就考试招生而言，我国的基本国情是考生规模庞大、优质教育资源不足、教育发展不均衡、考试竞争激烈、家长对子女教育期望值高、社会诚信制度尚不健全、人情关系盛行。同时，招考不分，政府过多干预考试招生具体工作，考试机构专业性和社会性不强，学校自主权不足，学生选择空间小，考试评价信息不够全面综合，录取标准过于看重分数，招生方式过于单一，监督管理体制机制不够完善，考试招生法律法规不健全，招考过程中的腐败时有发生，等等，都是现行考试招生制度存在的突出问题。这些基本国情恰恰说明改革刻不容缓，教育自古都是领社会风气之先，没有风清气正的教育也不可能有良好的社会风气，坐待社会风气好转必将错过改革窗口期。不痛不痒的小改革、小修小补的微改革、虚张声势的假改革，都无法破解顽瘴痼疾。

国际上已有的经长年实践证明行之有效的基本经验，我们完全有必要加以学习、吸收和利用。有必要借鉴的基本经验主要有：为考生提供多种考试升学选择，招生录取不以考试分数作为唯一标准，为考生设立多层级申诉救济渠道，赋予学校充足的考试招生自主权，为考试招生工作专门立法，委托第三方中间机构监管专业考试机构提供全面综合的考试服务，等等。教育发达国家业已施行的具体做法中有一些颇值得我们参考：印度 10 年级毕业考试与高中学校入学考试

"两考合一",既有中央级(全国性)公共考试机构,也有区域性(邦级为主)公共考试机构;英国考试机构每年提供 4 次中等教育普通证书(GCSE)考试机会,为学生提供 40 多门 GCSE 课程考试服务,学生通常只需选择 8～12 门课程考试;英国、印度、美国等国的中考成绩主要采用等级分加以呈现;日本通过初高中一贯制学制改革减少升学考试压力,高中学校招生依据反映考生平时成绩的调查书等书面材料和学力检查成绩按照一定权重顺次录取;美国、日本等国还通过学区制管理方式为区域内考生提供就近入学的通道;德国、印度等国既有必考科目也有选考科目,等等。

第三节　考试招生制度改革的理论基础

考试招生制度是国家基本教育制度中的关键组成部分,是教育教学工作的指挥棒,是教育综合改革的突破口,是教育事业发展的定盘星。全面深化考试招生制度改革,构建衔接各级教育,沟通各类教育,认可多种学习方式和成果的人才成长立交桥,对于推动学校、家庭、社会密切配合,全面发展素质教育,促进全民终身学习,具有十分重要的现实意义。特别要指出,在改革的发展过程中,科学性、公平性是驱动考试招生制度改革的双引擎。

一、科学性是考试招生制度改革的内在要求

教育评价理论是改革的基本向导。教育评价是对教育过程和结果的事实描述与价值判断,是知识建构的分辨与复认,是激发个体能力和潜能的手段。考试招生是开展教育评价的重要途径,教育评价理论发展必然对考试招生制度改革产生重要影响。自 1940 年美国评价理论专家泰勒(Ralph W. Tyler)正式将教育评价这个旧有概念上升为理论以来,教育评价理论不断迭代升级,先后诞生了经典测量理论、教育目标理论、真分数理论、实质性评价理论、多维项目反应理论、认知诊断理论等理论创新,教育评价实践历经测量阶段、描述阶段、判断阶段、建构阶段和综合评价阶段,陆续探索出反思性评价、档案袋评估、增值评价、成长评价模型、高级项目评估、能力本位评价、现场表现测试、毕业生档案袋、嵌入式评价、计算机自适应评价、大数据评价等评价方式方法。

特别是认知诊断理论,整合了心理测量学和认知理论,不仅能够对学生知道什么、有能力做什么加以评测认定,还能够对学生如何能做到从心理过程和认知结构予以解释;该理论强调协商、对话、理解和意义建构,重视多元主体共同建构

的内在交互性、情境在场性、过程反复性，能够为个性化辅导提供依据，从而得以突破传统测评注重结果忽视过程、注重成绩忽略补救的弊端，为新世纪考试招生制度改革奠定了重要理论基础。基于此，新高考设计了“两依据一参考”、新中考设计了“学业水平考试＋综合素质评价”考试招生方案，力图在综合评价基础上实现多元录取。

新高考和新中考都赋予了学业水平考试双重功能，同时作为学生毕业和升学的重要依据，这种设计背后就需要创新的理论研究作为支撑。标准参照考试要求全面反映课程标准，命题时务必使不同内容的分值权重体现相关学习内容在教材中的比重。标准参照考试只需划分若干等级，无需控制成绩的分布范围，试题难度大概率集中在某一区间。常模参照考试[①]则强调区分考生的不同能力水平，以便提供更精准的排名，故而需要一定数量的非常规试题。混合式考试需要兼顾内容代表性和难度合理性，以控制成绩的整体分布。技术上除了使用建构图外，还要使用项目反应理论模型进行数据分析，绘制与建构图相对应的怀特图，通过实证数据检验试题难度分布是否符合命题专家的预期。可以说，混合式考试的成绩报告既能提供常模参照信息（即考生在群体中的相对位置），还能提供标准参照信息（即考生所处的能力等级）。

学业水平考试要实现毕业和升学双重功能，则必须结合课程标准和学生能力常模加以设计。课程标准必须体现学生能力常模，关键环节是依据课程标准制定合适的考试评价标准。考试标准是教师在教学过程中把握所授知识的广度和难度的重要依据，必须全面覆盖教学内容，同时需要依据课程标准详细规定各部分内容的考核难度。学生能力常模可以为课程标准、考试标准的修订提供参照，从而便于形成常模、标准和考试之间的良性循环。如果考试标准、考试内容和难度结构保持相对稳定，考生能力常模的数据间就具有跨年度可比性，可以作为课程标准修订的依据。如果学生整体能力提升，就需要适时调整课程标准，混合式考试也要相应调整难度。依据课程标准、考试标准划分出等级，成绩报告中的学生能力等级也就与这些标准直接对应，能直观地体现考生的知识掌握和能力水平。[②]

最后要指出的是，上述改革举措要想顺利进行和成功实现，就不能不借助新技术的发展成果。可以说现代信息科技是实施改革的重要工具。现代信息科技

---

① 常模指测验分数相互比较的标准，是解释测验结果的参照。

② 黄晓婷、韩家勋：《浅谈标准参照与常模参照相结合的高中学业水平考试设计方法》，《中国考试》2019 年第 7 期。

迅猛发展，教育评价迎来智能化新时代，将对命题、阅卷、录取等关键环节产生重要影响，数据密集型评价新范式将应运而生。新范式将能够收集学生知识技能、核心素养、学习态度、学习动机、学习兴趣等传统的认知型和原本难以量化记录的非认知型两大类数据，利用大数据等现代信息技术和先进的心理测评技术对考试数据进行全样本、全过程、全景式挖掘和分析，开发能够全面反映学生知识、能力、素养、价值内化水平的直观统计图，精准诊断每个学生当前学习存在的问题，预测其未来学习趋势。事实上，项目反应理论和计算机化考试的成功结合，已经使计算机自适应机考成为可能，每位测试参与者都可以得到个性化多维评价。未来还可以尝试创造数字化网络化学习环境，并将测评嵌入其中，成为嵌入式测评，让测评结果更加便捷可行。新时代教育评价应更加聚焦互联网时代和人工智能时代人类所应必备的核心素养：创新能力、批判性思维能力、自主学习能力、沟通能力、团队合作能力、信息素养、公民意识、生涯规划能力、社会责任感等等。

二、公平性是考试招生制度改革的外在要求

社会公平是现代文明社会的共同理想，教育公平是社会公平的重要基石，考试招生公平是教育公平的核心内容和社会关注的焦点。考试招生公平是全局性问题，兼具政策性和技术性，贯彻考试设计、考试命题、考试实施、成绩使用等各个环节之始终。

从技术角度看，考试评价公平是一种涵盖效度、同时内容超出效度的测试特质，美国教育考试服务公司（ETS）总结了一套行之有效的标准体系，是举行高利害考试普遍遵循的通行原则：公平对待所有考生，尽可能让所有考生充分展示自己在测试构念[①]上的表现；确保没有测量偏颇，在考试内容和方式方面公平对待所有考生；确保考试环境、考试目的、成绩使用的同一性，保证所有考生群体（不论性别、地区、城乡、身体状况等）不因考试出现与构念非相关要素受益或受害，保证各群体具有同样能力的考生获得相等的分数；充分考虑考生具体情况以及

---

① 构念（personal construct）是美国心理学家乔治·凯利（George Alexander Kelly，1905—1967）提出的一个概念，他将个人在生活中经由对环境中人、事、物的认识、期望、评价、思维所形成的观念称为个人构念。构念可以是一个简单的概念（如体重），也可以是一组相关概念组合（如个性）。前例（体重）是一维构念，后例（个性）则是多维构念，在多维构念中高阶抽象即构念、低阶抽象即概念。科学研究所用的构念必须通过实证测量作出精确、清楚的定义，经常与构念联系在一起的术语是变量。例如，智力是一个构念，IQ值则是测量智力这个构念的变量。

这些情况与考试要素之间的关系，保证推断考生能力的准确性。①

从政策角度说，招生录取公平是全球普遍接受的价值取向，世界各国通过立法企图维护所有群体公平接受教育的权利，同时出台优惠政策给予处境不利群体以倾斜照顾。例如，印度宪法先是规定为表列种姓和表列部族分别保留15%和7.5%的高等院校入学名额，后为其他弱势群体保留27%的高等院校招生计划，印度政府还特地为女性接受高等教育制定了照顾性政策。美国政府早在20世纪60年代即出台针对弱势群体的“肯定性行动计划”，为少数族裔学生保留一定入学名额，同时加大对少数民族学生的财政资助，等等。英国设立公平入学办公室，促进来自低收入家庭和其他弱势群体家庭学生进入高等院校学习，对高等院校招生政策进行审批和监督。日本为来自贫困家庭学生出台学费减免措施，为残疾学生、二战遗孤后代、自然灾害幸存者等设置特别入学考试通道，等等。

三、新时代考试招生制度改革的出发点

改革开放40多年来，我国考试招生制度不断改进完善，总体上符合国情，权威性、公平性得到社会认可，为学生成长、国家选才、社会公平作出了历史性贡献，但也存在一些社会反映强烈的问题，这些问题是新时代考试招生制度改革的出发点和着力点。

“一考定终身”导致学生学业负担过重。学生兴趣特长、思想品德、审美情操和综合素质得不到反映，社会责任感、创新精神和实践能力培养没有引起足够重视。人才选拔评价标准过于单一，应试教育愈演愈烈，不利于学生全面而有个性地发展。

统一批次录取不利于学校公平竞争和特色办学。招办将学校分为若干批次，划定不同批次录取分数线，学校在统一分数线之上划定自己的招生分数线，加剧了学校同质化竞争。

招考不分阻碍学生与学校之间双向选择。考生通过地方招办报名参加考试、填报志愿，学校招生通过招办投档，统一考试和集中录取融为一体，限制了学生和学校的选择权力，学校根据自身办学特色和人才培养目标自主招生的权力没有得到充分申张，长期以来习惯于依靠招生办等行政部门代为选拔新生。

学习成才渠道过窄导致考试竞争过于激烈。考试招生主要服务于普通高等

① American Educational Research Association, American Psychological Association, and National Council on Measurement in Education: *Standards for Educational and Psychological Testing* (Washington D.C.: American Educational Research Association, 2014), pp. 50 - 54.

教育，职业教育、继续教育和普通教育之间衔接不畅，导致了"千军万马过独木桥"的现象。

监管体制机制不够健全。相关法律法规不够完善，缺乏透明公开的程序和监督制约机制，考试招生违纪违规现象时有发生，考试科学性、选才有效性和对教学的导向性都受到影响。例如，部分高校自主招生不够规范，存在考生资格造假、加分分值偏高等问题，偏离招收有学科特长和创新潜质学生的政策主旨，沦为某些特权阶层徇私舞弊的温床。

考试招生过程存在公平问题。在一定程度上，存在考生身份不公平、报考形式不平等、考试内容不公平、评分过程不公平、录取结果不公平等现象。例如，有些地方加分项目过多、分值过大，部属高校属地招生比例偏高，随迁子女异地高考门槛设置过高，招生计划分配区域中城乡差距明显。

考试评价理论与技术相对落后。我国教育评价基本停留在第二代教育评价（目标描述阶段），使用概化理论或"真分数理论＋目标理论"，主流是以"双向细目表"为基础的"双基"考试，大体上与欧美诸国 20 世纪 40—50 年代水平相当，部分环节在科学性方面存在明显缺陷。例如，统一考试和选考科目分数加总录取、考试阅卷评分趋中、双评教师搭配不合理、考试成绩以原始分呈现等。以考试成绩呈现方式为例，国际上测评数据的分析技术已经由原始分计算转向概率模型分析，ACT、SAT、PISA、TOFEL 和 IELTS 等测试成绩均采用等级分、标准分或百分位排名呈现，标准分和百分位排名可以提供考生群体位置信息，用于调整成绩分布。我国推广标准分试点遇阻而中断，目前仅有海南省高考采用标准分，其他省市仍以原始分加总作为学校招生录取的依据，而原始分并不能显示考生的群体位置，也无法用于控制整体的成绩分布。

第四节　研究背景和内容框架

一、研究背景

《国家中长期教育改革和发展规划纲要（2012—2020）》提出，按照有利于科学选拔人才、促进学生健康发展、维护社会公平的原则，探索招生与考试相对分离的办法，政府宏观管理，专业机构组织实施，学校依法自主招生，学生多次选择，逐步形成分类考试、综合评价、多元录取的考试招生制度。2010 年以后，党和政府对考试招生制度改革高度重视，专门成立国家教育考试指导委员会，对改革进行广泛深入的调查研究。2013 年 11 月通过的《中共中央关于全面深化改革若干重大问题的决定》再次明确了考试招生制度改革的基本原则、价值取向和最终目标。2014 年 9 月，国务院印发《关于深化考试招生制度改革的实施意见》，启动 1977 年以来最全面、最系统的改革，确定上海、浙江两地为高考综合改革试点。2017 年初教育部启动北京、天津、山东、海南为第二批试点。2018 年河北、辽宁、江苏、福建、湖北、湖南、广东、重庆启动全国第三批高考综合改革，没有采取前两批的“3＋3”模式，而是实行“3＋1＋2”模式。

二、内容框架

鉴于义务教育免试就近入学、成人高考、专升本、研究生考试招生政策等基本定型且深入人心，本书重点选择中央关注、社会关心、人民关切的高考和中考改革进行深入研究。本书共分三编，分别谈总论、高考改革和中考改革。总论部分主要包括考试招生制度改革的理论基础，改革需要处理好的五对关系，改革需要创新决策体制机制，本书的研究背景、内容框架等内容。

高考改革部分，综合考虑经济社会发展水平、国家文化独特性、人口规模总量、教育国际影响力等因素，选择日本、美国、印度、英国、德国、俄罗斯、法国、芬兰、韩国等国作为个案，概括介绍这些国家的高考改革概况、高校入学考试制度和高校招生录取制度，系统总结国外高校考试招生制度的基本经验和通行做法；回顾改革开放以来我国高考改革的历史脉络，在分析新高考改革的进展和挑战的基础上提出新高考改革的政策建议。

中考改革部分，选取美国、日本、印度、英国等国作为个案，从考试机构、考试内容、评分方式、录取方式、申诉渠道等制度要素，以及高中教育普及水平、高中类型、教育管理体制、义务教育年限、基本学制、均衡状况等制约因素两个方面，全面总结国外中考改革的基本经验；简要概述北京、上海、浙江、广东（含深圳）、四川（含成都）、山东（含青岛）中考改革实施方案，分两个阶段对新世纪以来我国中考改革加以综述；提出下一步深化中考改革的政策建议。

第二编

高等学校考试
招生制度改革研究

第一章　日本高校考试招生制度

日本与我国同处亚洲，同属儒文化圈，两国高等教育走过一条相似的发展道路。日本高校考试招生体制几经变革，最终形成了比较科学、合理、稳定的制度体系，其经验和教训可引以为鉴。1920 年日本首次举办大学入学考试，各大学自主组织考试选拔新生渐成惯例。1947—1955 年，日本开始实行全国统一考试，由国家教育研究所负责命题，试题形式皆为学术智力测验题，采取初试、复试、档案审查三道程序，但结果不如预期，学生学业负担繁重，反而使考生的实际学力下降。1956—1978 年，国公立大学恢复自行举办学力考试，每年考试科目都会有所变动，但不会超出《高中学习指导要项》的范围，然而这又使得各校报考情况冷热不均，日本社会各界视高考为“考试地狱”。1979 年国立、公立大学开始实行全国统一的“共通第一次学力考试”，各大学自行组织第二次学力检查，通过两次考试综合性地评价考生，废止国立大学考试一期校和二期校制度，“共通第一次学力考试”着重考查考生高中阶段基础知识达成程度，第二次学力考试确保录取标准多样化和特色化，但是更加凸显大学序列化问题。1987 年入学者选拔考试开始导入连续方式，1989 年形成“分离分割”选拔方式，实现了报考机会复数化。1990 年大学入学考试中心考试（以下简称中心考试）取代“共通第一次学力考试”，国立、公立、私立大学自主决定如何利用中心考试的学科及科目，大学入学考试中心主办全国统一考试＋各校主办第二次学力检查成为日本大学招生考试相对稳定的基准模式。1992 年以来适龄应试人口持续减少，日本大学面临招生难，出现部分私立大学倒闭现象，政府委派相关教育审议会进行大量调查研究，陆续推出各种改革措施，最终形成以“高校自主考试招生，政府宏观管理保驾护航，专业机构提供考试及信息服务，审议会引领社会参与决策”为特点的现代考试招生制度，政府、专业考试机构、高校和社会力量职责分明，较好地化解了考试竞争过于激烈、政府干预过多、大学序列化、招生过分强调考试分数、学生负担过重、招生和考试不分等难题。可见，日本大学考试招生制度演变过程中曾面临与中国相近的困境：社会过于偏重学历，招生过于偏重分数，考试过于偏重知识立意，考试机会太少，考试竞争畸形化和过热化，师生考试负担太重，考生过度集中于名校，大学序列化问题严重，高中教育和大学教育衔接不畅，高考让基础教育偏离应有轨道、妨碍学生身心健康发展、对整个教育生态造成恶劣影响，等等。

第一节　大学考试招生实现多样化、多元化和自主化

目前，日本拥有786所大学（国立86所，公立93所，私立607所），326所短期大学（公立17所，私立309所），57所高等专门学校（国立51所，公立3所，私立3所）。[①] 国立大学和公立大学的入学考试是统一的，私立大学则自己组织入学考试。依据《宪法》和《教育基本法》，日本大学享有学术自由，自主性、自律性等教学科研特性受到充分尊重，各大学拥有考试自主权，也拥有招生自主权。日本各大学自主制定招生方针政策，确定考试日期和地点、录取标准、考试学科及科目，选择不同考试招生方式及比例，决定如何利用中心考试，举办个别学力检查（也称第二次学力检查）等。即便是同一种考试招生方式，同一所大学的不同学部也会有不同变体，真正实现了选拔方式多样化、评价尺度多元化。

日本大学招生平等对待应届生和历届生，不作比例限制。大学招生考试的组织经费来自考生报考费，国立大学报考费为1.7万日元（如第一阶段选拔不合格或中心考试科目不全，则退还考生1.3万日元），公立大学约为2～3万日元，私立大学约为3.5～5.5万日元（若参加中心考试则额定为5.5万日元），医学、齿学（即牙医学）等报考费用更高，[②]如果通过选拔，考生随即要办理入学手续，缴纳入学费和学费，国立大学全国统一标准分别为28.2万日元和53.58万日元，公立大学和私立大学则费用更高。

一、多渠道开展考试招生宣传，让考生和家长知情选择

大学设有考试招生专门机构，社会上统称入学考试处，各校具体名称不一（例如东京大学称入学考试事务室、早稻田大学称入学中心、大阪大学称学生部入学考试处、九州大学称学务部入学考试处、大阪府立大学称教育推进处入学考试室），各学部负责考试招生的部门为教务处，名称亦不一（有学

---

① 文部科学省：《調査結果の概要（高等教育機関）》，https://www.mext.go.jp/content/20191220-mxt_chousa01-000003400_3.pdf，访问日期：2020年3月6日。

② 公私立大学报考费收入很可能没有完全用于考试招生，结余部分成为一项重要收入。

务系、教务课教务系、教务室学生支援系、总务处教务系、事务室教务系等)。入学考试招生机构聘有若干训练有素的职员,负责编辑发布本校入学者选拔要项,接受考生、家长及社会人士的备询,组织安排本校个别学力检查考试,受理考生办理报考手续,安排考生与教职员谈话,等等,部分大学还组织人员到外县市举办考试招生咨询会。制定考试招生方针政策、命题、阅卷、面试、决定考生最终录取与否等核心工作交由各学部教授会完成,事务性工作则由入学考试处职员及研究生协助完成。按照文部科学省要求,各大学每年6月初最迟7月底公布下一年度学力检查考试学科、科目、入学考试方式、考试方法(小论文、面试等)等相关事项,如果有对考生影响较大的变更,则要提前两年予以通报。通常,每年12月15日之前各大学会发布统一名为《××大学入学者选拔要项》的文件,具体内容包括招生方针政策(含教育理念、办学使命、课程特色、理想学生特征、入学考试基本方针等)、招生计划、报考资格、报考手续、考试科目及内容、考试地点及日期、考试方式及方法、考试招生费用、入学费用种类及额度、缴纳手续及日期等事项。每年暑假8月份,日本各大学都要举办为期2周左右的考试招生说明会,一般以学部(相当于中国大学的学院,但仅招本科生)为单位按顺序依次开展开放日活动,提出本学部希望招收的理想学生类型(例如京都大学教育学部希望招收对人类社会有洞察力和浓厚兴趣,具有灵活思考力和丰富想象力的学生)。考生、家长及社会人士都可以到大学免费领取相关院系介绍和入学考试相关材料,试听学部名师授课,考察大学或学部教学科研设施,咨询院校学生毕业后去向,等等。值得一提的是日本高中从高一开始就对学生进行职业生涯教育,为他们选择专业方向提供咨询和辅导。每学期末都会安排家长(通常是父亲或母亲一方参加,父母同时参加的情况罕见)、学生和班主任共同讨论学生将来选择的专业方向。班主任通常告诫学生专业选择要宽,不要很早就把自己限制在某个很窄学科的某个具体方向。到了高三,学生根据平时考试成绩、家长和教师的建议,选择适合自己的大学和专业。通过三年的反复思考和认真选择,高考之前考生已经非常明确该选择什么专业,很少有进入高校后要求改变专业的现象;如果进入大学后希望改变专业,就要通过转入院系专门组织的考试,该考试难度较大。

二、举行个别学力检查等考试,让最符合要求的考生脱颖而出

一般入学考试是日本大学考试招生最基本的方式,包括大学入学考试中心(以下简称中心)组织的中心考试和各大学自己组织的个别学力检查。各大学自

主指定中心考试学科及科目，配合中心参与命题、分发考试指南、保管试卷、设定考场、安排监考、组织考试、返送答卷等，而中心则负责协调都道府县地域内大学，保证考试顺利进行。

各大学举行个别学力检查，主要目的是多方面多角度考查考生能力和适应性；个别学力检查考试时间因校而异，从某种意义上增加了考生报考多所院校的可能性，同时也赋予一度落选者“败者复活”的机会，但国立大学考试日期基本相同，是故考生可选择空间不大。各大学及学部根据自身教育理念及培养目标，自行决定考试学科、科目、内容及方式，一般按前期日程和后期日程“分离分割”方式进行，少数公立大学安排中期日程（2012 年 12 所公立大学 12 个学部设有中期日程）。个别学力检查通常由专门委员会负责（成员每年轮换，由各学科推荐的教授组成），试卷由各学部命题，也有一些科目委托校外第三方机构命题；考试结束后对社会公布最高分、最低分、平均分、录取分数线等，公布考生是否通过考试，但不公布个人考生成绩。5 月份以后，考生可以填写查分申请书，查询项目包括书面材料、面试、小论文单项分及总分排名。前期日程通常在 2 月底进行，后期日程通常在 3 月中旬进行，题型都是问答题或论述题。没有通过前期日程可以接着参加同一所大学或其他大学的后期日程，后期日程竞争比前期日程更激烈。例如，2009 年大阪大学的前期日程和后期日程分别于 2 月 25 日、3 月 12 日举行，前期日程有 7 201 人报考，报考人数是招生人数的 2.8 倍；后期日程有 6 508 人报考，报考人数是招生人数的 9.8 倍。[①] 从发展趋势看，后期日程招生人数正不断减少或将逐渐废止（2013 年大阪大学理学部、基础工学部等不再安排后期日程，同时引进推荐入学考试）。前期日程考试学科与科目因学部不同存在很大差异，各科考试时间 90～120 分钟（数学和理科考试时长 150 分钟的情况也常见），部分大学和学部还会另行组织面试。前期日程和后期日程都分两个阶段：第一阶段按招生人数一定倍数确定报考资格，第二阶段安排考试。前期日程通常依据中心考试成绩按照招生人数的 3～4 倍确定考生报考资格，并提前半个月通知考生资格审定结果，也有学部不限定报考人数，考试结束后半个月内直接公布录取结果。绝大多数国立、公立大学都会安排后期日程[②]，后期日程通常按招生人数 4～10 倍确定报考人数，部分大学学部后期日程不限定参考人数，还有部分大学学部后期日程除了招收普高生外，也招收职高生，有些专业则只允许职高毕业生报考

① 大阪大学：《大阪大学 POST：第 115 号》，大阪大学出版社，2009，第 12 页。

② 也有少数大学学部只安排前期日程（例如京都大学）。

（如大阪大学医学部看护学专业）。

个别学力检查具体考试方法包括笔试、实践技能测试、面试、小论文、讲演、外语听力等。前面提到，前后期日程考试题型大都为问答题或论述题，但在考试形式上有所不同，相当数量的院校或院系后期日程会安排面试，并要求进行小论文写作。面试重点考查考生报考动机、意愿和目的，对于所考专业的态度和适应性，思维灵活性和创造性，发言逻辑性，人际关系协调性和合作精神，等等。小论文写作时间通常为150～180分钟（也有120分钟），通过论文写作考查考生是否具备相应专业需要的基本能力和适应性。与全国考试的最大不同在于，前期日程考试科目因院系不同存在很大差异。例如，大阪大学文学部前期日程笔试科目是：日本语（综合考试或日本语表现Ⅰ，考查考生现代日本语、古文和汉文的运用能力），地理历史（世界历史B、日本历史B、地理B中任选一），数学（数学Ⅰ、数学Ⅱ、数学A、数学B中任选一），外国语（英语Ⅰ、英语Ⅱ、德语、法语中任选一）；工学部的笔试科目是：数学（数学A、数学B、数学C、数学Ⅰ、数学Ⅱ、数学Ⅲ中任选一），理科（物理Ⅰ和物理Ⅱ中任选一，及化学Ⅰ、化学Ⅱ、生物Ⅰ、生物Ⅱ中任选一），外国语（英语Ⅰ、英语Ⅱ、德语、法语中任选一，侧重写作和阅读）；两个院系的前期日程笔试科目明显有别。[①] 九州大学个别学力检查第一阶段选拔结合小论文、调查书、个人评价书、个人推荐书等对考生进行综合评价（分ABC三个等级），重点考查考生对人际交往的兴趣、理解力、洞察力、思考力、表现力，该阶段筛选出的合格者定为最终招生人数的2.5倍；第二阶段选拔要求第一阶段合格考生就给定题目在180分钟内完成演讲准备，分四个小组以10分钟为限进行演讲，就面试展示内容综合评价（分ABC三个等级），重点考查构思力、创造性、逻辑性、表现力、批判力。[②]

除了考试科目所取得的绝对分值外，决定考生能否被录取的还有很重要的一点是配点，即所考科目得分在总分中的比重，而不同院系分配给各科的配点是不同的。以大阪大学工学部为例，中心考试各科目的配点是：日本语125分，地理历史或公民75分，理科50分，数学50分，外国语50分，合计350分。前期日程考试科目配点是：理科250分，数学250分，外国语150分，合计650分。两项共计总分1 000分。[③] 中心外国语考试包括笔试和听力，二者按照一定配点比例

---

① 大阪大学：《平成22年度大阪大学入学者選抜要項》，大阪大学出版社，2009，第9页。

② 九州大学：《平成24年度九州大学入学者選抜概要》，九州大学出版社，2011，第7页。

③ 大阪大学：《平成22年度大阪大学入学者選抜要項》，大阪大学出版社，2009，第12页。

加总为外国语总点数(一般为200点)。不同院系对于笔试和听力的配点也不一样,例如大阪大学外国语学部笔试150点,听力50点;医学部笔试180点,听力20点(此处的“点”和上文的“分”不同,外国语200点依各学部之具体换算办法可折合50分或150分)。①

三、采用多种选拔方式方法,给考生多元选择机会

目前,日本国立、公立和私立大学采用的招生选拔方式有一般入学考试②和特别入学考试,特别入学考试包括推荐入学考试③、AO入学考试④、调查书选拔⑤、

① 大阪大学:《平成22年度大阪大学入学者選抜要項》,大阪大学出版社,2009,第13页。

② 一般入学考试主要包括中心考试、个别学力检查两部分,通常还要参考调查书、体检表等书面材料。个别学力检查实行分离分割方式,主要包括前期日程和后期日程,少数公立大学还安排中期日程。个别学力检查根据学校、学部及专业的培养目标和学科特点等方面的需要,综合各科目考试内容和多种方法,从多方面、多角度考查考生的学科专业知识水平和专业学习能力、对报考学部及专业的适应性。一般情况下,在中心考试结束10天后,考生须向报考学校提交志愿书,参加个别学力检查或其他选拔。考生可依据中心考试成绩,自由选择参加适合自己特长及兴趣的一所或多所大学组织的自主招生考试。录取依据是两次考试的成绩综合分,综合分是全国考试和高校自主考试各科成绩按照不同配点(比重)加总的分数。全国考试和大学自主考试的各科成绩在总分中的比重没有全国统一规定,各大学及院系可以自由确定。一般来说,多数院系把全国考试成绩按照综合分的30%计入总分,高校自主考试的成绩按照70%计入总分,但也有各占50%的案例。

③ 推荐入学考试是以调查书、毕业学校校长推荐书等为主要录取依据,完全或部分免除考生学力考试的招生录取办法。主流方式是书面资料审查+小论文+面试,近年来以检查基础性学力及入学后适应性等为目的的小论文重要性越来越高。推荐的前提是:考生成绩优秀,对所报考专业相关研究有浓厚兴趣,通常必须参加中心考试,个别学力检查则可免去。推荐信是高中校长对学生的评语,是对学生高中阶段综合情况的评价,负责推荐的高中校长必须富有社会责任感和公信力。日本推荐入学主要有两大类型:公募型推荐方式和指定校推荐方式。国公立大学只能接受公募制推荐,不能采取指定校推荐;私立大学既可以采取指定校推荐,也可同时采用公募制推荐。所有符合大学推荐入学资格的考生都可以申请公募型推荐,没有中学校长推荐信也可以。公募制又分一般推荐和特别推荐两种,一般推荐以学业成绩为主要参考依据确定推荐资格,采取特别推荐的以运动、文化、志愿者活动等方面突出者为主要对象,并允许自荐。指定校推荐方式指大学确定一定推荐名额给特定高中,高中校长在本校范围内举行选拔,然后向大学推荐1～2名候选者,大学根据高中校长的推荐对学生进行面试等,然后决定是否录取。

④ AO入学考试以书面资料审查和面试为主,既重视认知领域(包括具体问题发现能力、逻辑的思考力及表现力、理解力、应用力等知识技能),也注重情意领域(包括学习的欲望、好奇心、探求力、责任感、诚实性、协调性等感性意志因素)的能力。书面资料审查包括调查书、推荐书、志愿理由书和活动报告书等,其中调查书是最基本的参考资料。AO入学考试由各大学自行组织实施,自定实施细则,考试时间不受文部科学省辖制,原则上可以在全年任何时间进行考试。1990年由庆应义塾大学率先从美国引进并加以改造后施行,大致可分为选拔型、对话型、体验型三种方式。

⑤ 调查书选拔是采用调查书提供的资料进行判断和决定是否录取候选生的入学选拔方式,采用这种方式的主要是私立短期大学。还有一部分大学为防止申请参加第二次个别学力检查或实践技能操作的考生过多,先依据调查书进行初选,以确定参加考试人选。

归国人员子女选拔[①]、插班入学[②]、跳级入学[③]、学士入学选拔[④]、附属学校直升[⑤]、外国留学生考试等。各校可以自主决定考试招生方式方法，以及各种方式方法录取新生的比重，具体方法主要有笔试（包括客观选择题及小论文）、面试、外语听力、调查书、实践技能测试等。日本大学考试招生具体组织形式有以下三种：以全校为单位[⑥]、以学部为单位、以学科为单位[⑦]。以学部为单位是主流。从日本全国统计看，一般入学考试同十多年前相比虽略有减少，但仍是各大学考试招生的最主要方式，近三年通过这种方式入学者比例基本维持在55%左右；通过推荐入学方式入学者的比例在十多年里基本稳定在35%左右（文部科学省规定不能超过招生计划的50%）；参加AO入学考试的比例同十多年前相比上升较快，近三年基本保持在8%左右；专门学校毕业生、综合学科毕业生、归国人员子女（含中国遣返者后代）等参加特别入学考试者的比例不断下降，近三年维持在0.5%左右。私立大学通过一般入学考试入学者占入学者总数的比例不足50%，低于全国平均水平；这一比例在通过推荐入学考试和AO入学考试入学者两项上则分别为40%和10%左右，明显高于全国平均水平；其他入学方式的通过率和全国平均水平基本相当。近年中国国内热炒的AO入学方式主要出现在日本私立大学（占比超过10%），私立短期大学尤甚（占比接近20%），国公立大学则并不多见（占比均在3%以下）。总体来说，国立大学主要通过一般入学考试录取新生，特别入学考试安排的招生名额几乎可以忽略不计，例如东京大学一般入试占招生总数的98.16%，京都大学为99.39%。公立大学居中，特别入

① 归国子女选拔是国公立大学为海外归国子女、中国遣返者后代等考生安排的特别考试。

② 插班入学（日语为编入学）类似于我国的“专升本”，主要对象为四年制大学二年级以上在读者、短期大学毕业生、高等专门学校毕业生、两年制以上总课时1 700小时专修学校的专门课程修满者，他们申请并通过考试后可以直接插班到其他院校三年级或二年级学习，此前在其他院校学过的课程可以用来冲抵新入学院校的部分课程。

③ 跳级入学（日语为飛び入学）指有特殊才能者就读相关专业可以在高二年级就进入大学学习，同时，拟入学的大学相关学科应该设有大学院，教育研究有实绩，且具备相应指导体制。对于优秀资质的认定，除需要高中校长的推荐，申请者还要根据相关制度要求，公开发表自我检查评价结果。

④ 学士入学选拔（也叫学士编入学）对象是大学本科毕业或预计毕业的学生，他们可以报考本校或外校同一学部或不同学部的第二本科专业，类似于我国的第二学位考试。没有全国统一要求，各大学自主实施，部分大学把学士入学考试和一般编入学考试合并实施。

⑤ 附属学校直升主要指私立大学预留一定比例的招生名额直接从附属高中毕业生中录取。例如庆应义塾大学通过塾内进学方式为附属学校预留20%招生名额。

⑥ 例如东京大学以全校为单位组织考试，前期日程分文科Ⅰ类、Ⅱ类、Ⅲ类和理科Ⅰ类、Ⅱ类、Ⅲ类6个门类，后期日程只有综合科目考试（理科Ⅲ类除外）。

⑦ 例如大阪府立大学学域学类考试招生就是以学科为单位的考试招生组织形式，该大学把全校7个学部分为现代系统科学、工学、生命环境科学、地域保健学等4个学域，学域下设若干学类，原则上以学类为单位组织考试招生，现代系统科学域后期日程以学域为单位，地域保健学域综合康复学类以专业为单位招生。

学考试招生名额安排得比国立大学多一些，但比私立大学要少很多，例如大阪府立大学一般入学考试占招生总数比例为86.84%。私立大学招生考试更为多样化，更具灵活性，入学考试方式及名义更加丰富。具体数据参见表1-1、1-2、1-3、1-4、1-5。

表1-1　日本国公私立大学考试招生选拔方式①

年份	一般入学考试		推荐入学考试		AO入学考试		其他特别入学考试		合计人数
	人数	比例	人数	比例	人数	比例	人数	比例	
2000	389 851	65.8%	188 083	31.7%	8 117	1.4%	6 827	1.1%	592 878
2010	334 312	55.2%	214 110	35.4%	53 239	8.8%	3 668	0.6%	605 329
2011	333 722	55.7%	210 450	35.1%	51 895	8.7%	3 331	0.6%	599 407
2012	333 889	56.2%	206 942	34.8%	50 626	8.5%	2 893	0.5%	594 358

表1-2　日本私立大学考试招生选拔方式②

年份	一般入学考试		推荐入学考试		AO入学考试		其他特别入学考试		合计人数
	人数	比例	人数	比例	人数	比例	人数	比例	
2010	228 902	48.1%	194 745	40.9%	49 904	10.5%	2 702	0.6%	476 333
2011	227 448	48.4%	190 929	40.7%	48 654	10.4%	2 453	0.5%	469 484
2012	227 977	49.1%	187 361	40.3%	47 210	10.2%	2 041	0.4%	464 589

表1-3　日本国公私立大学AO入学考试基本情况③

年份	项目	国立大学			公立大学			私立大学		
		大学数	学部数	入学数	大学数	学部数	入学数	大学数	学部数	入学数
2010	数量	45	134	2 579	22	38	676	464	1 118	49 984
	比例	54.9%	35.5%	2.6%	28.2%	22.1%	2.3%	81.3%	70.3%	10.5%
2011	数量	47	135	2 704	22	38	537	463	1 126	48 654
	比例	57.3%	35.8%	2.7%	27.8%	22.0%	1.8%	80.7%	70.0%	10.4%
2012	数量	47	135	2 855	23	39	561	460	1 112	47 210
	比例	57.3%	35.4%	2.9%	28.8%	22.5%	1.9%	79.4%	68.1%	10.2%

① 文部科学省：《平成24年度国公私立大学入学者選抜実施状況》，http://www.mext.go.jp/b_menu/houdou/24/10/__icsFiles/afieldfile/2012/10/19/1326903_1_4.pdf，访问日期：2020年3月6日。

② 同上。

③ 文部科学省：《平成24年度国公私立大学.短期大学入学者選抜実施状況の概要》，http://www.mext.go.jp/b_menu/houdou/24/10/1326903.htm，访问日期：2020年3月6日。

表 1－4　日本短期大学 2011 年 AO 入学考试基本情况①

项目	公立大学			私立大学		
	大学数	学部数	入学数	大学数	学部数	入学数
数量	4	7	87	264	515	12 164
比例	22.2%	15.2%	2.4%	78.1%	76.4%	18.9%

表 1－5　部分日本国公私立大学 2012 年考试招生方式一览②

学校	合计	一般入试			特别入试				
		前期日程	中期日程	后期日程	推荐入学	AO入试	归国子女	外国留学生	社会人等
东京大学	3 153	2 998	0	97	0	0	17	41	0
京都大学	2 943	2 925	0	0	0	0	11	7	0
大阪大学	3 449	2 832	0	517	21	0	9	70	0
九州大学	2 679	2 137	0	307	0	103	3	30	0
大阪府立大学	1 451	633	515	112	177		5	7	2
早稻田大学	7 346	4 825（一般入试）		815（中心入试）	1 280	425	0	0	1
庆应义塾大学	6 515	3 978			670	388	12	164	1 303

四、制定综合性录取标准，尽量做到全面公平公正

文部科学省对大学考试招生录取标准设有原则性规定，这些规定具有准法律性质的强制力。但是，各大学或学部可以根据自己的教育理念、办学使命、课程特色、学科专业特点，采取小论文、面试、讲演、调查书、校长推荐书、实践技能测试、外语听力测试等个性化、多样化的选拔标准和方式，在《高中学习指导要项》框定的范围内，重点考查考生学习能力、对大学教育的适应性，以及入学动机、专业兴趣等。日本私立大学考试招生标准更是五花八门：部分私立大学依据中心考试成绩判定考生是否合格，部分私立大学依据个别学力检查和中心考试

① 文部科学省：《平成 24 年度国公私立大学.短期大学入学者選抜実施状況の概要》，http://www.mext.go.jp/b_menu/houdou/24/10/1326903.htm，访问日期：2020 年 3 月 6 日。

② 本表数字来自各大学官方网站。

成绩综合判定，部分私立大学甚至同一学科也采用A日程或B日程等多种选拔方式，还有部分私立大学择取中心考试和个别学力检查中成绩较高的一种进行判定。通常，日本各大学要求考生报考时提交书面申请材料，主要包括入学资格认定书(各校自定样式)、所在学校教育12年课程证明、所在学校成绩证明书或调查书、毕业证明书或预计毕业证明书、所在学校教育内容等证明材料(含学校规则、课程安排、修业年限、授课时间、授课科目、必修学分等)，书面申请材料由各学部负责审查，记录考生在高中阶段各方面表现的调查书是选拔时的重要参考。

就一般入学考试而言，文部科学省没有统一规定中心考试和个别学力检查的组合方式，大学自主决定是否利用、如何利用中心考试，自主分配两次考试学科及科目、得分在综合分中的比重；但需注意，绝大多数大学只认可当年的中心考试成绩。例如东京大学规定中心考试占25%，个别学力检查占75%①；大阪大学规定中心考试占35%，个别学力检查占65%②；庆应义塾大学则干脆自行举办入学考试。此外，绝大多数国公立大学规定考生必须参加中心考试5学科7科目的考试，其中，要求参加5学科的国公立大学有133所，占82.6%；学部有446个，占80.8%。③ 同一大学不同学部利用中心考试的方式也不尽相同，考生只需选择自己报考的大学和学部指定学科、科目参加考试即可。就个别学力检查而言，各大学及学部自行确定学科科目，一般情况是：文科系从日语、外语、数学中选2科目，从地理历史或公民、理科中选1科目；理科系从日语、外语、数学中选2科目，从地理历史或公民、理科中选2科目。虽说各大学和学部拥有较宽松的选择空间，但行之经年亦有成例，主流选择是：文科系是英日必考，再从地理历史或公民、数学中选1学科；如果要求2学科，则可选任意2学科。理科系是必考英语、数学和理科；如果要求2学科，必考英语和数学或英语和理科。

五、完善预防和惩罚措施，确保考试招生安全

日本是一个公民遵纪守法意识强烈、诚信观念深入人心的法制社会，特别是最近三四十年来，尊重入学考试客观性、公平性和社会性成为全社会根深蒂固的共识，也是普遍认同的最低限度的基本伦理和组织规律，任何违反规则的不正当

---

① 東京大学:《東京大学入学者選抜要項》，http://www.u-tokyo.ac.jp/stu03/e01_01_j.html，访问日期:2014年3月6日。

② 大阪大学:《平成22年度大阪大学入学者選抜要項》，大阪大学出版社，2009，第12页。

③ 文部科学省:《平成24年度国公私立大学.短期大学入学者選抜実施状況の概要》，http://www.mext.go.jp/b_menu/houdou/24/10/1326903.htm，访问日期:2020年3月6日。

行为都会被严肃追究。无论是考生考试作弊，还是选考人员舞弊，都要付出高昂代价并被全社会声讨。考生作弊或招生舞弊事件在日本极为罕见，教授自我约束力很强。日本大学各学部设有教授会，负责决定一切重要事项，考试招生的结果要报告教授会审查。从最近两年新闻热炒的两起考试事件中可以了解到相关的对策和措施：其一是 2011 年 2 月报考京都大学、同志社大学、早稻田大学、立教大学的一名考生利用手机将试题上传互联网求助答案未遂，京都府警察介入调查，京都地方检察院、京都和山形家事法庭等最终判决考生写检讨谢罪并深刻反省。文部科学省责成各高校、大学入学考试中心等相关机构强化应对措施，规定考生携带手机、电子词典等电子设备进入考场必须关机并放置桌面以待监督，东京工业大学还研制出电子设备考试作弊探查法，电磁波定位精度提高 10 倍，能精确到具体座位。其二是 2012 年 2 月中央大学附属初中招生舞弊事件，中央大学理事长暗示附属初中校长在升学考试中关照对学校有巨额捐赠的校友之孙。事情败露后，中央大学委托律师、学者、经济界人士等 6 人组成第三者委员会详细调查，社会舆论强烈谴责理事长作为学校法人、最高责任人不能遵守基本规则的恶劣行为，拥有法学部和法科大学院的中央大学的自净作用也备受质疑，最终在校内外重重压力下理事长被解任。

第二节　专业机构考试服务实现社会化、专业化和效率化

日本考试机构只提供考试服务，不具有招生职能。大学入学考试中心是日本唯一举办全国性大学入学考试的专业机构。1977 年，日本政府根据《国立学校设置法修正案》，设立大学入学考试中心作为全国统一考试常设机构，最初是文部科学省直属机构。自 1979 年中心开始举办“共通第一次学力考试”以来，其性质历经两次较大变革：2001 年中心依法转型为独立行政法人，2006 年转型为非公务员型独立行政法人，中心命题委员、阅卷委员等全职雇员待遇同公务员相似。中心经常性收益主要来自考生报考费，2011—2012 年度经常性收益为 112.24 亿日元，主体为报考费及成绩查询费等考试相关收益的 110.64 亿日元（占 98.57%），运营费拨款（国库下拨的一般管理费和事业费）完全取消，彻底实现自收自支。[①] 目前，中心的法律地位等同于国立大学，既接受文部科学省指导，又独立于文部科学省之外，是日本大学入学考试中介服务机构，为各大学提

① 大学入試センター：《大学入試センターが作成している貸借対照表、損益計算書その他の財務に関する書類の内容》，http://www.dnc.ac.jp/modules/dnc/content0133.html，访问日期：2016 年 4 月 16 日。

供多样化入学考试服务。主管由文部科学大臣担任，高等教育局大学振兴课大学入学考试室为具体主管单位。其核心职能有3个：通过全国统一考试，为大学考查学生基础性知识和能力服务；开展考试调查研究，为大学改进考试招生工作服务；收集大学考试招生信息，为考生、家长及高中教师服务。此外，中心还开展国际交流合作，主办大学考试招生联合会，等等，帮助大学进一步改进考试招生工作。

一、通过全国统一考试，为大学考查学生基础性知识和能力服务

举办国公立大学全国统一考试是中心的根本任务，中心负责中心考试命题（大学等单位也选派各学科专家协助命题，控制试题难度，剔除偏题和怪题），试卷印刷及运送，编发应考指南、实施细则和考试手册等，受理考生报名、交付准考证，指定考场（以都道府县为单位分考试地区，中心按高中所在地安排考生就近考试，原则上考生在居住地考场参加考试，2012年全日本共设置719个考场），阅卷，记分，统计分析与评价成绩并向相关大学及考生通报考试成绩，等等。[①] 1990年中心首次举办中心考试，2006年导入英语听力考试。中心考试是典型标准化考试，所有科目皆采用笔试形式，题型为客观多项选择题，侧重考查考生各学科科目基础学力，考试科目覆盖高中阶段各学科所有必修课程，命题范围严格遵循文部科学省制定的全国性课程标准《高中学习指导要领》。

中心考试包括日本语、文科（地理历史和公民）、数学、理科、外语5学科29科目，考试时间每科目1小时，但外语笔试需80分钟（如果选英语需另加试听力30分钟），考试结束后公布标准答案、配点、平均分、最高分、最低分、标准差等。日本语包括日本现代文学和古典文学，两者分别再细分为现代文学Ⅰ和现代文学Ⅱ，以及古典文学Ⅰ和古典文学Ⅱ，各大学可以根据需要从中选择1～2个科目。现代文学是文理科生的必考科目，但是理科生的相关课堂教学时间比文科生少，考试内容也较浅。通常，不要求理科生考古典文学，因此古典文学理科生学得更少。数学细分有数学A、数学B、数学C、数学Ⅰ、数学Ⅱ、数学Ⅲ6个科目，各大学可以根据需要从中选择1～2个科目。理科包含化学、生物、物理、地质学4个选项，各大学可以根据需要从中选择1～2个科目。日本的高中教育在高一时对所有学生的理科学习要求一样，高二和高三时产生分化，理科生从理科4个科目中选修两个科目，文科生只需选修1个科目即可。历史包括日本史和世界史，

① 胡国勇：《竞争选拔与质量维持——大众化背景下日本大学入学考试的变革与现状》，《复旦教育论坛》2007年第1期。

两者分别再细分为日本史A和日本史B,以及世界史A和世界史B。同理,地理分地理A和地理B两个科目,其中,地理B内容难度更大、知识范围更广,各大学可以根据需要从中选择1～2个科目。如前所述,日本的高中阶段在高一时对所有学生文科素养培育要求一样,高二和高三时文科生从历史和地理的6个科目中选修两个科目重点学习,理科生只需选修其中一个科目。公民课细分为现代社会、伦理、政治＋经济、伦理＋政治＋经济4个科目,各大学可以根据需要从中选择1～2个科目。外语设英语、德语、法语、汉语、韩语5个选项,一般只需选1个科目。

国公立大学原则上把参加中心考试中本校指定的学科及科目作为考生报名的前提条件,越来越多的私立大学也要求考生参加中心考试。日本各大学或大学各学部(院系)可以根据大学或学部(院系)自身特点和培养目标,自由选择让考生参加几个学科的考试,每个学科的考试科目也可以有不同选择。但是,日本大学对于考试科目的选择并不是像我们想象的那样随心所欲、变动频繁,尤其是相同或类似专业的考试,各大学要求和选择大致雷同,且某一所大学历年的选考科目也是大体一致,具有较强的稳定性。例如,报考东京大学、京都大学、大阪大学和东北大学的工学部考生,参加的入学考试科目几乎相同,大阪大学工学部的选考科目数年来几乎保持不变。

日本参加高考的学生要考试的科目数量依所报考大学或学部的要求而有差异,最多考7门,最少考3门。例如,大阪大学文学部选择的学科及科目是:日本语,地理历史(从世界历史B、日本历史B、地理B中选一),公民(从现代社会、伦理学、政治经济学中选一),理科(从物理Ⅰ、化学Ⅰ、生物Ⅰ、地学Ⅰ中选一),数学(从数学Ⅰ和数学A中选一,再从数学Ⅱ和数学B中选一),外语(从英语、德语、法语、汉语和韩语中选一),其他院系要求的考试科目和文学部差异不大。[①] 2012年,835所大学利用了中心考试,其中国立82所,公立79所,私立513所(占私立大学总数的80%以上),公立短期大学16所,私立短期大学145所。报考四年制本科教育的考生中约80%参加中心考试,2013年报名参考人数为55.6万。[②]

二、开展考试调查研究,为大学改进考试招生工作服务

2010年,中心设立大学入学者选拔研究机构,肩负对全国大学入学者选拔

---

① 大阪大学:《平成22年度大阪大学入学者選抜要項》,大阪大学出版社,2009,第9页。

② 大学入試センター:《平成24年度大学入試センター試験実施結果の概要》,http://www.dnc.ac.jp/modules/center_exam/content0011.html,访问日期:2017年4月16日。

方法进行调查研究的重任，以改进大学入学者选拔方法及中心考试为主要工作内容，主办全国大学入学者选拔研究联合会，推动各大学交流与合作，对历年考试情况实施调查研究，研究成果作为基础性资料向社会公布。中心考试调查研究的主要内容有：根据得分调整相关检验理论的研究、利用监测调查研究、听力考试结果成果验证改进、试题统计信息及相关信息整合等。大学作为招生责任者，配合中心组织联络会议，高中和高校协会则参与试题评价等工作。此外，中心还积极开展国际国内交流与合作研究：同国内外大学及研究机构合作研究，在国际国内学会期刊、研讨会等发表研究成果。例如，1995 年举办“面向 21 世纪的大学入学考试”国际研讨会，2002 年举办“从命题看大学入学考试”国际研讨会，2011 年与韩国教育课程评价院签署合作协议。

三、收集大学考试招生信息，为考生、家长及高中教师服务

1988 年起，中心增加提供大学相关信息的职能，中心既为各大学选拔学生提供可靠情报资料，同时也注重为家长、高中毕业生及升学指导教师提供大学入学者选拔的相关咨询信息，主要内容是中心考试信息以及大学入学考试相关信息等。如建设日本大学信息库，帮助考生了解报考大学的基本情况、考试学科科目和具体要求；每年公布各大学次年度入学考试基本信息、招生名额、考试方式、不同录取方式的学生比例、不同学部考试的学科科目组合；提供大学入学考试相关信息，包括参加中心考试的大学及学部、招生政策、招生名额、学科及科目配点。

第三节　政府管理服务大纲化、弹性化和基准化

文部科学省职在考生报考资格、大学招生计划、招考周期、组织实施、考查内容、招考方式方法等诸多方面提出指导性意见，这些意见都有相关法律法规作为依据，却又给各大学开展考试招生具体工作留下较大自由空间，从而有效规避了政府干预的随意性、盲目性和生硬性。政府教育管理大纲化、基准化、弹性化，按照最低限度标准宏观管理，具有很大灵活性。文部科学省设有高等教育局，下设大学振兴处，其下又设大学入学考试室。每年 5 月底，文部科学省向各大学发布《大学入学者选拔实施要项》，提出大学入学考试基本原则，规定全国大学入学考试周期，统一制订调查书等，确保各大学考试录取方式方法适切合理。文部科学省还调查每年入学者选拔实施状况、国公私立大学入学者选拔志愿情况、大学入

学考试中心考试情况等，公开发表调查结果。此外，文部科学省会提前一年向社会通报国公立大学招生计划的增减情况。

一、确定大学报考资格标准

文部科学省通过《学校教育法》《学校教育法施行规则》和文部科学省告示等规定大学（含短期大学）入学考试报考资格标准。核心要件是核准考生是完成12年学校教育的高中毕业生或具有同等学力者，且年满18周岁的最低入学年龄。文部科学省终身学习政策局负责面向因各种原因没有从高中学校毕业者，举办高中毕业程度认定考试（平成17年前名为大学入学资格测试），测试其是否具有高中毕业生同等学力，合格者具有报考大学的资格（各大学有权决定是否认可其入学考试资格），也可以用于就职、资格证书等。每年有两次考试机会，分别在8月、11月上旬。凡年满15周岁以上者，由终身学习政策局终身学习推进处负责，全国47个都道府县受理报考并设考场，高中6教科17科目中有8～9科目合格即算合格者，每年约有3万人报考。①

二、提出考试招生基本原则

文部科学省要求，大学入学考试重点考查高中阶段育成的重要学力要素：基础知识和基本技能、思考力、判断力、表现力、学习动机等，一般入学考试要以调查书、个别学力检查、小论文、面试等多方面考查考生能力（比如高级思考力、表现力和应用力）及适应性等，但要尽量避免对高中教育造成不良影响，尽可能减少考生负担。文部科学省规定，以学部为单位，推荐入学考试招生人数（包括附属高中校长推荐入学）不能超过招生计划的50%，短期大学则不受此限制。大学招生尽可能以学部或更大范围为单位，以便考生入学后可以根据兴趣、适应性等选择学科专业。② 文部科学省还规定，各大学招生政策应该积极地传递教育理念、目标、内容、方法等准确信息，通过互联网等多种渠道向考生、高中等提供升学选择的必要信息。此外，规定要求大学入学考试应该以《高中学习指导要领》为命题范围，有必要让高中相关人士参与策划并评价。大学要明确告知所要

---

① 文部科学省：《平成24年度第1回高等学校卒業程度認定試験実施結果について（訂正）》，http://www.mext.go.jp/b_menu/houdou/24/09/__icsFiles/afieldfile/2012/09/21/1326098_01.pdf，访问日期：2017年4月16日。

② 文部科学省：《平成25年度大学入学者選抜実施要項について（通知）：24文科高第236号》，http://www.mext.go.jp/component/a_menu/education/detail/__icsFiles/afieldfile/2012/07/31/1282953_02_1.pdf，访问日期：2017年4月16日。

求的能力、适应性等基准，这些能力也是《高中学习指导要领》的标准。国公私立大学和高中相关人士应该通过常设组织开展联络协议，增进相互理解和合作。

三、限定大学考试招生周期

总体上说，文部科学省对私立大学入学考试周期限制最宽松，对国立大学的规定最为具体，对公立大学的要求则在两者之间。文部科学省规定，中心考试一般固定在每年1月第3个星期六、星期日举行；而个别学力检测等后续考试日程则另行发文安排。以《2013年大学入学者选拔实施要项》为例，文部科学省规定国立大学个别学力检查1月28日—2月6日报考，2月25日前期日程开考，3月6—10日公布结果；3月12日后期日程开考，3月20—24日公布结果。入学手续前期日程3月15日截止，后期日程3月27日截止。如果招生未满，3月28日以后进行第二次招生补录。AO入学考试在2012年8月1日开始，推荐入学考试在2012年11月1日开始，录取结果要在一般入学考试前10日公布，以便考生决定是否继续参加一般入学考试。归国子女入学考试、社会人入学考试的日期可以不受上述限制。[①] 由于国立、公立大学考试日程安排统一，一般而言考生只能报考两所国公立大学，其一为甲校前期日程，其二为乙校后期日程(也可以是甲校后期日程)，同时报考两所大学的全部前期和后期在时间上难免冲突。考生一旦通过某校前期日程就不能再参加后期日程。考生一旦通过某甲大学学部推荐入学、AO入学考试，而又没有在规定时间办理甲大学的入学辞退手续，通常没有资格报考某乙大学的前期或后期日程。如果要求考生参加个别学力检查(一般入学、高等专门学校及综合学科毕业生入学、AO入学、推荐入学等)，报考日期截止到每年2月初，考试就要在4月15日前完成，最迟4月20日公布结果。如果免除个别学力检查，AO入学考试、推荐入学考试日期可以更灵活。

私立大学考试次数和考试日期安排更为灵活，通常每年7月上旬公布下一年的《大学入学者选拔要项》，来年1月下旬关西地区率先开考，2月中旬为首都圈集中开考期，3月初后期日程或2期招生开始，3月下旬招生基本结束。私立大学“一般入学考试”的时间在1月下旬至3月上旬之间，但多数私立大学安排在3月；也有私立大学2—3月间每周举行考试。考试机会从1次到多次，同一

① 文部科学省:《平成25年度大学入学者選抜実施要項について(通知):24文科高第236号》，http://www.mext.go.jp/component/a_menu/education/detail/__icsFiles/afieldfile/2012/07/31/1282953_02_1.pdf，访问日期:2017年4月16日。

院校内不同学部学科可自由兼报。部分私立大学允许考生缴纳一次报考费参加多次考试，参加两次及以下可以减免报考费。AO入学考试私立大学5—7月就开始报名，暑假期间安排面试、上课体验，9—10月公布结果，部分私立大学甚至全年受理AO入学报名。

四、间接控制大学招生规模

文部科学省按照“事前规制，事后检查”原则，依据学校教育法（法）、学校教育法试行令（政令）、大学设置基准（省令）、学校法人的捐赠行为以及捐赠行为变更认可相关审查基准（省令）等法律法规间接控制各大学招生规模。文部科学省根据它们申办报批时的师资力量、教学设施、办学条件等核定相应招生定额，但允许国立、公立大学少量超出定额（例如2012年九州大学招生2 679名，而招生定额为2 555名），私立大学则可以按招收定额的120%招生。大学所属学部的招生名额是由自身的师资力量、教学设施、办学经费等制约因素确定的，而并非是学校任何部门安排分配的结果。在日本新设大学必须得到文部科学大臣的认可，在此之前的必要程序是提交审议会审查。申办者向文部科学大臣提出申请，文部科学大臣将申请书交付“大学设置・学校法人审议会”，大学设置分科会（负责审查课程、教师、校地、校舍等事项）和学校法人分科会（负责审查财政计划、管理运营等事项）分别审查，依据“大学设置基准”“学校法人的捐赠行为以及捐赠行为变更认可相关审查基准”审核，并向文部科学大臣报告审查结论，该结论是获得认可与否的唯一参考。审查的重要标准是师资配置合规、办学设施达标（包括校地、校舍面积等）、设备完善、课程齐整、经费充足（确保年度收支平衡，负债率、负债偿还率在基准值以下）、运营管理体制适切等①，文部科学省综合考虑各种办学条件核定大学招生定额。

五、统一制定高中调查书

调查书是高中对本校毕业生学习成绩、出缺席、品德性格等方面的记载与评定。文部科学省统一制定调查书样式，供全国所有高中和大学通用，内容包括学习记录、生活记录两大类：学习记录含各学科科目学习记录、各学科评定平均值（附全体学生评定平均值）、学习成绩概评（分A～E五个等级）等；生活记录含出

① 文部科学省：《大学、大学院、短期大学及び高等専門学校の設置等に係る認可の基準》，http://www.mext.go.jp/component/a_menu/education/detail/__icsFiles/afieldfile/2010/02/05/1260236_1.pdf，访问日期：2017年4月16日。

勤记录、特别活动记录、学生指导诸事项(含学习特点、行为特点、特长、社团活动、志愿活动、资格证书等)、综合学习时间内容及评价、备考情况等。要求考生就读高中密封后邮寄到考生报考的大学入学考试专门机构,同时报考同一大学或不同大学前期和后期日程时,需要分别邮寄调查书。调查书中最受重视的是“全体评定平均值”和“学习成绩概评”,很多大学或学部将其中之一定为录取标准。

第四节　审议会政策调研审议民主化、科学化和专业化

文部科学省在针对某个具体教育问题提出重大政策措施时,通常程序是先由政策审议机构对政策问题进行调研审议,提出政策建议报告,文部科学省将政策建议报告以各种教育法实施细则、各级各类学校指导要领、文部科学省命令及告示等形式发布,成为学校、社会、家庭教育实施举措。[①] 2001 年,以旧中央教育审议会为母体,合并终身学习审议会等 6 个教育审议会,成立新中央教育审议会,由文部科学大臣任命的 30 名委员组成,任期 2 年且可连任。文部科学大臣还可以根据需要任命临时委员、专门委员。委员、临时委员和专门委员都是兼职,主要来自政府部门、企业、大学及研究机构,其中学者的数量始终维持在官员和企业家委员数目之和,从而既具有专业性,也具有广泛的社会代表性。中央教育审议会设有会长和干事,会长由委员选举产生,干事由文部科学大臣从行政机关公务员中指定,负责为委员们提供服务。中央教育审议会下设 5 个分科会,审议会及分科会可以根据需要设立工作小组(部会)。内阁根据《国家行政组织法》相关规定,制定《中央教育审议会令》,对审议会的职责、组织、构成等作出具体规定。[②] 针对大学入学考试招生政策,参与调查研究的审议会主要有大学审议会、中央教育审议会、临时教育审议会、教育改革国民会议等,特别是中央教育审议会发挥了举足轻重的作用。二战以来,各类审议会提交了数十份大学入学考试招生政策调研报告,提出了许多有价值的政策建议:

一、强化高中大学有序衔接

强化高中和大学教育顺利衔接对策(大学审议会 1991、1997、1998,中央教

① 周满生等:《教育宏观决策比较研究》,人民教育出版社,2009,第 190－191 页。

② 文部科学省:《第 6 期中央教育審議会委員》,http://www.mext.go.jp/b_menu/shingi/chukyo/chukyo0/meibo/1327416.htm,访问日期:2017 年 6 月 5 日。

育审议会 1999、2012)；入学者选拔改革要顺应初等、中等教育在宽松学习氛围中育成生存力的改革方向(中央教育审议会 1997)；积极推进高中生选修大学课程并获得有效学分的制度(教育改革国民会议 2000)；个别学力检查命题要遵循高中教育宗旨，转向以考察创造性、逻辑性思考力等的题目为主，剔除单纯考查知识量多寡的题目，重视衡量学生生存能力、独立思考能力，外语主要测试学生沟通交流能力(中央教育审议会 1997)；大学入学资格检定现状及改革建议等(中央教育审议会 2003、2004)。

二、改革大学考试招生方式

推出大学入学考试中心考试(临时教育审议会 1990)；导入并完善 AO 入学考试(中央教育审议会 1995、1997)；灵活使用调查书(中央教育审议会 1997)；允许成绩特别优异、符合大学教育目标的学生跳级入学(教育改革国民会议 2000)；积极导入秋季入学选拔，灵活应用 1 月份中心考试成绩选拔秋季入学学生(大学审议会 2000、教育改革国民会议 2000)；各大学可以选择实施暂定入学制度，按一定比例把合格线附近考生确定为暂定入学，根据一年后学习情况判定是否合格，赋予学生更多挑战性机会(教育改革国民会议 2000)；在重视综合性多方面评价的基础上，进一步推进将各种职业经验、社会活动经验纳入某些特定专业招生要求(中央教育审议会 1997)。

三、改进考试招生组织实施

教师参与决定考试招生方针政策、判定最终合格者等核心工作，职员或研究生负责事务性工作，招生选拔结果要向教授会汇报，校内设立专门招生机构，确立教师和职员协力合作体制，训练专业化职员(大学审议会 2000)；完善外部专家协助命题机制(大学审议会 2000)；大学公开发表自己检验、评价的结果等，广泛听取地方社会有识人士、地方产业界人士、高中相关人士、家长等外部意见，增进国民和大学的相互理解和沟通，确保评价客观性(中央教育审议会 2012)；各大学应明确招生方针计划，对社会和考生公开(中央教育审议会 2005)。

四、倡导选拔方法多样化，评价尺度多元化

大学入学者选拔内容方法多样化，评价尺度多元化(大学审议会 1991，中央教育审议会 1995、1997、2005)；各大学自主举行个性化选拔，做到入学机会多重化、入学资格自由化和弹性化(临时教育审议会 1985)；改革既往侧重以笔试考查知识量的学力考试形式，转而从个性、能力、适应性、动机、兴趣等多方面评价

考生(中央教育审议会 1997、1998);大学入学考试应适切地衡量学生发现问题的能力、解决问题的能力,即推理能力、逻辑思维能力等多方面资质(教育改革国民会议 2000);各大学应认真检视选拔方法,学校要通过书面材料审查、面试、小论文等形式,从多方面评价应试者的能力、个性、资质、思维方式、适应性、报考动机、学习目的、目标意识、热情、兴趣、入学后能力增长展望等,要进一步实现选拔方法多样化和评价尺度多元化(中央教育审议会 1997、2002,大学审议会 1998)。

日本各类教育审议会是政府和社会之间沟通的桥梁和通途,使得社情民意可以比较顺畅地上达,成为政府教育决策的依据,很大程度上避免了利益集团对教育政策的绑架和垄断,这是一种值得借鉴的社会参与机制。除各类教育审议会之外,日本大学考试招生制度改革进程中,国立大学协会、高中协会等中间组织也进行了大量调查研究工作并提出了有价值的政策建议。

研究发现,日本大学考试招生体制具有先进性和科学性,但绝非尽善尽美。大学入学者选拔方式多元化、考试方法多样化的同时,大学教师承担考试招生工作的核心任务负担越来越重,甚至对教师教学科研工作造成较大冲击,教师对承担考试招生任务也并不都持积极态度。1992 年以来,受 18 岁青年学龄人口不断下降的影响,日本高等教育迎来“全入时代”,大学入学考试招生选择性面临挑战。伴随文部科学省“新学力观”和“宽松教育”政策的持续推进,推荐入学、AO 入学等特别入学选拔方式日渐普遍,部分经过特别入学方式入学的新生不能很好地适应大学教育,社会质疑的声音越来越大。20 世纪 80 年代以来,尽管日本学者呼吁从学历社会向学习社会转变,但是大学过分依赖考试分数(偏差值)分流学生的做法依然大行其道。日本大学考试招生腐败案例极为罕见,对相关监督机制建设的重视程度相对偏低。日本高等教育的目标是培养全球性领导者和企业家,但是通过一次性学力考试很难选出真正具有潜质的学生。从小学到高中教育都是以通过学力考试为目的,对学生发展多样化的可能性将造成恶劣影响。很多人认为,应该以小论文、面试等为基调改革以学力考试为主导的制度,审慎地判定学生个人能力。所有这些问题,都是我们在借鉴日本经验和推进高考改革的过程中,需要认真思考和深刻反思的。

第二章　美国高考招生制度

美国没有国家和政府设置的高校招生考试管理机构，也不实行全国统一招生考试。目前，大学考试机构主要有两家私人团体，即美国教育考试服务社和ACT教育集团。尽管如此，美国仍有1 000余所院校不根据学业能力倾向测验(SAT)和美国大学考试(ACT)的成绩录取考生，许多社区学院更是开放入学。

第一节　考试评价内容综合全面

美国教育考试服务社(ETS)是总部设在美国新泽西州普林斯顿市的非营利机构，创立于1947年，雇员3 300多人(其中博士390名)，每年为180个国家超过5 000万人次提供TOEFL、GRE、SAT等考试服务。ETS致力于通过提供公平且有效的评价、研究和相关服务，推进教育质量和教育公平。SAT考试诞生于1926年，ETS成立以后受美国大学理事会(The College Board)委托负责定期举办SAT考试。ACT教育集团是总部设在美国爱荷华州爱荷华市的一个独立的非营利性机构，现拥有雇员约1 400人。ACT教育集团致力于帮助人们获得教育及职场的成功，努力使之成为推进个人终身发展的创新方案的领导品牌。它在教育领域和工作能力发展方面提供上百种考试、项目管理、调研和信息处理服务。1959年爱荷华大学教授E.F.Lindquist作为先驱发起ACT测试，开辟了以测试学校所学知识信息为重点的测试新天地。

一、社会化专业考试机构负责组织实施

从考查单位看，SAT和ACT都有对词汇、句子、段落和篇章的测试，从试题形式看，二者都有完形填空、阅读理解和写作等，但二者在很多方面也各存在侧重。

二、学业能力倾向测验(SAT)

SAT考试创始于1926年，早期有很强的心理测试倾向。SAT考查考生掌握的知识以及运用知识的能力，并不注重逻辑或抽象推理能力，而是注重学生在

学校学习的阅读、写作和数学技能，这些知识和技能对于大学学习和终身学习都非常重要。2005 年 SAT 迫于加州大学系统①的压力取消同义词类比测试，转向高度关注填空及文章阅读，同时增加写作和语法选择题，分值也从 1 600 上升到 2 400 分，词汇部分更名为批判性阅读。SAT 分为推理考试（SATⅠ）和学科考试（SATⅡ）两类，国人熟知的 SAT 指的是 SAT 推理考试。SAT 不是智力测验也不是学业测验，不与某一州的教育教学大纲或某一具体课程教材直接关联。每年从 10 月份开始至次年暑期前陆续举行 7 次 SAT 推理考试（美国以外地区每年 6 次）：10 月、11 月、12 月、1 月、3 月（或 4 月）、5 月、6 月各一次。SAT 考试对应试者年龄及教育背景不做硬性规定，但绝大多数学生会在高二或高三参加 SAT 考试。SAT 推理考试包括批判性阅读、数学、写作，每一部分考试都包含两个 25 分钟、一个 20 分钟的三个单元。

批判性阅读（Critical Reading）考试时间 70 分钟，共 67 道试题，包括“完成句子”（Sentence Completion）的 19 道多项选择题，阅读理解（Passage-Based Reading）的 48 道选择题（延伸推理 36～40 道题、文字理解 4～6 道题、词义理解 4～6 道题）。“完成句子”考查学生对词汇的理解与掌握，以及对句子不同部分之间逻辑关系的理解；延伸推理、文字理解和词义理解等题型考查学生通过阅读短文，能否识别文学作品的体裁、流派，判断文章各部分之间的关系；通过对所获信息的推理及综合分析，剖析因果，识别主要论点与支持论据，理解作者意图；根据上下文判断词语含义，理解句子结构与功能，分析修辞手法。

数学（Math）考试时间 70 分钟，共 54 道试题，包括多项选择题 44 道和计算题 10 道。数学考试内容为运用数据分析解释图表，目的是考查学生应用数学知识灵活解决现实世界中数学问题的能力。试题内容包括算术运算、代数学、几何学、统计学、概率论。

写作（Writing）考试时间 60 分钟，共 50 道试题，其中作文题（Essay）1 道（25 分钟，占总分 30%），选择题 49 道[完善句子（Improving Sentences）25 道，识别句子错误 18 道，完善段落 6 道]。SAT 写作部分既通过考生完成的一篇论说文，测试学生就某问题发表自己看法的能力，和运用阅读、观察或自身经验中所获例证论证自己观点的能力；也通过完善句子、识别句子错误、完善段落等题型，测试学生清晰一致地运用语言的能力，和通过修改与编辑为一段文字润色的能力。

SAT 学科考试（SATⅡ）主要考查学生在某个特定学科领域的知识与技能以及运用这些知识的能力，涉及英文、数学、社会、自然科学和外语 5 大学科领域

---

① 是由 10 个校区组成的公立大学系统，拥有 28 万多名在校生，各校区保持较大办学自主性。

20个科目，这些学科考试均不与某套教材挂钩，多数SAT学科考试每年举办6次。学科考试的形式是限时1小时的单项选择题（一般为五选一，外语类科目一般为四选一或三选一）。如英文文学SAT考试是6～8篇短文的阅读理解，每篇短文后有4～12道单项选择题，短文从文艺复兴至今的英文文学著作中选取。每门学科考试均覆盖广泛的学科知识、技能与学科内容，学生很难做完所有试题，多数学生只能有效回答约半数试题。

三、美国大学考试(ACT)

ACT考试创立于1959年，由ACT教育集团承办，是美国唯一旨在反映课程实际掌握状况的大学入学考试。自2011年起ACT年度报考人数反超SAT并延续至今。ACT考试的性质是成就测验，以中学课程为依据，侧重考查对所学内容的掌握程度，ACT同样不忽视考查学生的文本理解、分析推理、解决问题、批判性思维等能力。除了英语、数学、阅读和科学方面的成绩，ACT考试还根据学生的兴趣、需要和目标等，为他们提供大学招生录取、课程安排及奖学金项目等信息资讯。ACT考试每年2月、4月、6月、10月、12月共举行5次，部分州还在9月多举行1次。ACT考试由英语、数学、阅读、科学4个部分构成，共计215道题（英语测试75题、数学测试60题、阅读测试40题、科学测试40题），考试时限为175分钟，附加作文的ACT考试为216道，205分钟。

（一）ACT英语测试

ACT英语测试旨在测量考生有效写作所需语言技能，除了考查标点使用、语法运用、句子结构、修辞技巧等基础知识外，还包括标准英语写作、文章组织结构和文风等。考试时间45分钟，75道试题（四选一选择题），试题具体形式是向学生提供5篇短文，不同类型的5篇阅读文本侧重体现不同的修辞情形，选文不仅考虑评价学生的写作技能，也注意反映学生的兴趣与经验。与短文关联的单项选择题多是文中一个划线的单词、词组或句子的片段，要求学生从四个选项中选择一个最佳表达方式或不恰当的表达方式，也有少量试题是针对短文的某一段落或针对全文提问。试题结构包括英语用法和修辞技巧，英语用法包括标点13％、语法与应用16％、句子结构24％，修辞技巧包括写作策略16％、组织结构15％、文风16％。2005年2月ACT教育集团推出附加作文的ACT考试，新增一道30分钟的作文题（不计入总分）。

（二）ACT数学测试

数学考试旨在测量考生的定量分析能力与几何推理能力，主要考查学生的基础数学知识，即基本公式和简单运算技巧。ACT 数学测试共计 60 分钟，有 60 道试题，题型为五选一选择题，多数选择题彼此独立，少数试题会针对一个图表构成一组。考试内容包括算术 23%、初等代数 17%、中等代数 15%、几何坐标 15%、平面几何 23%，立体几何 7%。

(三) ACT 阅读测试

ACT 阅读测试旨在测量考生文本理解能力与分析推理能力，从社会科学、自然科学、散文小说、人文艺术 4 个学科领域各选 1 篇短文，测试考生在阅读文章中的补充论证技巧，以及理解文章大意，寻找并解释重要细节，理解时间顺序和因果关系，根据选文直接提供的明确信息分析推断出其中隐含的信息，根据上下文猜测单词、短语和句子，得出一般结论，揣摩作者语气和态度，等等方面的能力。

考试时间 35 分钟，40 道试题，4 个领域各向学生提供 1 篇短文(约 700～900 词)，每篇选文后附 10 道四选一选择题，试题分值平均分布，4 个领域各占 25%。每篇选文前或明示所属学科领域、选文作者，或为帮助学生理解选文提供一个简短的说明。散文小说选文直接搬用未作任何删改的短篇故事全文、长篇故事或小说节选；社会科学选文来自历史学、地理学、社会学、经济学、政治科学、教育学、心理学、人类学、考古学等领域的专著；人文艺术选文选取自论文集或个人论文，主要来自哲学、伦理学、音乐、舞蹈、语言艺术、戏剧、电影、电视广播、文艺评论、建筑学等领域；自然科学选文来自物理学、生物学、化学、生态学、地质学、医学、气象学、天文学、自然历史、工程技术等领域的论著。

(四) ACT 科学测试

科学考试计 35 分钟 40 道试题(四选一选择题)，内容涵盖生物学、化学、物理学及地球与空间科学(如地质学、天文学、气象学等)，重点考查学生在自然科学领域的研习中需要用到的科学推理能力(如分析、推理、解释、评价)及问题解决能力。如识别并理解所给数据或信息的基本特征及有关概念；批判性地考查所给数据或信息与所得出的结论或假设之间的关系；从所提供的数据或信息中归纳或演绎出新的信息，得出结论或作出预测。试题具体形式是给学生提供 7 篇含有数据或科学信息的短文，每篇后面有 5～7 道四选一选择题。详细地讲，图表数据分析题 15 道，占 38%(3 篇短文每篇后有 5 道题)，在短文中给学生提供一些含有数据的图或表，其专业复杂程度堪比科学杂志或论文中出现的那些图表，要求学生通过阅读图表、解释图表，并对图表中给出的数据进行分析、计算，回答短文后的问题。研究报告评析题 18 道，占 45%(3 篇短文每篇后有 6 道题)，在短文中给学生提供几个相关的研究或实验，要求学生对实验的设计或结论进行解释或评析。不同观点评析题 7 道，占 17%（1 篇短文后有 7 道题），在短文中向学生描述几种相关的不同假设或观点，由于建基于不同的前提或不全面的数据，这些假设或观点彼此不一致，要求学生对这些观点或假设进行评析与比较。

（五）ACT 写作测试

要求考生写 1 篇论说文，旨在测试学生的英语写作能力。在作文提示中陈说一个问题，并列出围绕该问题提出的两种不同的立场，要求学生就问题择一立场并表达自己的论点，运用逻辑推理和例子支持自己的论点，有条理地组织论证，清晰有效地表达结论，合乎语言规范地展开行文。

四、命题程序严谨且强调专业性

SAT 命题委员会由中学教师、大学教员及教育管理者构成，他们来自全美各地各种族。SAT 命题时通常参考各地高中和大学老师提交或建议的试题。"美国大学理事会"定期对 SAT 考试进行严格的审查、更新与完善，并对考试设计、实施与阅卷、评分等工作提出标准和要求。试题设计者力求使试题难度、题量与考试时间适合大多数考生。SAT 的每道题都要经过数十位专业人士两年多的严格审查，以确保可用性与公平性，然后作为 SAT 非正式样题试测。只有难度适宜、所需解题时间适中的试题才能进入题库。以 SAT 作文题编制原则为例：对于广大考生（包括那些母语非英语的学生）来说，作文题的提示语应确保理解无障碍，句义无歧义。作文题提示语不应含有过多修饰性或过多技术性的语言，也不应涉及过于具体的文本参考。作文题目应与较宽的领域或兴趣范围有关，不宜过窄或过于冷门，不应需要专门知识准备或学过特定课程。作文题目应能够引起高中年龄学生的兴趣与热情，并激发他们对重要问题的批判性反思。作文题目应给学生留有运用广泛多样的经验、所学知识以及想法支持自身观点的空间。

ACT 重点从三方面的资源筛选测试的知识与技能：一是研究各州公布的课程标准、课程目标，了解 7～12 年级的教学目标与教学内容；二是检阅各州批准的 7～12 年级各科教材选用目录中的教材，了解中学教材内容；三是每 3～5 年开展一次 ACT 全美课程调查，调查中学及高校的教育工作者，了解 7～12 年级实际教授的基本知识与技能，以及要在中学后课程的学习中取得学业成功所必需的基础知识与基本技能。在此基础上，ACT 制订了 4 个测试领域的范围与顺序框架，并据此编制考试试题。

ACT 试题的编制过程主要分为三个阶段：

1. 试题编写阶段

邀请全美各地高中和大学的教师共同参与编写考试试题，而不是由封闭的、人员有限的试题编写小组承担。工作人员会给试题编写人员提供有关试题内容、认知技能水平、试题形式等方面的试题编写规范，并定期开展交流研讨活动。编写规范特别强调考试试题要能够反映全美的文化多样性，强调试题编写者群体能够代表广泛多样的不同文化背景，从而可以编写出反映多种视角的试题。

2. 试题编辑修改及试测阶段

工作人员及聘请的专家小组会对每一道试题进行审议，研判试题的内容是否科学准确，是否符合试题规范，对不同社会群体的描述是否公平，尤其是要避免涉及某些社会群体不熟悉的内容。另外，还要防止语言上出现性别歧视的倾向。经过评阅后被认为适合用于 ACT 考试的试题将在一些具有总体代表性的样本考生中进行试测，以了解这些试题的难度水平是否适宜，以及是否能正确地发挥测量功能。试测合格的试题才会被纳入 ACT 题库。

3. 试卷编制阶段

从题库中根据 ACT 试题结构抽取出规定数量的试题编制成一套试卷初稿，然后 ACT 的工作人员和外请的顾问对试卷初稿的内容与公平性进行分组讨论和评阅。只有试卷的各部分及总体效果均符合 ACT 编制的最高标准与规范，并且确保了各套试卷在总体难度上基本对等，具可比性，全套试卷才可以在全美正式地使用。

最后，考试实施后立刻对试卷开展统计学分析，检视各道试题是否发挥了预期的测量功能，在不同考生群体中是否有功能差异。一旦发现存在潜在偏见或歧视嫌疑的试题，一经确认，ACT 会采取适当补救措施确保受到影响的学生得到公平合理的分数。

第二节　招生录取制度灵活实用

一、成绩呈现方式科学

无论是 SAT 还是 ACT，成绩都不是以简单的分数形式呈现的，而是汇总了个人成绩分析报告、试卷分析报告、总体数据分析报告等全面信息，以帮助学生了解自身学习情况和相对能力水平，对考生未来职业和教育规划提出建议，等等。

（一）SAT 成绩呈现

SAT 考试包括批判性阅读、写作和数学三部分，各占 800 分，总分 2 400 分。SAT 作文成绩由两位评阅人的评分相加而得，如果两位作文评阅人的评分差异较大，则由评阅小组负责人评阅和仲裁。作文评阅人必须至少取得学士学位，必须正在教或最近教过高中或大学水平的、内容涉及写作的课程，必须完成至少一个网上培训课程以掌握作文整体评阅原则、认可统一的评分标准并学会根据这一标准进行评分。SAT 为考生提供个人成绩及试卷分析报告，个人成绩报告里不仅有 SAT 考试分数、学生作文的扫描文件，还包括详细的多项选择题及作文得分分析，让考生知道自己的分数是如何评出来的，以便帮助考生找到自身存在的问题，提高下一次考试成绩。试卷分析报告为考生提供更为深入的信息和解析，包括每道题的试题类型、试题难度、正确答案、评分标准以及考生答题是否正确等信息。

（二）ACT 成绩呈现

ACT 的最终成绩是依据考试分数换算表从原始分换算而成的标准分，ACT 英语、数学、阅读、科学四部分的标准分均为满分 36 分，ACT 总分是四部分分数的平均，满分也是 36 分。此外，ACT 考试附有考生中学选修课程及等级、个人信息和兴趣爱好等三份材料，从而可以比较全面地了解考生的教育需求、兴趣与能力等非认知因素。一般情况下，ACT 在考试后四周内向学生提供个人成绩报告，并向中学、大学提供总体数据分析报告等信息，向考生和大学提供考生高中学业成绩、适合学习的专业、职业发展及教育规划等详细信息。ACT 成绩分析不单给出总分标准分，还展示四部分各项具体分值以及各分项得分在全美和考生所在州的位置，帮助学生了解自己的知识掌握情况和相对能力水平，帮助学生判断是否可以选修进阶的课程以及应选修哪些课程。ACT 还对考生进入大学后，各专业课和选修课总成绩平均分数相对不同参照群体的位置，以及各门专业课取得 C 或 C 以上成绩的可能性进行预判，帮助学生明了适合自己的专业。

二、招生录取制度灵活

美国大学招生官评审考生申请材料时，考虑的主要因素在过去 20 年里基本保持不变，考生学业成就（大学预备课程等级、高中成绩总评 GPA、课程难度、大学入学考试分数等）一直是决定录取与否最重要的因素，其次是小论文、个人兴趣、高中教师及升学顾问的推荐信、课外活动和班级排名等。一般认为，高中平时成绩甚至能比 SAT 等更好地预测学生在大学的学术表现。①

据联邦教育部的数据，2014—2015 年度公办学校（小学和中学）学生与升学顾问的比例平均为 482∶1。NACAC 调查显示，高中学生和升学顾问的比例平均是 181∶1。2016 年 28%的公办学校至少雇佣 1 名升学顾问（专职或兼职）专门负责提供大学升学咨询，私立学校这样做的比例为 49%。② 一般申请者需要提交以下申请材料：个人信息（种族、信仰、国籍、语言、家庭背景等），就读高中信息，高中成绩单（修习课程及成绩、年级排名等，包括 AP 课程③），SAT 或 ACT 成绩，升学顾问推荐信、教师推荐信，论文、写作或个人陈述，课外活动与工作经验，个人特长及所获成就清单，其他考试成绩（如州毕业会考成绩、SAT 学科考试成绩，国际学生要提供 TOEFL 成绩等），面试表现，对大学学习计划的想法（感兴趣的专业等）以及对该大学的兴趣（为什么选择这所大学，是否参观过校园等）。④

第三节　SAT 考试改革新动向

2014 年 3 月 4 日，美国大学理事会（The College Board）正式公布 2016 年春季实施的 SAT 考试改革细则。改革后 SAT 考试仍保留三大模块：循证性阅读与写作、数学和论文写作。同时，考试所用词汇不再晦涩难懂，转而尽量使用课本和生活中常见的词汇。最后，终结以往某些倒扣分的举措（例如，有的学生在规定时间内无法完成所有试题，就对剩下的题目猜答案，一旦猜错，不但不得分，反倒扣分数）。2016 年年初 SAT 考试推出计算机考试，同时保留纸笔考试供有不同需求的考生选择。

一、写作部分

写作由话题写作变为材料分析写作，要求考生先阅读一段材料，从中找出支

---

① 转学学生的录取过程与新生录取或国际留学生的录取过程颇不相同。

② National Association for College Admission Counseling, "2017 State Of College Admission," accessed April 16, 2018, https://www.nacacnet.org/globalassets/documents/publications/research/soca17final.pdf.

③ AP 课程是美国大学先修课程（Advanced Placement），在高中阶段开设，成绩可以作为入学申请资料的一部分，学分可以抵大学学分。

④ 任长松：《打开美国大学之门的十把钥匙——兼谈美国对于高考改革与“取消高考”的争论》，《教育理论与实践》2008 年第 8 期。

持论点的证据，重点考核学生精细阅读、精准分析和清晰写作的能力。总的来说，改革后写作更注重基于证据的分析推理，这要求考生有更丰富的知识，写文章要有理有据，而不是考前突击死记范文或主观臆断空发议论。写作部分变为自选模块，成绩单独计分，考试时长增加为50分钟，由此新的SAT考试总分降为1 600分。由于综合写作能够最大程度体现应试者的综合分析能力，因此一些顶尖大学还会用写作成绩筛选申请者。写作部分将加大阅读文章容量，考试题型注重对阅读文章的分析能力，要求考生领会文章作者论述结构、写作风格、推理技巧并在作文中作出评论。改革前写作部分的语法考核内容，将转移到阅读部分以全新的形式进行考查。

二、阅读部分

改革后阅读材料除了来自人文科学领域外，还将选取自然科学、社会科学、艺术乃至小说等众多学科的原始材料。某些考题除了要求考生选出正确答案，还要求从文章中选出支持所选答案的引语。每次考试都必有一篇文章选自美国建国纲领中的文献或者对相关文献的重要讨论。学生们需要在充分理解目标阅读材料之后，汲取材料中的关键信息灵活运用，落实到实际生活层面有效并深刻地理解。改革后的阅读内容将与全球化时代相适应，会更多地加入来自其他文化、体现普遍性和全球性的阅读内容，例如文学、历史、地理、自然科学类的文章，而非以往单纯偏向20世纪和21世纪初期美国文学类的文章。

三、数学部分

改革后SAT数学题型基本不变，但考查重点变为那些对学生进入大学以及从事工作最为有用的知识，统计图表和文字分析数量增大，考试内容主要聚焦于线性方程、复杂方程或函数，以及百分率和比例推理。美国大学理事会将邀请中学和大学老师设计题目，力图让学生能用数学知识分析经济学或科学实验结果中的数据，或者解读来自文学、历史、地理、自然科学等不同领域的文章。注重分析和应用的一些内容更加突出，比如按比例推理、线性函数等。数学部分提高了考生的计算能力要求，考查范围不仅涵盖高等数学的基础内容，且扩大到大学三年级的数学课程内容，如初等线性代数、概率论等，对数据分析能力、数学运算推理能力都提出了要求。

四、备考服务

2015年春季SAT联合非营利机构可汗学院，为考生提供免费在线备考服务，致力于研发一套交互式备考系统软件供 2016 届考生使用。现在就读高二、高三的学生，也能在可汗学院网站通过大学理事会授权使用的逾 200 个学习视频准备考试，将有助于为全体考生提供世界一流且免费的考前辅导资源。大学理事会承诺中低收入家庭考生可以得到 4 所学校申请费全免的优惠。

第三章　英德印法等国高校考试招生制度

第一节　德国高校考试招生制度

德国高等院校主要分为综合性大学、应用科技大学和艺术类大学三种类型。综合性大学属于精英教育，校际差异不大，拥有博士学位授予权，学科覆盖广泛，科研是其重要职能；应用科技大学以实践与应用为导向，学科设置以技术、工程、经济等为主；艺术类大学则以音乐创作和绘画表现等艺术形式的教育和研究为重点。

一、德国高校入学考试制度

（一）考试组织

德国完全中学毕业考试（Abitur）类似我国高考，既是获得完全中学毕业证书的依据，也是获得大学入学资格的依据。德国中小学教育由各州负责，各州对完全中学毕业考试科目要求不同，试卷也不尽相同，但成绩计分方式一致，各州成绩互相认可，学生申请全国范围内的各所大学时不会受到限制。除了莱茵兰-普法尔茨州让州内辖下的完全中学自主命题、组织考试以外，其余各州均是全州统一出题、统一考试。各州在全州范围内选拔教师成立命题委员会，由每所特定完全中学推选一名教师担任命题人；命题教师基本每年都要更换，但会保留一些有经验的命题教师。完全中学毕业考试最终成绩是综合高中阶段不同学科平时成绩和毕业考试成绩加权得出的综合成绩。学生平时的课程考试都由任课教师命题并评阅，完全中学毕业考试试卷也是先由任课教师评阅，再从本校或外校教师中任选一名进行二评。

（二）考试科目

考试科目不分文理，全面覆盖语言、自然科学、社会科学、文艺和体育等领域，德语和数学为必选科目，学生还需要从政治、历史、物理、生物、化学、外语、体育、音乐和美术等科目中选择 2～3 门。2016—2017 学年起，德国全国对德语、数学和外语(英语/法语)三门核心科目统一考试要求,从统一题库中组卷,在同一时间进行考试,各州可以自行决定其他科目的考试范围。

(三) 评分方式

德国大学对学生 Abitur 成绩不做特别要求,但要成功申请重点大学(如柏林洪堡大学)的热门专业,Abitur 成绩自然要出类拔萃。Abitur 考试形式主要分笔试和面试两类,考试内容多以任务型为主。Abitur 成绩采用"6～1"计分方式,数值越小成绩越高,1.0 为最高,其次为 1.1,4.0 为合格,6.0 为最低。与百分制换算关系是:92 分以上计为 1,85～92 分计为 2,67～85 分计为 3,50～67 分计为 4,30～50 分计为 5,30 分以下计为 6。①

二、德国高校招生录取制度

(一) 入学资格

德国大学招生实行资格申请制,大学入学资格有三种:一般入学资格、应用科技大学入学资格和职业学院入学资格。获得入学资格就有机会进入相应类别的大学。一般入学资格指获得中学毕业证书或同等学历证书,也包括通过某些天赋测试认证,或通过应用科技大学的期中考试,持有一般入学资格可以报考综合性大学、工业大学、艺术类大学、师范大学和应用科技大学。持有应用科技大学入学资格可以报考应用科技大学以及部分综合大学的特定专业。职业学院入学资格指参加某类职业培训后获得的专家大师头衔,持有该资格可以报考职业院校。某些专业录取时要看毕业考试单科成绩,比如经济学和自然科学专业很重视数学成绩。

(二) 招生流程

德国大学享有很大的招生自主权,录取考生时参考学生平时的课程成绩和毕业考试成绩,招生流程持续时间较长(从 4 月开始,持续到 10 月底)。以 2016 年秋季入学为例,2016 年 4 月 15 日—7 月 15 日网上填报志愿,最多可以填报 12 个志愿;2016 年 7 月 16 日—8 月 15 日第一轮录取,学校向学生发出录取意向,申请者选择放弃或接受;2016 年 8 月 16 日—8 月 18 日为决定阶段;8 月 19 日—8 月 30 日第二轮调剂,如果没有被优先志愿录取,系统会根据志愿选择一个专业录入;8 月 31 日—9 月底为清理阶段,仍有剩余招生名额的大学随机招收没有

① 侯彩颖:《德国完全中学毕业证书考试述评》,《上海教育科研》2014 年第 6 期。

实现双向选择录取的申请者。[①]

（三）定额招生

德国大学的专业主要分三类：一般专业、有部分限制的专业、医学定额招生专业（普通医学、兽医学、牙医学、药剂学专业）。一般专业指学生获得大学入学资格后原则上可以任意申请、无须满足特殊要求的专业。有部分限制的专业指申请数量超过专业招生名额时，需要增加录取程序或设定其他录取原则平衡招生名额的专业。医学、企业经济学、心理学等属于限额招生专业，采取中学毕业考试结合选拔考试，要求考生具备特殊专业能力或较高个人素质。2010 年前，德国大学限额招生专业的名额分配一直是由全德学籍分配中心按照中学毕业考试成绩、生源地等原则进行调控的。2010 年以后，德国学籍分配中心的工作被高校招生基金会接管，该基金会每年会对限额招生专业的社会需求情况作出预测，并负责根据各医科大学基本情况和学生申请数量分配招生名额。限额招收专业的申请时间分为夏、冬两个学期，夏季学期的申请一般只接受应届中学毕业生，而冬季学期往届与应届毕业生均可报名。自从 2004 年招生制度改革后，德国各所高校都获得限额招生专业的招生自主权，采取“20－20－60”原则：20％分配给申请名单中毕业考试总评成绩最优异的学生，20％分配给在过去几年中处在候选名单中的学生，60％由各大学依据自己的录取原则自主招生（专业笔试加面试），此次改革凸现了高中毕业成绩在招生中的权重。候选名单中的学生又称“待机学生”，指毕业考试总评成绩已达到大学入学标准，但因专业名额有限、申请者竞争激烈等原因而不能在当年入学的学生，这些学生可以选择申读预科班或实习，同时进入候选名单。德国还为那些执着于热门专业的考生开辟了另一条路径：如果考生当年的 Abitur 成绩不能达到要求，可以申请在该专业借读，借读期间如果学科学习情况达到高校要求，则每年可在原 Abitur 成绩的基础上递减 0.1，并以递减后的成绩申请该专业的正式入学资格。[②]

第二节　俄罗斯高校考试招生制度

苏联解体后，俄罗斯掀起私有化浪潮，高等教育也注入私有化因素，大量半公半私、私立院校应运而生。目前，俄罗斯有公立高校 658 所，私立高校 450 所。

---

① 刘敏、王苏雅：《德国大学入学招生制度的基本程序及其变革与走向》，《考试与招生》2016 年第 7 期。

② 牛学敏、王后雄：《德国大学招生与考试制度改革述评》，《中国考试》2009 年第 2 期。

新修订的教育法规定,私立大学招生必须以国家统一考试成绩为依据,同时赋予私立大学招收国家财政计划内大学生的权利。

一、俄罗斯高校考试改革历史脉络

从1755年俄罗斯现代意义大学制度确立的标志——莫斯科大学的建立算起,截止到苏联解体后的第一个十年——2000年,这245年间俄罗斯大学招生考试主导权一直把控在高校手里,各高校自主命题、单独招生。国家统一考试于1997年方才初具雏形,且当时的情形不过是某些学校自愿试行的结果。2001年2月16日,俄罗斯时任总理卡西亚诺夫签署119号法令《关于试行国家统一考试的决定》,并在当年首次在楚瓦什共和国、马里埃尔共和国、萨哈(雅库特)共和国、萨马拉州和罗斯托夫州5个联邦主体进行试点,2002年试点地区达到15个,2003年达到47个,2004年超过65个,2006年50%以上的高校使用国家统一考试成绩。2002年4月5日,《关于中等职业教育机构试行国家统一考试》出台。2008年,俄罗斯联邦所有主体的高中毕业生都被要求参加国家统一考试,考生人数达100多万(包括中等教育机构学生),具体考试科目由每个地区自主设定。2009年5月13日,俄罗斯政府通过立法,国家统一考试正式在全国范围推行。国家统一考试既是中学生的毕业考试,又是高等院校或中等职业技术学校的入学考试。同年,莫斯科大学和圣彼得堡大学获得特殊地位,不参加国家统考,依旧开展自主招生。此外,根据法律规定,每年特许20所左右大学根据学科和专业要求自行加试2～3门科目。

二、俄罗斯现行高校入学考试制度

国家统一考试由俄罗斯联邦教育科学部有关部门组织专家统一命题、统一考试和统一评卷标准,并且通过计算机评定考试结果,从而减少人为因素影响。国家统一考试组织工作由联邦教育科学监督局及俄罗斯联邦各主体负责教育事务的行政机关共同实施。国家统一考试时间分为提前、正常和补考三个阶段,一般每年安排两次,从5月底开始,持续至6月中旬,隔几天进行一科或几科考试,因特殊原因还可在4月(须在3月1日前递交申请)或7月中旬(须在7月5日前递交申请)举行考试,避免了"一考定终身"以及因身体健康等原因错失机会的现象。具体考试时间由国家统一规定。

俄罗斯高考实行"2＋1＋1"模式,即教育科学部规定各专业招生必考2门(俄语和数学),高校从教育科学部设定的选考科目中选择1门,从教育科学部设定的斟酌科目中选择1门(也可不选择),以笔试为主,实行百分制。应届毕业生若 1 门必考科目低于俄罗斯教育科学督察署规定的最低分数线可当年补考，若 2 门必考科目均低于最低分数线则需来年补考，当年无法获得中等教育毕业证书。此外，部分高校部分专业需要加试，每年由政府审批确定名单。自 2002 年起，报考中等职业教育学校也要参加国家统一考试，必考科目为俄语，另 1～2 门依据教育科学部 2008 年 9 月 22 日签署的“中等职业教育入学考试清单”确定。在考试时间上，数学、物理、文学和信息学 3 小时 55 分钟；俄语、历史和社会 3 小时 30 分钟；生物、地理、化学和外语 3 小时。

国家统一考试由联邦教育测量研究院命题，试卷分 A、B、C 三部分：A 部分为单项选择题，四选一，难度较低；B 部分是填空题，要求考生用简单的词组、字母或数字进行回答，难度适中；C 部分是采用文字论证的开放式问题、完成命题作文或是数学推理的简答题，难度较大，通常包含一个或者多个试题，主要考查学生的创造性能力，比如解答数学题、撰写短文、根据论点进行辩驳等。A、B 部分由计算机评分，而 C 部分则由联邦考试中心评阅。如果考生只把该成绩作为中学毕业成绩，通常只需做完 A 部分即可；若要考入一流大学的重点专业，则须将 A、B、C 三部分全部做完。通常 C 部分试题的平均分值比 A 部分高 3 倍。

近年来，俄罗斯教育科学部不断地对考试形式和内容进行改进：客观题不能充分反映学生对知识的实际掌握能力，因此所有科目的 A 部分将逐步撤销；此外，外语类科目增加了口试，其他人文科目也相应增加了此项目。在 2013 年度国情咨文中，俄罗斯总统普京提议从 2015 年起，中学应届毕业生要撰写毕业论文，并将论文成绩和国家统一考试成绩一并纳入高校招生体系。2015 年，俄罗斯联邦教育科学督察署把数学考试细分为基础水平考试和专业水平考试：基础水平主要针对报考文科院校的学生；专业水平考试主要针对报考理工院校的学生。

俄罗斯国家统一考试的计分方式亦颇具特色。国家统一考试原始分即国家统一考试的基础分，按完成 A、B、C 三部分的正确率计算，不同科目原始分为 39～80 分不等。测试分是国家统一考试的最终结果，每年教育测量专家都要根据统计数据调整分数换算表，用一周左右的时间将原始分转换为测试分，每个科目的换算比率都不一样，每年分数换算表会上下浮动 2～3 分。2009 年起，教育科学督察署为防止个人信息泄露，禁止在网上公布考生成绩，将考生成绩交给地方信息统计中心管理。①

在维护考试公平、打击舞弊腐败、畅通申诉渠道方面，俄罗斯在制度和操作

① 刘慧颖：《俄罗斯“高考”的改革》，《教育观察》2014 年第 11 期。

层面均作出了大量安排。2014 年，俄罗斯共设 5 969 个考点，各地方共派出 43 000 余名社会观察员，联邦教育科学督察署派出 988 名联邦社会观察员、115 名联邦巡视员，在全国考点安装了 6 000 多个在线监测设备。在线监测设备共发现疑似违规情况 203 196 例，联邦巡视员发现作弊学生 350 余人，有超过 1 400 人因使用手机或作弊受到惩罚。教育科学部在考试期间还开通了热线电话和考试网站，就热点难点问题进行答疑。①

俄罗斯先后修改《联邦教育法》及《高等和大学后职业教育法》，明文规定了国家统一考试的组织机构、特点、招生步骤及实施细则。俄罗斯联邦教育科学部、教育科学督察署、联邦各主体教育行政部门、地方考务委员会、课程考试委员会和冲突调节委员会等构成了四级高考管理体制。教育科学部每年发布高校招生办法、国家统一考试工作安排等文件。教育科学督察署全面负责国家统一考试的组织和实施工作，制定试卷设计、使用和保存规则，为组织工作提供业务指导和保障，开展对试卷和评卷标准等的研究工作，划定最低分数线，组织将成绩录入联邦信息系统，等等。联邦教育测量研究院在教育科学督察署领导下开展具体的试卷命题工作。联邦考试中心负责印制试卷并运至联邦各主体信息中心。因时区不同，联邦各主体会收到不同考题但同等难度的试卷，以规避先考试地区泄露考题的风险。联邦各主体信息中心通过地方考务委员会将试卷运至考点，电子版试题会在考试开始前现场打印。客观题由联邦各主体信息中心使用计算机评阅，主观题则由联邦考试中心评阅。客观题成绩统一报送联邦考试中心，由联邦考试中心汇总并转换成百分制。联邦考试中心通过联邦各主体的信息中心、地方考务委员会和考点将成绩通报给考生，成绩公布后两个工作日内考生可以向冲突调节委员会提起申诉。

三、俄罗斯现行高校招生录取制度

每年 1 月 25 日大学生节前后，俄罗斯各高校会陆续举办校园开放日活动，向考生和社会介绍学校历史及各院系发展动态，还有校长致辞、学生问答等环节。考生在了解了目标大学之后，其报考的一般程序是：国家统一考试成绩及各高校录取分数线公布后，考生上网下载申请表填写志愿（最多报考 5 所高校，每所高校限报 3 个专业），再将申请书、公证后的高考成绩复印件、中学毕业证原件或复印件、个人证件、照片和其他证明材料等递交给学校。

高校普遍设有招生委员会，受理考生提交的相关材料，各大学有权要求考生

① 刘文权：《俄罗斯国家高考改革新动态及对我国的启示》，《中国民族教育》2014 年第 11 期。

提供其他证明材料，并自主确定录取分数线（不得低于政府规定的各科最低分数线）。7月底至8月初为主要录取阶段，其后还有一周时间补录。如果被两所以上高校同时录取，考生可以自主选择其中一所并提交所需材料的原件。俄罗斯高校传统上对学业成绩殊异的考生及特长生向来有优待，例如全国和国际各科奥林匹克竞赛获奖者可以免试入学。但自2012年起，奥林匹克竞赛获奖者、特长生等考生只能享受一次优惠加分，且享受优惠的学生比例逐年降低，2010年为25%，2011年为20%，2012年为15%。①

第三节　法国高校考试招生制度

法国高等教育实行综合大学和高等专业学院并行的人才培养体系。综合大学即公立大学，承担普及高等教育的任务，人文社科类学生更倾向于进入综合大学。高等专业学院（特别是大学校②）属于精英教育，更受理科类学生欢迎。需要特别指出的是，尽管大学校规模小且学制只有3年，但该类学院普遍具有很高的教育水准，专门培养各领域精英人才，通常专注于某个学科领域，如工程、商科、农科、师范、行政管理等，毕业时授发学生硕士学历文凭。据法国高等教育与研究部统计，2015年法国高等教育机构在校生约255.1万，高等教育毛入学率为64.0%。法国全国依据行政区划，参考地域文化、历史传统，划分出23个学术大区作为分考区，23个大区合计共有78所综合大学和超过570所高等专业学院（其中222所是大学校）。③

一、法国高校入学考试制度

（一）高中毕业会考

法国高校招生采用证书制，高中生报考大学首先要获得高中毕业证书，然后参加高中毕业会考（业士考试）。高中毕业会考属于全国性考试，每年举行一次，分为普通毕业会考、技术类毕业会考和职业类毕业会考三种，分别对应普通高中、技术类高中和职业高中毕业生。普通高中毕业会考分理科会考、文科会考和

---

① 邵海昆：《俄罗斯高考制度下的优惠招生政策》，《中国考试》2015年第7期。

② 大学校是法国特有的高等教育院校，学制为3年。这类学校数量多、规模小，重高级应用性训练，主要培养高级工程技术人员和其他各类专业人才，毕业后通常进入国家行政部门、工商业或军事机关工作。

③ 一读EDU：《法国高校招生制度详解：人人都能上大学》，https://www.sohu.com/a/121831836_374087，访问日期：2017年4月16日。

经济社科会考三类，每一类都包括必考科目、专业科目和选修科目，其中选修科目最多可选 2 项，各学术大区有所不同。考试形式为笔试＋口试或笔试＋实验。综合大学和大学校预科班、工程师学院、商学院等高等专业学院主要通过普通高中毕业会考招生。技术类会考分非生产类技术组、工业技术组、实验室技术组、社会医疗组、农产品及食品技术组、农艺及环境技术组、旅馆管理组、音乐及舞蹈技术组 8 个组。会考内容主要依据国家规定的高三课程纲要，考试形式以笔试为主，还设有口试、自选考和补考等。职业类会考每年约有 10 万名职业高中毕业生参加，共分 80 多个专业，包括汽车维修、会计、交通运输、工业制图等。

法国高中毕业会考辖下的不管哪类会考，考试时间都固定为 6 月中下旬，持续 6 天左右，并开设欧洲和国际考场。所有考试均实行 20 分制，会考科目一般为 10 门左右，最终成绩依据各个科目的成绩和权重系数累加而成。普通高中毕业会考中不同科目的权重系数不同，理科会考的最高系数科目为数学（7 分或 9 分，取决于考生是否选择数学为专业考试科目），文科会考的最高系数科目为哲学（7 分），经济社科会考的最高系数科目为经济与社会（7 分）。总成绩达到 10 分或 10 分以上即通过考试，成绩在 8～10 分可补考一次，8 分以下为未通过。成绩在 12 分以上可获得“足够好”评语，14 分以上获得“好”评语，16 分以上获得“非常好”评语。

2016 年共有 715 207 人参加法国高中毕业会考，其中 357 777 人参加普通高中毕业会考，139 449 人参加技术类毕业会考，217 981 人参加职业类毕业会考。毕业会考整体通过率达到 88.5％，327 008 人获得普通高中毕业会考证书，普通高中毕业会考通过率为 91.4％。①

（二）大学校入学考试

大学校实行严格的入学选拔考试，每年 4 月下旬开始，巴黎综合理工学院、巴黎高等师范学院、巴黎矿业-路桥集团、巴黎中央理工集团等大学校会自行设计考卷、安排考试时间，先进行 3～4 天的笔试。各大学校入学考试难度和费用均不同，通常每门考试时长 4 个小时，每天考 2 门。笔试时间最长的是巴黎高等师范学院的“数学（一）”考试，长达 6 小时，其次是该校的“物理”考试，长达 5 小时。考生一般在一个月内参加 5 场左右的考试。有的学生同时报考多所大学校，往往要连续笔试 5 个星期。笔试通过后还要经过口试，口试通常持续 1 小时，不同科目由相应学科的教授提问，当场抽题回答，考生有 20 分钟准备时间。

① 一读 EDU:《法国高校招生制度详解：人人都能上大学》，https://www.sohu.com/a/121831836_374087，访问日期：2017 年 4 月 16 日。

二、法国高校招生录取制度

根据高校类型及招生要求的不同，招生制度分为广纳式和筛选式。综合大学采用填报志愿制，录取比例极高，广纳贤才，大学校是申请和考试相结合，有所筛淘。法国高校招生的基本流程为：每年 1 月 20 日—4 月 2 日，在大学报考系统进行注册，填写志愿，提交报考材料；6 月 8 日—6 月 13 日，发放第一批录取通知书（大学校预科班、工程师学院、商学院等）；6 月 23 日—6 月 28 日，发放第二批录取通知书（大学校预科班、工程师学院、商学院等）；7 月 14 日—7 月 19 日，发放第三批录取通知书（综合大学）。

（一）综合大学招生

巴黎学术大区著名的综合大学较为集中，其他学术大区的高等教育资源相对平均，综合大学之间综合实力差距并不大。法国政令规定，公立综合大学必须接收本学区内获得高中毕业会考证书的学生，持有高中毕业会考证书或同等学历的学生只需交纳注册费，就可以在公立综合大学注册学习。每年报名进程和录取时间略有不同，大部分专业招生无须面试，竞争压力不大。学生可在校际自由转学，学位证书由国家统一发放。

值得一提的是，新世纪互联网技术的普及应用，使综合大学愈发依赖网络手段开展招生报名工作。法国大学报考系统是面向所有高三应届生、高中毕业会考证书持有者和 26 岁以下同等学历持有者的注册和填报志愿在线平台。学生可以通过该网站了解高等教育课程分类，填写志愿（必须填报综合大学），提交个人档案（包括高中学业成绩、活动成果、老师评语等），接收高校录取通知。一名学生最多可以填报 12 个志愿。

（二）大学校招生

传统大学校会对大学校预科班毕业生进行严格选拔考试，入学门槛相当高。现在越来越多的大学校通过大学报考系统直接招收高中毕业生。学生完成 3 年（大学校预科班毕业生）或 5 年（高中毕业生）学业，获得 300 个欧洲学分可获得硕士学位。

大学校预科班（CPGE）设在教学质量较高的重点高中或者大学校内部，学制为 2 年。持有高中毕业会考证书的应届毕业生或往届毕业生，年龄不超过 19 岁都可申请，学校依据高中毕业会考成绩择优录取。学生通过大学报考系统报名并递交材料（包括平时成绩、班级排名、校长和教师评语、社区服务记录等），预科班招生委员会审核评估，重点考查高中最后两年的学习成绩。预科班第一批录取通知会在高中毕业会考之前发出，只有15%左右的高中毕业生能进入预科班学习。预科班分基础科学预科班、理科预科班、文科预科班、经济与贸易预科班和法学预科班5种类型，教学管理非常严格，从而能够有效帮助学生准备大学校入学选拔考试。预科班考生如果没有通过大学校选拔考试，可以获得120个欧洲学分，继续在预科班复读或转入综合大学。

第四节　芬兰高校考试招生制度

芬兰高等教育历史悠久，早在20世纪60年代就进入了普及化阶段。芬兰高等院校分为学术性和职业性两类，现有20所大学、29所高等职业学院，从高等职业学院毕业后可进入大学攻读更高级学位。芬兰大学入学考试始于1852年，当时仅是赫尔辛基大学自行组织的入学考试，考查学生接受全面教育及拉丁语的掌握情况。1874年，入学考试改由高级中学负责，考试科目扩展为芬兰语、瑞典语、数学[①]和外语（拉丁语、德语、法语、俄语），赫尔辛基大学的审查员（censor）负责命题、评卷。通过4科笔试后，考生还要参加大学组织的口试，笔试和口试都通过才能够被录取。目前，芬兰有两种大学入学考试，一种是证书制，学生获得大学入学资格考试证书即可申请大学；第二种是各大学自行组织专业考试，考试在夏季举行，成绩在秋季开学前公布。[②] 考生可以报考多所大学，多次参加入学考试，不同专业有不同标准和要求。

一、芬兰高校入学考试制度

（一）考试机构

自1919年起，芬兰大学入学考试委员会（Matriculation Examination Board）正式取代赫尔辛基大学全面负责考试管理、安排和执行、试题编制、试卷评价以及成绩复查。大学入学考试委员会是官方性质的政府机构，由教育与文化部任命委员会主席和委员，共约40名委员，专业背景覆盖高考所有学科，分别来自大学、高级研究所，另有330名助理协助考试准备和评估工作。考试技术性安排由委员会秘书处负责，秘书处编制为25名公务员。[③]

---

① 从1901年起，数学按难易分两卷供考生选择。

② 姬会娟：《芬兰“个性化高考”及其对我国高考改革的启示》，《考试与招生》2011年第2期。

③ Virpi Britschgi, “Matriculation Examination,” accessed October 16, 2017, https://www.ylioppilastutkinto.fi/en/matriculation-examination.

（二）考试内容

芬兰大学入学考试每年两次，分别在春季和秋季进行，每年合计有大约 3.5 万名学生通过考试，其中春季考试的通过人数约为 3 万人。[①] 考试包括必考科目和选考科目，二者相加不能少于 4 门，在确保芬兰语、数学和外语等重点科目考核的同时，鼓励学生选择不同进程、自主选考或重考其他科目。春季和秋季考试都是两天，第一天可以选考心理学、哲学、历史、物理或生物，第二天可以选考路德福音派宗教、东正教、伦理学、社会研究、化学、地理、卫生教育，考生每天只能考 1 门，每门考试时间为 6 小时，因此考生每季只能完成 2 门选考科目。学生必须在连续三季的考试内考完自己所选科目（也就是必须在一年半时间内完成考试）。如果选考科目考试没有通过，可补考两次（必须在一年半时间内），已通过科目（语言科目除外）也可以重考一次以求获得更好成绩。

考试内容不仅与高中教材内容联系密切，而且还广泛涉及其他知识，侧重考查学生对知识的理解运用、问题分析、思维创新能力。芬兰语是必考科目，其余 3 门可以从瑞典语、外语、数学和综合科目中选取，考生可以增加选考科目以增加录取概率。数学考试考生必须至少完成全部 13 道试题中的任意 10 题，经允许可以携带计算器及有数学公式和表格的书籍。语言考试科目较多，考试形式多样：第二语言考试包括听力、阅读理解和写作三部分，芬兰语和瑞典语考试分文本技能题和短文两部分；文本技能题侧重考查分析技能和语言表达能力，短文重点考查思维发展和语言表达一致性。考试科目不同，题量也不同，但每个科目都会保有两道高难题，以期筛选出优秀考生。考生依据自身实力从试卷中自行选择有把握的题目。例如，数学从 13 道题中最多选做 10 道题，物理从 13 道题里最多选做 8 道题，化学和生物从 12 道题中最多选做 8 道题，其他科目从 10 道题中最多选做 6 道题；每道题做对得 6 分，而高难题做对 1 道得 9 分。综合科目门类繁多，覆盖知识面广，往往有 4 道乃至 8 道论述题，难度较大。

（三）分层考试

芬兰大学入学考试分层设计，让学生将更多精力投入到自己感兴趣的科目中。数学和外语包括高级课程考试和基础课程考试，第二语言包括高级课程考试和中级课程考试，学生可以自主选择考试层级。考生只能参加某科目的一个层级考试，但必须参加至少一门必考科目的高级课程考试。完成必考科目和选

① Virpi Britschgi, "Matriculation Examination," accessed October 16, 2017, https://www.ylioppilastutkinto.fi/en/matriculation-examination.

考科目后，学生可以参加附加考试。附加考试可以选择新的科目，也可以选择已通过科目的更高层级考试。附加考试与常规考试具有同等价值，考生可以获得附加考试证书。考生可以通过重考已通过科目或者参加附加考试来获得更多资格证书，提高被大学录取的概率。有语言天赋的学生还可以参加全部其他 4 门外语的附加考试。

（四）等级评分

大学入学考试委员会寄发给学生的成绩证书上显示的是等级，等级的确定一般在汇总当季全部考生成绩后按照正态分布划分，各等级用拉丁语首字母表示，I 为不及格，A～L 为通过，L 为最高级（参见表 3-1）。如果某一科得到 I，就意味着整个考试没通过；如果考生选考科目较多，同时某一科不及格，还可以用考得好的其他科目予以补偿。I 等级还可细分为四个等级（I＋，I，I－，I＝）表示不及格程度，四个等级需要补偿的分数依次为：12 分、14 分、16 分、18 分。学校首先计算学生的总分，然后再对不及格科目进行补偿，对达到补偿分数相应要求的授予毕业证书。

表 3-1　考生成绩等级分布表

等级	等级描述	占比（%）
L	优秀	5
E	很好	15
M	好	20
C	较好	24
B	尚可	20
A	及格	11
I	不及格	5

二、芬兰高校招生录取制度

芬兰大学拥有招生自主权，设有专门招生机构，负责确定各专业招生选拔标准、提供各专业课程信息和入学程序、提供有关转学的学分要求和信息、选拔录取学生等。各大学招生时，可以依据学生参加大学自主组织的考试的成绩，也可以参考大学入学考试成绩，还可以综合考虑这两类考试成绩。除了大学入学考试成绩外，还要看考生高中的平时成绩、日常表现、教师和校长推荐信、附加外语考试、面试情况等，更全面地评价学生才能和个性特征。

第五节　韩国高校考试招生制度

20 世纪 70 年代以来，韩国高等教育大发展，对高考入学制度改革的争论也此起彼伏。韩国高校考试改革比较频繁，几乎每一任教育部长都会出台一些新政策。下面主要从考试形式、考试机构、录取方式等方面介绍韩国高考改革动向。

一、韩国高校考试改革历史脉络

1948 年建国以来，韩国高考制度进行了多次改革。起初，韩国政府照搬美国的教育制度，采取大学自主考试招生。1969 年，韩国政府开始实行大学资格考试和入学考试相结合的方式，高中学生只有先通过全国统一的资格考试，才能参加由各大学组织的单独入学考试。20 世纪 80 年代，韩国大学由原来的“大学预备考试”改名为“大学入学学力考查”，大学根据大学入学学力考查、高中统一考试和论文成绩的综合分数录取新生。1988 年开始，允许考生在参加入学考试之前选择大学，以扩大大学的招生自主权。1994 年，韩国高考开始实行大学修学能力测试（CSAT），大学选拔新生的依据是高中内审成绩、大学修学能力测试成绩、大学单独考试成绩，目的是增强大学自主性，使选拔方式多样化。2002 年起，高中毕业生人数少于大学招生人数，韩国提出自律化、多样化、特色化、灵活化高考改革方案。2002 年 192 所大学首次实行多层次考试，包括 11 月份统考和各校的随时招生，各校随时招生分第一学期招生和第二学期招生。2001 年，韩国教育人力资源部制定《2005 年高等教育改革方案》，入学考试由大学自主组织实施，并由大学负责人组成的入学管理院（暂定）负责。2008 年高考改革方案扩大了学生学校生活方面的比重，考试更多体现高中学习过程，强化选拔的特色化与专门化，改变以往主要按考试成绩录取的做法，避免成绩优异的学生过于集中于某几所大学或某几个专业的现象。2010 年，韩国政府对大学入学考试进行彻底改革，包括一年举行两次考试、分两天考试等措施。

二、韩国现行高校入学考试制度

韩国教育课程评价院依法成立于 1998 年 1 月，是政府拨款的研究机构，负责举办大学修学能力测试，旨在研究开发高中以下各级学校的教育课程，研究实行各种学历评价，为提高学校教育质量和发展教育贡献力量。该院最初由韩国教育部管理，1999 年 1 月改由总理办公室下辖的全国经济、人文和社科研究理事会管理。大学修学能力考试时间为 1 天，以高中课程的基本内容为主，部分试题超脱教材，鼓励教师培养学生运用知识的能力。大学修学能力考试体系分为“修学能力 I”和“修学能力 II”两部分，“修学能力 I”以必修课为主，“修学能力 II”以选修课为主，考生可以自由选择考试科目。考试每年 11 月分两次进行，中间间隔 15 天，考生可以自愿选择考试次数，以分数最高的一次为最终考试成绩。

高考科目为语文、数学、英语、探究和第二外语 5 门，一天内考完。语文、数学和英语试卷分为文科和理科两种，考生可以自主选择；探究分社会、科学、职业教育 3 个领域，每个领域分别包含若干科目，考生可以根据大学要求选择其中一个领域的任意两个科目参加考试。社会包括生命与伦理、伦理与思想、韩国历史、韩国地理、世界地理、东亚历史、世界历史、法律与政治、社会与文化、经济这 10 个科目，文科考生必须选考两个科目；科学包括物理Ⅰ、化学Ⅰ、生物Ⅰ、地球科学Ⅰ、物理Ⅱ、化学Ⅱ、生物地球Ⅱ、科学Ⅱ这 8 个科目，理工科考生必须选考两个科目；职业教育包括农业科学、工业、商业、海洋学、家政经济学 5 个科目，职业教育考生必须选考 1 个科目，而且只有完成高中职业教育课程 80％的考生才有资格选考。

考试时间上，语文 80 分钟，数学 100 分钟，社会、科学、职业教育 60 分钟，外语 70 分钟，第二外语 40 分钟。考试成绩实行“综合等级分数制”，根据各科成绩的分数段确定等级，以各科等级为基础评定综合等级。综合等级分为 9 级，各等级人数根据考生人数按比例确定：1 等 4％，2 等 7％，3 等 12％，4 等 17％，5 等 20％，6 等 17％，7 等 12％，8 等 7％，9 等 4％。近年来，韩国计划新一轮改革：回到原来实行的“标准分制”或“百分位排名制”①，学校成绩等级也将以百分位记录，取代等级制；各高校可以采取笔试、面试等自主招生方式，考试内容由各大学自行决定；笔试不超过两科，由各大学联合命题或单独命题，内容限定于中学课程，大部分为主观题。②

三、韩国现行高校招生录取制度

韩国大学选拔入学新生主要有“定期高考”和“随时招生”两种形式。“随时招生”指高校自行确定时间组织招生录取的方式，大学通过综合评价申请者的高

---

① 张雷生：《韩国：动态调整中寻最佳方案》，《中国教育报》2014 年 9 月 24 日第 1 版。

② 武小鹏：《韩国高考制度的演变及思考》，《考试与招生》2017 年第 5 期。

中成绩、综合表现、大学自主组织的论述考试及面试成绩决定是否录取。部分大学或学科还会要求考生提供大学修学能力测试成绩，并要求达到规定等级。近年来，“随时招生”选拔考生的比重显著增加。

当然，“定期高考”仍是很多大学招生的主要途径，大学综合评价考生高中学习成绩、大学修学能力测试综合等级、考生专长和大学自主考试成绩种种要素后择优录取。大学有权决定大学修学能力测试和自主考试成绩的比重：一般而言，自主考试成绩所占比例不低于 30%，同等条件下自主考试成绩起决定性作用。高中阶段综合表现在大学录取中所占比例达到 40%以上，包括高中学习成绩、班级中表现、是否担任班干部或学校干部，以及参加社团活动、竞赛、科学作品展览等情况。

为了强化大学招生自主化和特性化，打破以分数为主的整齐划一人才选拔方式，配合大学“随时招生”计划的实施，从 2008 年起韩国引入美国高校招生官(admissions officer)制度，韩国大学基本都配置了一定数量的专职入学招生官。招生官分析高中教学和大学课程特征，依据学生意愿及专业适应性、创新能力、个性、学业完成度、成长潜力及发展可能性这五大标准对考生申请材料(包括学校生活记录簿、自我介绍、推荐信、学校资料等)进行全面审查，结合大学自行组织的论述考试及面试成绩，选拔符合学校办学特色和学科专业培养目标的学生，指导入学新生快速适应大学学习生活。

第六节　印度高校考试招生制度

印度高校考试招生制度在亚洲独树一帜，是多层次多渠道的复杂体系，是立交桥不是单行道：工程类、医学类、人文社科类考试科目不同，中央大学和地方大学、公办大学和私立大学考试招生制度不同，举办高考的考试机构众多，而且每年题型和总分都不同，让反复训练提高应试教育的做法更难奏效。

一、印度高校入学考试制度

(一) 考试机构

印度的教育委员会设有两个中央级委员会和 40 个邦级中等委员会，它们经人力资源开发部(MHRD)批准负责举办全国或本地区 12 年级毕业考试。这些委员会制定考试标准，每年 2—3 月举办年度考试，部分委员会 8—9 月举办补考。中央中等教育委员会(CBSE)是两个中央级委员会之一，有权举办 12 年级毕业考试、印度全国工程院校入学考试等。CBSE既接受以学校为单位的集体报名，也接受考生个人报名参加考试。另一个中央级委员会是印度学校证书考试理事会(CISCE)，负责举办12年级印度学校证书(ISC)考试和职业教育证书(CVE)考试。绝大多数邦通过邦议会立法成立中等教育委员会，这些邦级委员会厘定地区考试标准，举办本地区12年级毕业考试。对于大多数地区而言，中等以下水平的高中学校隶属于邦级中等教育委员会管辖，优质高中学校隶属于中央级中等教育委员会管辖。显而易见，由于教育水平和生源质量上的巨大差距，大多数邦级12年级毕业考试通过率更低。此外，印度还有7个开放教育委员会举办12年级毕业考试，其中全印开放教育学会(NIOS)是全国性考试委员会，开放教育委员会一年组织两次考试，一次在3—5月，另一次在9—11月。

国家考试局(NTA)是印度人力资源开发部依法设立的独立运营的首选考试机构，负责举办高效透明、符合国际标准的入学考试，为印度高水平大学招生服务。国家考试局承办德里大学(DU)、尼赫鲁大学(JNU)和印度外贸学院(IIFT)等院校的入学考试，还有医学类、管理类、工程类、药学类院校本科生及研究生入学考试等。

（二）12年级毕业考试

印度实行高级中学毕业考试与大学入学考试相分离的高考招生制度。考生在参加大学入学考试前，必须先参加CBSE举办的12年级毕业考试。印度基础教育有1～12年级一贯制和1～10年级一贯制，后者在10年级毕业后仍需通过考试进入预科继续学习两年，最终都要在12年级参加CBSE或ICSE组织的12年级毕业考试，考试成绩是能否进入大学学习的重要依据。

12年级毕业考试在每年5月初举行，文科考英语、数学、地理、历史和简明经济学，理科考英语、数学、物理、化学和生物，某些专业根据要求还要加试相关科目。每场考试2.5小时，全部使用英语，考生各门功课成绩加总后达到总分的60%才有资格报考大学。考试成绩按百分比计分，5门总得分除以5门总满分，一般计算到小数点后第二位。例如，文科5门满分500分，如果考生总成绩是375分，则百分比成绩是75分。

（三）大学入学考试

印度中央直属大学的普通专业招生主要根据CBSE和CISCE举办的12年级毕业考试成绩，医学院、工程技术学院等院校招生有专门的入学考试，国家重点学院也举办单独的招生考试，地方院校还有本地区的入学考试。

2012年以前全印工程入学考试(AIEEE)是工程学、设计学和建筑学本科生入学考试，CBSE 举办的医学预科考试（PMT）是医学院校本科入学考试。2012 年以后 AIEEE 变更为 CBSE 主办的普通联合入学考试（JEE），PMT 也被全国性考试——国家资格及入学考试（NEET）取代。普通 JEE 考试是 5 所印度信息技术学院、30 所国家技术学院和若干所中央政府投资的技术学院的入学考试，只有在 12 年级毕业考试中成绩达到总分的 75%以上或成绩排名在前 20%的学生才有资格参加普通 JEE 考试。表列种姓和表列部落学生要求略低，但 12 年级毕业考试成绩仍需要至少达到总分的 65%。普通 JEE 的作用相当于以前的全印工程入学考试（AIEEE），高级 JEE 相当于以前的 JEE，世界闻名的印度理工学院（在印度全国有 7 所分校）招生时只看高级 JEE 分数。参加高级 JEE 考试的前提是通过普通 JEE 考试，并且各科成绩排名需要在前 20%。普通 JEE 的分数构成是：40%来自 12 年级毕业考试，60%来自普通 JEE 考试成绩。2019 年以后，普通 JEE 考试不再由 CBSE 主办，改由印度全国考试局（NTA）主办。

考生如果要报考全国名牌大学，12 年级毕业考试成绩只算敲门砖或报考资格凭证，还要参加目标大学组织的入学考试。大学组织的入学考试主要有三类：工程类、医学类和人文社科类。工程类入学考试是 30 多所全国性理工学院（NIT）的入学考试，考试科目有数学、物理、化学、英语及民族语，考试招生由理工学院负责，题型主要是选择题和问答题，还有配对题等，每年题型和总分都有所不同，避免培训机构或应试教育摸清试题规律影响选拔。医学类入学考试科目有生物、物理、化学、英语及民族语。2019 年印度国家医学委员会法案第 14 条规定，国家资格及入学考试是印度全国统一通用的所有医科大学本科生招生的入学考试。人文社科类入学考试科目因院系不同而不同，部分专业及高校以面试替代笔试。报考 16 所印度理工学院要参加专门的高级 JEE 考试，考试科目为数学、物理和化学，3 科分别设置淘汰线。笔试通过后还要参加面试，并在此期间按笔试排名顺序选择专业。2007 年起实行新规定，高级 JEE 每人一生中最多只能考两次。

各邦拥有自己的入学考试和招生政策。例如，马哈拉施特拉邦分别为本科学院、初级学院和专科学院举办不同的入学考试。很多考生在整个考季除参加国立大学入学考试外，还会参加邦级大学的入学考试。

二、印度高校招生录取制度

绝大多数印度大学采用集中招生步骤，大学招生录取主要看考试成绩，很少参考平时成绩。考生填报志愿没有数量限制，有的专业只要有百分比成绩就行，有的专业还要附加笔试和面试。[1] 印度高中毕业生每年 3 月份填报志愿，各校入学考试通常在每年 4—6 月举行。印度政府虽不直接涉足考试招生工作，但全国重点大学的考试招生工作堪称严格，完全由独立的委员会负责，至今运行顺畅。地方大学及私立大学考试招生则门槛不高，甚至缴费就可以得到录取通知书。各邦都有考试招生机构为地方大学服务。各邦高等院校主要录取本地区学生，同时给其他地区考生留出 15%～20%的入学名额。有些大学主要看 12 年级毕业考试成绩，考生无须另行参加入学考试。

印度政府很重视保障处境不利群体的受教育权利，印度独立后制定的印度宪法规定为表列种姓和表列部族分别保留 15%和 7.5%的高等院校入学名额（各邦保留比例依据发展落后种族人口而定），后来又再为其他落后阶级保留了 27%的高等院校招生名额。国家考试局会将国家资格及入学考试全国成绩排名表提交给印度普通卫生服务理事会（DGHS），该理事会负责为弱势群体分配 15%的医学类院校招生配额。同时，印度政府也为女性接受高等教育制定了照顾性政策。

第七节　英国高校考试招生制度

一、英国高校入学考试制度

不列颠联合王国下辖的英格兰、苏格兰、北爱尔兰和威尔士 4 个地区教育制度各自独立又互相承认，这里主要介绍英格兰高校考试招生制度。英国高考以 A-level 考试为主，辅之以若干其他种类考试。英格兰大多数学生在 16 岁完成义务教育后会选择继续学习。16～18 岁这两年的 A-level 教育相当于大学预科教育，与我国高三到大一课程水平相当，学生学习若干课程并参加相应考试，最终获得 A-level 证书。

不列颠全境有 8 个最大的资格证书评定委员会——英国评价与证书联盟（AQA），牛津剑桥考试中心（OCR），爱德思委员会（Edexcel，是培生教育集团高端品牌），威尔士联合教育委员会（WJEC），北爱尔兰课程、考试及评价理事会（CCEA），城市与行会（City&Guilds）、北英格兰继续教育委员会（NCFE），苏格兰资格认证局（SQA），由包括以上委员会在内的各考试机构联合组织 A-level

① 安双宏：《印度高考制度探析》，《比较教育研究》2010 年第 9 期。

及其他同级资格证书考试。高校可以自主选择考试机构，甚至可以为每门课单独选择考试机构。

英国资格认证联合委员会（JCQ）是这 8 个最大的资格证书提供者组成的会员制组织，为所有会员单位就考试管理、资格证书及更广泛的教育政策问题发出统一的声音，可以代表上述全部考试机构，并协助它们制定通用标准、规则和指导大纲。JCQ 的主要目标是通过成员单位共同行动推进公共教育：提供统一的考试管理安排，遏制中小学及高等院校的官僚主义；对监管者、政府和其他利益相关者作出回应；以统一的声音同媒体及其他感兴趣的群体沟通。JCQ 的经费来自会员费，自诩是非营利社会公益组织，其性质可算是担保有限责任公司。其具体职责是：统一考试时间及公布成绩时间，以统一格式发放证书；确定应对社会舆论及要求的共同原则；根据国家课程方案设计考试程序，制订统一政策处理考生和考试组织过程中的违纪行为，根据国家标准的有关原则，设计障碍考生（指因某种原因未能如期参加考试的考生）补考条款。

每所预科教育学校均可以自行选择开设哪些 A-level 考试的课程，学校根据学生已经获得的各种证书范围和水平为家长和学生提供课程选择建议。A-level 学习跨度为两年，分别是 AS 年级和 A2 年级。改革前，A-level 实行模块化考试（modular），学生通过选修模块获得 A-level 证书。学完第一年通过考试可以取得 AS-level 证书，AS-level 成绩可以计入 A-level 总成绩，早先也可以单独用来申请大学（现在则按 A-level 总成绩的 40％计入最后的总成绩）。A2-level 指 A-level 的第二年，学习结束参加考试（考全部两年的学习内容）通过则可以取得 A-level 证书。改革后，A-level 由模块化考试变成两年学习完成后的终结性考试（linear），大多数情况下 A-level 成绩仅展示第二年结束时的总成绩。教育部不统一规定学生参加课程考试的数量和种类，但鼓励并引导学生选择最符合自己需要的课程。预科教育学校有权根据学校条件和学生需要开设相应课程，学生、家长和学校共同讨论以决定最佳学习方案。一般而言，大多数学生会选 3～5 门 A-level 课程。

A-level 是英国学生升大学的主要途径，每年有两个考试时段，多是在圣诞假期结束时和 5 月末 6 月份暑假之前。学生可以要求重评试卷或参加补考，成绩优异者还可以参加高级拓展性学习获得证书（Advanced Extension Awards）为最后的 A-level 成绩加分。考试科目包括英国语言和文学、数学、物理、生物、化学、历史、地理、经济学、艺术与设计、音乐、现代外语、商学、会计、影视媒体、计算机和法律等 70 余门①，考生根据报考目标大学的专业要求选择考

① 2015 年改革前为 86 门，改革后取消 28 门。如果现代外语不按语种细分，算作 1 门，则现有 47 门。

试科目。A-level 第一年要求学生至少选修 4 门课程，第二年学生可专心学习其中的 3 门课程，当然学有余力也可另选 3 门完全不同的课程。A-level 成绩除了笔试，还会指定题目要求学生写论文，论文成绩在总成绩中占 30%。A-level 成绩用字母 A～E 由高向低排列。报考剑桥大学，A-level 科目必须是 3 个全 A。①

二、英国高校招生录取制度

（一）英国高等教育招生服务机构

1961 年英国成立大学招生中央理事会（UCCA），帮助大学高效地处理考生申请。1993 年，UCCA 和多科技术学院中央招生系统（PCAS）、大学入学常务会议（SCUE）合并成立了大学与学院招生服务委员会（UCAS），自此，UCAS 成为英国全日制高等院校招生的专门服务机构，其性质是独立的公益慈善团体，拥有大批专业招生研究人员和工作人员，长期致力于招生理论和技术研究以及招生工作，负责处理应届生入学、大学预科教育招生事务，为学生提供大学和专业选择方面的咨询，提供各大学各专业入学要求等信息，开展统计总结并编辑出版报告等。该机构的收入来自申请者的申请费、大学招生服务费和子公司收入，通过商业活动实现财政经费自主，没有直接来自政府的财政支持，从而为学生和教育提供者降低成本。董事会绝大多数成员是高等教育或继续教育领导者。2017 年，UCAS 处理了全球 699 850 名学生 285 万份报考申请，成功帮助 533 890 名学生走进英国 391 所高等院校。② 可以说，UCAS 是为学生和大学牵线搭桥的红娘，但无权制定大学入学标准，也不决定学生能否录取。

除此之外，学生也可以自行到教育咨询和学分转换服务中心（ECCTS）查看专业设置资料库等更多信息和资料，该资料库是政府资助建立的数字化信息资料库，提供英国高等教育各专业的综合信息，各中学、职业服务中心、继续教育学院、高等教育机构和图书馆都可使用这个资料库。

（二）大学申请的一般程序

一般而言学生须在升大学前一年的 9 月 1 日和当年的 1 月 15 日填写 UCAS 提供的申请表并寄回该机构。但依报考学校及专业不同，程序亦有调整，如果报考医学专业或牛津、剑桥，则考生只要在升学前一年的 10 月 15 日前填好表格寄出即可。牛津、剑桥等名校会在 A-level 考试前，以学生 GCSE 成绩和其

① 夏欣茁：《英国高考制度及对中国高考改革的借鉴意义》，《辽宁教育行政学院学报》2007 年第 3 期。

② UCAS, "Who We Are," accessed March 15, 2017, https://www.ucas.com/about-us/who-we-are.

他材料为依据筛选出合格学生参加学校自主考试。学生还要参加面试，面试合格者有两种：一种是无条件录取，不需要参加 A-level 考试；一种是有条件录取，需要参加指定科目的 A-level 考试，成绩达到学校和院系要求方可入学。如果报考其他大学，大学根据 GCSE 考试和 A-level 证书等级或其他资格等级（如国家职业证书）、大学预科成绩等决定是否录取考生。学生提交的资格证书如果符合标准则会被无条件录取，如果校方认为有需要进一步考察，则会被安排面试或被要求提交论文。每个考生可以填报 5 个志愿，如果被几所大学同时录取，学生可以自由选择其中一所。如果学生在 1 月 15 日—6 月 30 日之间递交申请表，则会被盖上“迟交”印章，大学招生时将延迟考虑这些学生。6 月 30 日以后提交申请表的学生则会被归为“清仓处理”的对象。“清仓处理”指正常招生工作结束后，每年 8—9 月 UCAS 为未被录取的学生和未招满学生的院校提供的服务。届时，UCAS 会在报纸上公布所有大学缺额和入学要求，学生可据此向相关院校提出申请，在此期间被录取的学生还是相当多的。[①]

（三）本科生录取标准

理论上，本科生入学的最低标准是：3 门 GCSE 考试 C 级以上，在此基础上再通过 1 门以上 A-level 普通教育考试或 2 门以上 AS-level 普通教育考试（要求和 A-level 一样，但内容只有 A-level 考试的 50%，成绩也相当于 A-level 考试的 50%，2015 年改革后降为 A-level 的 40%）。现实中，几乎所有高校招生要求都高于最低标准，普通高校要求至少通过 5 门 GCSE 考试，有的院校甚至要求通过 9 门；普通高校普遍要求通过 2 门以上 A-level 考试，名牌高校和热门专业要求通过 3 门以上，对每门科目的成绩也有具体要求。例如，医学专业通常要求提供 5 门 GCSE 考试成绩，且 A-level 成绩为 3 门 A。2003 年起，报考牛津、剑桥等名牌大学需要参加学校指定考试，再参加面试，大学采取不同方式录取。学校指定考试的难度远大于 A-level 考试，如思维技能考试、生物医学入学考试、剑桥数学考试、英语文学入学考试等。

除了 A-level 普通教育证书之外，大学还依据其他资格证书或大学预科成绩招生，如国际中学文凭（IB）、苏格兰第六学级高级证书、苏格兰高级普通国家职业证书、苏格兰普通职业证书、商业英语考试预科、苏格兰国家证书或文凭、国际普通中学会考证书、欧洲普通中学会考证书、学徒制培训证书等。

---

① 张文军：《英国 14—19 岁普通教育考试制度与高校入学机制的关系研究》，《比较教育研究》2004 年第 7 期。

第四章　国外高校考试招生制度述评

大学考试招生制度是基础性教育制度的重要组成部分，是促进公平、资源分配的重要途径，也是人才选拔、社会流动的重要手段。世界各国都会根据经济发展水平、政治制度特点、社会进步程度、教育普及阶段、历史文化传统等因素，不断改革调整大学考试招生制度。虽然改革的措施有所不同，但也呈现出共同的发展趋势。下面试就世界部分教育发达国家和地区高校考试招生制度略作述评。

一、专业机构提供社会化考试招生服务

大学考试招生是同时面向高校和考生的社会服务，这一服务既可以由政府部门提供，也可以由专业机构提供。国外考试招生服务主要有三种提供方式：一是由政府设立专门考试招生机构提供，如日本、韩国、印度等；二是由政府相关部门提供，如俄罗斯、芬兰等；三是由民间非营利性考试招生机构提供，如英国、美国等英语国家。

日本大学入学考试中心是全国统一考试常设机构，是非公务员型独立行政法人，中心经常性收益主要来自考生报考费，为大学考查学生基础知识和能力服务，帮助大学改进考试招生工作，为考生、家长及高中教师提供大学考试招生信息，组织高中、大学及相关机构人士共同探讨高中教育和大学教育的衔接等问题。韩国教育课程评价院是政府拨款的研究机构，负责举办大学修学能力考试，现由总理办公室下辖的全国经济、人文和社科研究理事会管理。印度设有中央级和邦级考试机构，经人力资源开发部授权举行全国或本地区 12 年级毕业考试，这些机构大多数都是由政府依法设立，甚至负责人也由政府任命，但所有经费均来自服务收费，没有任何政府财政投入或补贴。

俄罗斯国家统一考试由教育科学部相关部门组织专家统一命题、统一考试和统一评卷标准，由联邦教育和科学监督局及俄罗斯联邦各主体负责教育事务的行政机关共同实施，国家统一考试由联邦教育测量研究所命题。芬兰大学入学考试委员会是政府机构，负责考试管理、安排和执行、试题编制、试卷评价以及成绩复查，教育与文化部任命委员会主席和委员，委员是大学入学考试覆盖的各

学科代表，考试的技术性安排由委员会秘书处负责，秘书处拥有25名公务员。

英国有8个社会化考试机构提供大学入学考试，学校可以自主选择考试机构，甚至可以为每门课选择考试机构。资格认证联合委员会(JCQ)代表所有考试机构，负责制定通用标准、规则和指导大纲。英国大学与学院招生服务委员会(UCAS)是独立的慈善公益团体，是英国全日制大学的专门招生服务机构，负责处理应届生入学、大学预科教育招生事务，为学生提供相关信息、咨询和招生服务，开展研究并编辑出版报告，等等。该机构收入主要来自服务收费，通过商业活动实现慈善公益目标。美国教育考试服务中心(ETS)和ACT教育集团都是非营利性民间考试评价机构，拥有先进的测评技术、专业的研究团队、丰富的组织经验和庞大的数据库，通过充分市场竞争提供公平且有效的评价、研究和相关服务，推进教育质量和教育公平，可以确保考试的效度和结果的信度，具有市场公认的权威性和公信力。

二、考试科目设置重视基础性、综合性和选择性

世界主要教育发达国家普遍将本国语、数学、外语等基础学科作为高考必考科目，同时为考生提供不同类型和层次的选考科目。德国高考不分文理，德语、数学和外语等基础性科目为必选科目，学生还需要其他科目中选考2～3门，命题更加强调对考生运用所学知识解决实际问题能力和综合素质的考查。

俄罗斯高考实行“2+1+1”模式，教育科学部规定俄语和数学为必考科目，高校可以从政府限定的选考科目中选择1门、从斟酌科目中选择1门(也可不选)。数学考试分为基础水平考试和专业水平考试，基础水平考试主要针对报考文科院校的学生，专业水平考试主要针对报考理工院校的学生。

芬兰大学入学资格考试包括必考科目和选考科目，二者总和不能少于4门，高考内容不仅与高中教材内容联系密切，而且还广泛涉及其他知识，侧重考查学生对知识的理解运用、问题分析、思维创新能力，并采用分层设计，学生可以自主选择不同科目的考试层级。

韩国则根据学生的高中、高考及各大学考试的成绩以及日常表现进行综合考查，高考科目为语文、数学、英语、探究和第二外语等5门，语文、数学和英语考试分为文科和理科两种，探究分社会、科学、职业教育3个领域近30个科目，考生可以根据大学要求选择其中一个领域的两个科目参加考试。

印度的12年级毕业考试，文科考英语、数学、地理、历史和简明经济学，理科考英语、数学、物理、化学和生物，根据专业要求还要加试相关科目，各门功课成绩之和达到总分60%才有资格报考大学。

英国的 A-level 考试开设近 50 门课程，考生根据报考大学及院系要求选择 2～3 门参加考试。法国高中毕业会考每年举行一次，分为普通毕业会考、技术类毕业会考和职业类毕业会考三种，分别对应普通高中、技术类高中和职业高中毕业生，三种毕业会考又细分为很多组，为考生提供多样化选择。

三、招生录取标准体现以学业成绩为主的综合评价

总的来说，国外大学招生很少只看全国统一考试成绩，部分国家大学还要自主组织考试作为补充，尽可能全面考查考生的综合素质、关键能力和必备品质，体现出综合评价的共同趋势。

美国高校招生旨在选拔有潜力在大学取得成功的学生，特别重视全面考察申请者的综合素质及其他背景。大学招生官评审考生申请材料时，考生学业成绩是决定录取与否最重要的因素，其次是小论文、个人兴趣、高中教师及升学顾问的推荐信、课外活动和高中班级排名等。韩国大学招生主要依据高中学习成绩、大学修学能力考试综合等级、考生专长和大学自主考试成绩择优录取。大学自主考试成绩在大学录取中占比一般不低于 30%，高中阶段综合表现达 40%以上，大学修学能力考试成绩的权重不断下降。日本各大学或学部可以根据自身教育理念、办学使命、课程特色、学科专业特点，制定个性化、多样化的综合性评价选拔标准。通常要求考生提交书面申请材料，主要有入学资格认定书、所在学校教育 12 年课程证明、所在学校成绩证明书或调查书、毕业证明书或预计毕业证明书、所在学校教育内容等证明材料，书面申请材料由各学部负责审查，记录考生在高中阶段各方面表现的调查书是选拔时的重要参考。印度 12 年级毕业考试成绩只是全国名牌大学的报考门槛或资格，大学还会自主组织入学考试，医学类、管理类、工程类等高水平大学都有专门的入学考试。英国大学招生标准普遍高于最低标准，牛津、剑桥等名牌大学还要求考生参加其他难度更大的指定考试，以及学校组织的面试等。芬兰大学招生录取标准包括大学入学资格考试等级、在高中时的平时成绩、日常表现、教师和校长推荐信、面试情况、附加外语考试以及大学自主考试综合成绩，更全面地评价学生才能和个性特征。

四、分类招生、多元录取是普遍选择

国外高校普遍为考生设置多元入学通道，不同类型高校、不同专业方向的考试招生方式也会有所不同，目的是实现考生志愿、报考专业和高校的最佳匹配。

美国大学招生有提前录取、常规录取、转校入学等多种方式，社区学院是开放入学，但世界一流大学入学竞争激烈。德国大学招生实行资格申请制，分一般

入学资格、应用科技大学入学资格和职业学院入学资格。大学专业分三类：一般专业、有部分限制的专业、医学定额招生专业。俄罗斯考生可以报考5所高校、每所高校限报3个专业，除此之外，还可以报考中等职业教育学校，如果被两所以上高校同时录取，考生可以自主选择其中一所，全国和国际各科奥林匹克竞赛获奖者可以免试入学。法国高等教育实行综合大学和高等专业学院并行的人才培养体系，招生分广纳式和筛选式两种。大学校实行严格的入学选拔考试，自行设计考卷、安排考试时间，考生通过笔试后还要参加口试。芬兰高等院校分为学术性和职业性两类，学生参加全国性统一考试获得大学入学资格考试证书即可申请大学，各大学还可以自行组织专业考试招生。日本大学招生除了一般入学考试这一基本方式外，还会采用推荐入学、AO入学、调查书选拔、归国子女选拔、插班入学、跳级入学、学士入学、附属学校直升、外国留学生考试等特别入学考试选拔方式。印度报考工程类、医学类和管理类大学要参加专门的入学考试，12年级毕业考试成绩要达到一定标准才有资格报考。韩国大学选拔入学新生主要有“定期高考”和“随时招生”两种形式，为了配合大学“随时招生”计划实施，2008年韩国引入美国高校招生官制度。

五、高校享有充分考试招生自主权

国外高校普遍具有比较充分的考试招生自主权，既可以在全国统一考试的基础上进行单独考试，也可以自主制定招生录取政策，自主录取满意的考生。

美国大学拥有招生录取自主权，由大学自设的招生办公室负责录取新生，通常提前告知招生基本要求，但具体录取标准并不对社会公开。日本大学自主制定招生具体方案、确定考试学科科目、选择不同招生方式及招生比重、自主决定中心考试和个别学力检查得分在综合分中的比重、两次考试的学科及科目等。俄罗斯长期实行高校自主招考制度，各高校自主命题、单独招生，2009年开始全国推行国家统一入学考试，同时允许20所左右的高校在国家统一考试的基础上就特定学科和专业举行加试。芬兰大学设有专门招生机构，负责确定各专业招生选拔标准、提供各专业课程信息和入学标准、提供有关转学学分要求和信息、选拔录取学生等。

六、成绩呈现采取标准分、等级分、百分比等多种方式

国外高考成绩的呈现方式虽千差万别、各有特色，但共同点是都在原始分基础上进行了必要的统计处理，没有采取原始分报告成绩的案例。

美国SAT考试批判性阅读、写作和数学三部分各800分，总分2 400分，三

科成绩都不是原始分，而是经过统计处理的标准分。SAT 为考生提供翔实的个人成绩与分析报告，报告不仅有 SAT 考试分数、学生作文的扫描文件，还包括详细的选择题得分分析以及作文得分分析。ACT 成绩是依据每次考试的分数换算表从原始分数换算而成的标准分数，ACT 四部分满分均为 36 分，总分是四部分分数的平均，满分也是 36 分。ACT 向学生提供信息丰富的个人成绩报告，并向中学、大学提供总体数据分析报告等方面的服务，帮助学生了解自己各部分知识的掌握情况，展示各部分得分以及各分项得分在全美和考生所在州的位置，提出适合考生的学习专业和工作职业。德国完全中学毕业考试成绩是综合高中阶段不同学科平时成绩和毕业考试成绩加权得出的综合成绩。完全中学毕业考试成绩采用“6～1”计分方式，数值越小成绩越高，1.0 为最高（百分制 92 分以上），6.0 为最低（30 分以下）。印度高考成绩按百分比计分，5 门总得分除以 5 门总满分，一般计算到小数点后第二位。芬兰高考成绩证书显示的是等级，各等级用拉丁语首字母表示，I 为不及格，A～L 为通过。俄罗斯国家统一考试原始分按完成 A、B、C 三部分的正确率计算，不同科目原始分为 39～80 分不等。每年教育测量专家都要根据统计数据调整分数换算表，用一周左右将原始分转换为测试分，每年分数换算表会浮动 2～3 分，测试分为百分制。法国考试实行 20 分制，会考科目一般为 10 门左右，最终成绩依据各个科目的成绩和权重系数加总而成。总成绩达到 10 分或 10 分以上即通过考试，成绩在 8 分至 10 分之间可补考一次，8 分以下为未通过。成绩在 12 分以上可获得“足够好”评语，14 分以上获得“好”评语，16 分以上获得“非常好”评语。

七、绝大多数国家为考生提供多次考试机会

绝大多数国家的高考都不是“一考定终身”，而是为考生提供多次机会，尽可能避免“一次失误终身遗憾”的悲剧，部分国家高考成绩的有效期也不止一年。

俄罗斯国家统一考试时间分为提前、正常和补考三个阶段，每年安排两次，避免“一考定终身”以及因身体健康等原因错失机会的现象，成绩有效期为 4 年。芬兰高考每年考两次，官方语言、数学和外语等核心科目必考，同时鼓励考生选择不同进程，自主选考或重考其他科目。考生可以多次参加入学考试，还可以选择各科目的不同层级考试。日本大学自主组织的个别学力检查分前期日程和后期日程两次进行，少数公立大学还安排中期日程，考生前期日程考试失败仍可参加后期日程或中期日程考试。韩国大学修学能力考试体系分为“修学能力Ⅰ”和“修学能力Ⅱ”两部分，大学修学能力考试每年 11 月分两次进行，中间间隔 15 天，考生可以任意选择考试次数。英国改革前每门 A-level 有 6 次考试机会（不

计补考），每个学生可以在两年内至少参加18次考试。学生可以要求重评试卷或补考，成绩优异者还可以获得高级拓展性学习证书。

八、为弱势群体制定倾斜性招生政策

很多国家专门为弱势群体制定倾斜性优惠政策，为他们接受高等教育提供更加有利的条件，让他们获得更多社会流动的机会。

印度政府很重视保障处境不利群体的受教育权利，宪法规定为表列种姓和表列部族分别保留15%和7.5%的高等院校入学配额，后来又为其他落后阶级保留了27%的高等院校招生配额。同时，印度政府也为女性接受高等教育制定了照顾性政策。美国政府20世纪60年代出台针对弱势群体的“肯定性行动计划”，为少数族裔学生保留一定入学名额，同时加大对少数民族学生的财政资助等。英国政府出台扩大高等教育参与政策，重点扶持来自弱势群体家庭、落后地区、家族成员中无接受过高等教育的家庭背景的学生，同时关注不同族群、不同性别、不同年龄段、不同家庭背景及残疾人在专业选择、学习形式和高等院校类型选择等方面的情况。英国还设立公平入学办公室，促进来自低收入家庭和其他弱势群体家庭学生进入高等院校学习，对高等院校招生政策进行审批和监督。日本也为贫困家庭学生出台学费减免措施，为残疾学生、二战遗孤后代、自然灾害幸存者等设置特别入学考试通道，等等。

第五章　改革开放以来我国高考改革历史回顾

20世纪80年代以来，我国高考改革至少15次，如果加上各地试点实验则超过20次。高考改革主要围绕纠正片面追求升学率、学生课业负担过重、偏科现象突出等问题，以招生计划分配、高考科目调整、高考内容取舍、高考形式变更、随迁子女异地高考、加分政策调整、本科高职分类考试、招生录取方式改革等为重点加以推进。

第一节　考试标准化改革

一、标准化考试改革

1984年，教育部委托广东省教育厅进行高考标准化试验，1988年组织近60位专家对广东标准化试验进行评估。1989年6月27日，国家教委发布《普通高等学校招生全国统一考试标准化实验规划》，在全国正式推行标准化考试。标准化考试指按照系统科学程序组织、具有统一标准，并对误差进行严格控制的考试，一般包括命题标准化、考试实施标准化、评分标准化和分数解释标准化四个环节。第一阶段的目标是在全国各省实现机器阅卷，实施的关键是各学科按教育测量学的要求命题，试卷中安排一定比例的选择题，选择题评阅可以交给机器完成。这一阶段进展顺利，评卷质量得到监控，命题和考务管理水平有所提高，考试的科学化、现代化和规范化水平有所提升。1995年国家教委制定《高校入学全国统考命题工作章程》，2008年教育部颁布《国家教育考试网上评卷暂行实施办法》《国家教育考试网上评卷技术暂行规范》《国家教育考试网上评卷统计测量暂行规范》，这些措施对提高阅卷质量都起到了积极作用。

二、题库建设

第二阶段的任务是建立题库和标准分制度，考试各个环节得到严格科学的统一规范，标准化考试改革的目标才能得以实现。第二阶段技术含量要求高，对统计与测量工作提出更高要求，对题库的认知与应用也随考试改革的深入而变化。当时认为，题库是贮存题目的"图书馆"，题目按内容、题型、难度、区分度等指标存入题库，出卷时根据组卷要求从题库抽取题目。题库需要存有大量经过试测的题目备用，而且每次考试后题目曝光，就无法再进入题库重复使用，因此题库建设的人力、物力成本很高。20 世纪 90 年代，建立题库这个任务慢慢淡化，转变为提高试题试卷质量，各科目（英语除外）建立题库的任务最终没能按原定目标实现。

三、标准分改革

原始分转化为标准分的优点很多。标准分在分数评定精确性、人才选拔效率以及形式公平保障等方面均有明显优势，可以显示更多学生成绩的散点分布信息，不同年份及不同考试机构的标准分都可相互比较，因为考卷难度、参考人数等因素都已被考虑进来。1989 年出台的《普通高等学校招生全国统一考试标准化实施规划》要求 1992—1995 年在全国建立高考标准分制度。1994 年 4 月 18 日，国家教委办公厅发布《关于颁发〈普通高等学校招生全国统一考试建立标准分数制度实施方案〉的通知》，再次明确高考实行标准分制度，并将实施进程调整为 1996—1997 年完成。标准分制度从 1985 年在广东试点到 1989 年正式推行，至 1997 年陆续推广到海南、河南、陕西、广西、山东、福建 6 省，当年就有 82 万考生成绩使用标准分，占 1997 年考生总数近 1/3，另有 20 个省（区、市）在模拟考试中使用标准分。2002 年开始，教育部不再要求推广标准分制度，放权由各省自行选择计分制度。在教育部考试中心的推动下，标准分制度试点和推广历时 20 余年，高峰时有 8 个省区采用标准分，但是由于缺乏权威部门协调，不能满足各主要利益相关者的诉求，标准分制度没有继续推进，2001 年有两省退出，2007 年广东省也宣布停止使用。目前，除了海南省高考统考分数以单科标准分和综合标准分形式公布，其余省份都采取原始分直接加总比较成绩的方法。

第二节　高考科目设置改革

"考什么、教什么、学什么"是应试教育的痼疾，通过高考科目调整引导学生全面发展的同时减轻学生学习负担，一直是高考改革的重要目标。1981 年文科考 6 门、理科考 7 门，1989 年试点"3＋1"，1991 年试点"三南"方案，1992 年推出

“3＋2”，1999年试点“3＋X”，2002年实行“3＋文综/理综”，等等，这些探索最终表明高考科目的减少不会减轻学生学习负担，且高考科目安排的结构性和完整性直接影响学生知识结构。

一、“3＋1”方案

自1987年起，上海高考在高中会考基础上自行命题并试行“3＋1”方案。1989年，上海高考必考科目为语数外3科，其余历史、地理、政治、物理、化学、生物6科分别与必考科目配成6个科目组合，学生可根据自身特点选择其中一个科目组合参加考试。2001年起上海市报考本科院校改为“3＋综合＋1”，综合指的是综合能力测试。2012年上海高考取消综合能力测试，回到“3＋1”模式（即“语数外＋文理可选科目”，文科在地理、政治、历史中选1门，理科在物理、化学、生物中选1门）。2016年是上海高考实行“3＋1”模式的最后一年，2017年推出“3＋3”新高考模式。“3＋1”方案的突出问题是，考生会因为知识结构不够完整、选考以外学科基础知识薄弱，影响大学后的专业选择及学习成绩。

二、“三南”方案

1991年，国家教委决定在高中会考基础上推进高考科目设置改革，先在湖南、云南、海南三省试行，故称“三南”。科目设置分为四组：第一组是政治、语文、历史、外语；第二组是数学、语文、物理、外语；第三组是数学、化学、生物、外语；第四组是数学、语文、地理、外语。考生可任选一组参加高考。“三南”方案有利于减轻学生负担，有利于偏科学生，第一组没有数学，第三组没有语文，让这两科基础很差的学生也可以进入高校，缺点是参加不同科目组的考生之间不可调剂，且过于突出外语的重要性。

三、“3＋2”方案

1992年，国家教委出台《关于普通高中会考基础上高考科目设置的意见》，将高考科目分为文理两类，共同必考科目为语数外，文科加政治、历史，理科加物理、化学，语文和数学文理科内容难易程度不同，俗称“3＋2”方案。“3＋2”方案仍然是高度集中的单一化考试模式，同一试卷、同一评分标准，偏重测量考生的共性，难以兼顾个性，同时高中过早文理分科造成高中毕业生文化知识结构失衡，生物和地理被排除在外也引起不满。

四、"3＋X"方案

1999年2月，教育部出台《关于进一步深化普通高等学校招生考试制度改革的意见》，决定推行"3＋X"科目设置方案，率先在广东省试点。该方案中"3"是语文、数学和英语；而"X"，则由高等学校根据本校特点，从化学、物理、生物、历史、政治、地理6个科目中自行确定一门或几门。2000年试点扩大为广东、江苏、浙江、山西、吉林五省，2001年扩大到18个省（区、市），2002年在除港澳台地区外的全国31个省（区、市）铺开。这是高考制度实施以来科目设置变革最大的一次，它不再采用全国统一、有固定科目组合的科目设置模式，仅对全国必考的三门科目作了规定，其余由高校自主把握。此后的探索多在"3＋X"模式下，对"X"进行改革。"3＋X"方案将统一性与选择性相结合，旨在加强学生能力和素质考查，打破了整齐划一的统一性，引导学校更加重视培养考生个性特长、创新意识和实践能力发展。2002年底教育部总结道，高考内容改革将更加注重对考生素质和能力的考查，高考科目设置要将统一性与选择性相结合，高等学校选拔方式要进一步探索建立在文化考试基础上综合评价、择优录取的办法。

五、"3＋文综（理综）"方案

2010年，广东省出台《普通高校招生考试改革调整方案》，实行"3＋文综（理综）"方案，同时建立高中学业水平考试制度，将学业水平考试成绩分为A、B、C、D、E五个等级，达到3个C以上的等级才有资格报考一本院校。2011年，广东、北京、重庆、天津、辽宁、湖北、湖南、福建、安徽、江西、四川、陕西、河北、内蒙古、山西、甘肃、青海、新疆、西藏、贵州、云南、广西等22个省（区、市）实行"3＋文综（理综）"方案；山东、浙江、上海则以"3＋文综（理综）"为基础，加试基本能力测试或技术等科目。

第三节　考试评价制度改革

一、专业考试机构

1987年国家教委成立考试管理中心负责管理考试业务工作，1990年改为国家教委考试中心，确立为事业单位性质。新世纪以来，教育部考试中心快速向专业考试机构转型，提供大学入学考试、自学考试、社会考试、海外考试等公共考试服务。1995 年广西成立招生考试院，由广西招生考试委员会办公室和高等教育自学考试委员会办公室合署办公，这是全国第一家省级考试机构。其后，各省(区、市)先后成立教育考试院，统一实施国家教育考试，并开展面向社会的考试服务，履行招生考试管理和招生考试业务的双重职责，形成包含行政管理和业务管理的混合型专门机构，大多数为政府全额拨款的副厅级事业单位(也有少数为正厅级)。各省级考试机构在承担大学招生考试工作的同时，也在拓展自学考试、成人考试、社会证书考试以及其他委托考试项目，定位正由考试管理机构逐步向服务型考试机构转变。

以上海高校招生考试机构为例，该机构经历了 3 次调整，完成了 3 次职能转变。1985 年上海市成立高等教育考试中心，承担原本由上海市高校招生办公室负责的考试任务，转制为经济独立核算、自负盈亏的事业单位。1991 年上海市高等学校招生委员会办公室、上海教育考试中心办公室和上海市高等教育自学考试委员会办公室合并组建成上海市教育招生考试中心，成为具有一定行政管理职能的事业单位。1995 年上海市教育招生考试中心、上海市中等学校招生办公室和上海市中等专业学校自学考试中心合并组建为上海市教育考试院。

二、毕业会考(学业水平考试)

1983 年，教育部发布《关于进一步提高普通高中教学质量的几点建议》，提出毕业考试和升学考试分开进行，号召地方实行毕业会考制度。1983 年浙江省首次举行全省重点中学毕业会考，1985 年上海市实行高中毕业会考制度，考试科目是数学、物理、化学、语文、政治、历史等 9 门必修课，考查科目是物理、化学、生物的试验课以及社会实践。1987 年上海市在政治、物理、化学、生物、历史和地理 6 科会考的基础上，高考科目减少为语文、数学、外语 3 门，将高考与会考成绩按 1∶1 计入总分。1988 年国家教委确定上海市和浙江省为全国高中会考和高校招生考试制度改革试点，此后上海市教委规定会考科目为高中阶段 9 门必考课程，成绩全部合格可获得上海市普通高级中学会考合格证书，会考与高考进行“软挂钩”。

1989 年 7 月，国家教委颁发《关于试行普通高中毕业会考制度的意见》，提出 3 年时间内在全国范围内实行普通高中会考制度。1990 年 8 月，国家教委颁发《关于在普通高中实行毕业会考制度的意见》，毕业会考正式面向全国推行。1993 年 2 月，中共中央、国务院颁发《中国教育改革和发展纲要》，再次强调稳步推进高中毕业会考制度改革。同年，国家教委出台《关于稳步推进普通高中毕业会考工作的意见》，全国 30 个省(区、市)全面实行高中毕业会考制度。2000 年，教育部颁发《关于普通高中会考制度改革的意见》，将改革统筹权下放到省，西藏、湖北随即取消高中毕业会考,少数省市将会考管理权下放到市县或学校。2004年,山东、海南、宁夏等省开始普通高中新课程改革,高中毕业会考转型为高中学业水平考试。2014年12月出台的《教育部关于普通高中学业水平考试的实施意见》明确考试范围覆盖所有科目,每门课程学完即考,考试成绩以"合格、不合格"和等级呈现。选考科目以等级呈现,一般分为ABCDE五个等级,各等级在同年度所在地全部考生中所占比例一般为:A15%、B30%、C30%、D和E25%,以此保证成绩的区分度和可比性,方便评价和招生录取使用。考生可以在指定范围内选择3门计入高考总成绩,普通高校可提出选考科目要求,但最多不超过3门,学生满足其中任何1门即符合报考条件。

建立健全双重考试制度,目的是解决长期困扰教育事业健康发展的片面追求升学率、高考科目偏多、学生负担过重、文理偏科导致高中毕业生知识结构不完整等弊端。高中会考的实施逐步扭转了高考是衡量高中教育质量的唯一依据、升学率是实现高中教育价值唯一途径的局面,有效保证了国家教育方针的贯彻落实,规范了学校办学行为,保障了非高考科目的正常教学,有效纠正了高中学生偏科现象,对促进素质教育发挥了重要作用,使高考失利者多年学习的价值也能得到社会认可。

三、分省命题

1977年恢复高考第一年即实行分省单独命题,1978年改为全国统一命题。1985年起上海市成为单独命题试点,2002年北京市实行单独命题,2004年起天津、辽宁、江苏、浙江、福建、湖北、湖南、广东、重庆、山东、安徽、江西、四川、陕西14省市开始单独命题,2006年单独命题省份达到16个,涉及考生占全国当年考生总数的65%左右。但这些号称单独命题的省份没有完全实现自主命题,通常只承担语文、数学、英语等学科命题任务,辽宁、湖北、湖南、山东、陕西5省还将大部分高考试卷委托或联合教育部考试中心定制。2018年除京津和江浙沪、港澳台地区外,其余26个省(区、市)全部使用全国卷。全国卷分三套卷,题型相似,但难度上有差异:全国1卷也被称为全国乙卷,供河南、河北、江西、山西、广东、山东、安徽、福建等省使用;全国2卷也被称为全国甲卷,供黑龙江、吉林、辽宁、宁夏、新疆、青海、甘肃、内蒙古、陕西、重庆等省市使用;全国3卷也被称为全国丙卷,供西藏、云南、广西、四川、贵州等西部省份使用。2020年,江苏、浙江、北京、天津、上海5省市继续自主命题,山东、海南省语数外分别采用新高考Ⅰ卷、新高考Ⅱ卷。分省命题有利于降低高考安全风险,推动素质教育,照顾到本省经济、文化、地理等特殊情况,但分省命题总成本远高于全国统一命题成本,容易造成人力、物力和财力的重复浪费，且命题能力、技术水平差异不利于维护教育公平。

四、综合能力测试

2001年开始，上海市全面推行综合能力测试，报考本科院校的考生必须参加“3+综合+1”的科目考试，“综合”的内容覆盖政治、历史、地理、物理、化学、生物6个科目，文理不分科。2012年起上海市取消了综合能力测试，理由是自2009年上海开展普通高中学业水平考试以来，已达到了比较系统地检验高中学生综合知识掌握情况的目的，综合能力测试已没有存在的必要了。自2007年高考开始，山东增加了基本能力测试，内容涉及高中技术、体育与健康、艺术、综合实践等课程以及运用所学知识解决生活和社会实际问题的能力，2014年以后山东省夏季高考采用“3+X+普通高中学业水平考试相关科目”模式，基本能力测试被普通高中学业水平考试取代。

五、综合素质评价

2002年12月，教育部出台《关于积极推进中小学评价与考试制度改革的通知》，提出普通高中要从道德品质、公民素养、学习能力、交流与合作、运动与健康、审美与表现等6个方面对学生进行综合素质评价，要求高考注重对考生素质和能力的考查，高等学校录取工作要探索建立在文化考试基础上的综合评价、择优录取的办法。2004年普通高中新课程实验正式启动，综合素质评价作为配套制度在实验省区开始探索。2006年教育部开始研制《关于进一步推进普通高中学生综合素质评价工作的指导意见》，召开“普通高中新课程实验省区综合素质评价工作研讨会”。2008年，教育部印发《关于普通高中新课程省份深化高校招生考试改革的指导意见》，首次明确综合素质评价与高校招生录取的联系。2010年发布的《教育规划纲要》再次提出全面实施和完善普通高中综合素质评价。但是，综合素质评价一直存在评价定位模糊、操作性不强、区分度不高、诚信和保障机制不健全等问题。2014年12月出台的《教育部关于加强和改进普通高中学生综合素质评价的意见》明确综合素质评价是促进学生德智体美全面发展、培养个性特长、扭转“唯分数论”的重要举措，应把评价结果作为学生毕业和升学的重要参考；要求综合素质评价选择学生思想品德、学业水平、身心健康、艺术素养、社会实践五方面内容予以记录，重点看具体活动和相关事实；省级教育行政部门建立统一电子管理平台，成绩按比例分等；高校将扩大综合素质评价的适用范围，促使学校将工作重点从“单纯育分”走向“全面育人”。

六、伴随新课程改革的高考改革

2004年普通高中新课程改革开始后，首批试行新课程的广东、山东、海南和宁夏4省（区）在2007年启动高考综合改革：以课程标准为蓝本，强调考试内容与时代、社会、考生实际“三贴近”，重新厘清各个学科要求培养的学科认知能力、实验能力或实践能力，增设选考模块；文科注重对材料的分析、归纳和评价能力的考查；理科加大对实验过程、步骤、数据处理和数据解释、反思、评价的考查。

第四节　招生录取制度改革

一、省级招生办公室

1978年高考全面恢复，统一的全国考试由教育部学生管理司负责，各省（区、市）恢复招生委员会及其办公室组织考试评卷。1987年，教育部颁布《普通高校招生暂行条例》，确定省级招生办公室的职责包括分批次划定录取分数线、根据国家规定制定统考成绩以外的评价项目和录取标准、负责向高校投放考生档案、调整省内招生计划等。前两项权力损害了高校本应有的对考生进行评价的权力，这种做法与高等教育日益大众化、多样化的现实极不协调，学生的个性、特长、志向无法得到鼓励引导。该条例也规定，要逐步由招办负责制转变到以高校充分自主选录新生的学校负责制，即实行“学校负责、招办监督”的录取体制，但在实践中，省招办或省级教育考试院主导招生过程，高校选择学生的范围和权力很有限。2010年颁布的《普通高等学校招生工作规定》对教育部、地方政府、高校的职责作了划分，教育部负责各类高校的招生及全国统考工作，但没有明确区分省招办和省级教育考试院的职责，没有规定高校对考分的使用、对投档比例的要求等权力。

二、招生计划分配

1984年以前，大学学籍等同于国家干部编制，普通高校全部按国家计划统一招生，毕业生工作全部由国家包分配，普通高校的招生计划由国家教委统一编制，部分省区高校试行“定向招生、定向分配”。1985年开始，国家教委将分专业的招生计划的编制工作交给各部门或学校，转而在宏观上专注于调节中央各部委所属高等学校在各地招生总数的平衡。1985年《中共中央关于教育体制改革的决定》将统招统分的国家招生计划改为国家计划招生、用人单位委托招生、计划外自费生三种计划形式。1989 年以后,自费生招生计划纳入国家计划。1994 年 40 多所高校率先进行并轨改革试点,1998 年全国高校基本完成并轨改革。1996 年国家教委颁发《普通高等学校本、专科招生计划管理意见》规定,普通高校制定招生计划要结合社会需求和办学条件,按照国家制定的办学条件标准,提出年度招生方案。现行采取"统一考试、择优录取"的招生录取制度,高校依据主管部门宏观计划制定招生计划,经教育部批准后公布。

三、高校自主招生

自主招生以考生高考成绩、高校评价、中学评价等综合信息为依据,选拔具有学科特长和创新潜质的优秀学生,是现行统一高考招生制度的重要补充。2003 年 3 月 24 日,教育部颁布《关于做好高等学校自主选拔录取改革试点工作的通知》,积极探索以统一考试录取为主、与多元化考试评价和多样化选拔录取相结合,学校自主选拔录取、自我约束,政府宏观指导、服务,社会有效监督的选拔优秀创新人才的新机制。随后,教育部启动北京大学、清华大学等 22 所高校自主选拔录取试点,自主招生限制在招生计划 5%以内(部分高校增至 10%以上),获得自主招生资格的考生享受降 10～30 分的录取待遇。2006 年,复旦大学和上海交通大学的自主招生改革试验第一次由面试决定录取,打破了原来以分数为唯一录取标准的招生制度,开创了"综合考＋面试＋统考"的模式。同年,教育部决定在毛入学率超过 50%的北京、天津和上海三地进行高职自主招生改革试点。2005 年北京科技大学等 5 所以理工类见长的首都高校形成自主招生"高考联盟"。2010 年以清华大学为首的"华约"和以北京大学为首的"北约"陆续开启了自主招生联考制度。2011 年以同济大学为首的"同盟"也加入了联合招生的行列。

2012 年 12 月,教育部发布《关于进一步深化高校自主选拔录取改革试点工作的指导意见》,要求严格控制自主招生规模,申请学生参加全国统一高考并达到相应要求,试点高校合理确定考核内容,如需笔试,考试科目原则上为 1 门,不超过 2 门,由高校招生工作领导小组集体研究确定入选资格考生、专业及优惠分值,并报教育部阳光高考平台公示,不得采用联考方式或组织专门培训。2015 年起,自主招生考核调整到高考结束后至成绩公布前(6 月 10 日—6 月 22 日)约两周内完成,既可以有效解决影响中学教学秩序等问题,又不推迟现行高考录取进程。高校不得向中学分配名额,由学校推荐改为考生自荐,保障考生公平竞争机会和招生区域公平。

2014 年，面向全国自主招生的高校有 78 所，面向本省自主招生的高校有 13 所，共计 91 所。2015 年高校自主招生实际录取人数比 2014 年减少 52％。高校自主招生试点以来，招致了“掐尖”、违规、“小高考”、增加考生考试负担、扰乱中学教学秩序、为那些考试成绩本已优秀的学生提供“双保险”等批评。2018 年 12 月，教育部办公厅发布《关于做好 2019 年高校自主招生工作的通知》，从报名资格、录取标准、招生规模、招生专业等方面严格控制自主招生，要求降低给予自主招生考生的优惠分值，适度压缩招生名额，原则上以基础学科和特色学科专业为主。2020 年初，教育部发布《关于在部分高校开展基础学科招生改革试点工作的意见》，正式宣布不再组织开展高校自主招生工作。

四、本专科分类考试

20 世纪 80 年代中期，我们高中阶段教育逐渐分化为普通高中和职业高中两种类型，部分省份开始试行专门针对中职毕业生升入专科（高职）的考试招生办法，计划单列，单考单招。1999 年高校开始大规模扩招，全国高职高专招生数约占招生计划总数的 70％，普通专科教育加速向高等职业教育转变，从学术精英到高技能人才都使用一张试卷选拔越来越显得不合时宜。

2002 年 7 月，广西实行本专科高考在时间和试题上彻底分离，本科考完后再考专科。2002 年 9 月，9 万多名学生参加了专科高考。2003 年，广西 11 名政协委员提案要求取消这项改革，指责二次高考增加了考生备考负担和心理压力等。同年，本专科高考调整为套题方式，必考科目同时同题考，选考科目考试不同题、不同时。2004 年，本专科所有科目同时同题考，但标准分分开转化。2005 年后，广西高考全面回归“一张卷从清华北大考到高职高专”。

2005 年，上海市率先试行市属高职院校在本市提前单独招生，之后这种做法扩展到各直辖市。2007 年，教育部启动国家示范性高职院校单独招生试点，试点院校可以单独或联合组织考试提前招生录取。到 2010 年，全国已有 73 所国家示范性高职院校试行此项政策。2008 年，浙江、北京等省市试行本专科分类考试招生，从高职院校考试科目设置、录取体制等方面进行改革。为了更好地体现高职院校特性，为人才成长提供更多路径，减轻学生高考负担，高职院校在考试内容、评价方式和时间安排上与普通高等学校分开。2017 年参加分类考试的考生在全国占 50％以上，分类考试已经成为高职院校招生主渠道。高职院校实行“文化素质＋职业技能”的考试评价方式，考生可以错峰竞争，更早选择适合自己的教育。同时，各地普遍保留了考生通过参加普通高考进入高职院校的通道。

五、高考加分政策

20 世纪 50 年代开始实行考试加分政策，一类是鼓励性加分，目的是促进学生全面发展、个性发展；一类是补偿性加分，对少数民族、烈士子女等特殊群体给予扶持。1978 年加分对象主要是教育基础比较薄弱的地区和农村的考生。1979 年加分对象增加了全国高中毕业生和在校生中学科竞赛成绩特别优秀的青年，他们可以免试分配到有关院校相应系科学习。1980 年加分政策范围进一步扩大到被连续评为“三好学生”的学生及优秀学生干部。改革开放以后，实行优先录取和降分录取两种方式，优惠力度在 20～50 分之间。1981 年少数民族考生成为降分录取对象。1983 年省级劳动模范、先进工作者、新长征突击手等优秀青年享受降分录取政策，参加地区级以上体育竞赛、成绩达到一定水平的学生也享受加分录取政策。1984 年省级科技发明创造奖获得者开始享受加分录取政策。1985 年退役义务兵享受照顾性政策。1986 年归侨、归侨子女、华侨子女和台湾籍考生享受优先录取照顾。1987 年国家教委颁布《普通高等学校招生暂行条例》，确定了 10 大类高考加分照顾对象，增加了烈士子女、政治思想品德方面有突出事迹者。2000 年教育部将招生加分政策部分下放地方，由地方省市招生委员会决定加分投档，导致加分项目急剧增加，从而引起社会强烈不满。2001 年以后，加分、降分和优先录取相结合，优惠力度最高为 20 分。2005—2006 年，这种情况愈演愈烈，加分对象又增加 5 类。教育部不得不在 2006 年出台新规，明令各省(区、市)新增加分政策及分值仅适用于当地高校并须报教育部备案。

高考加分政策设计的初衷是为了拓宽特殊人才的升学通道，但实际操作中，由于加分依据缺乏统一标准、信息不透明、监管不力等，加分政策近乎失控，加分项目过多过滥，加分优惠主要被特权阶层或富裕家庭的子女享受，加分政策随意性大、操作不规范，为一些掌握社会资源的人谋取不正当利益提供了便利。高峰期，教育部规定的加分项目仅有 14 项，而各地各项优惠政策累计竟高达 192 项。经一番削减，2014 年全国性加分项目保留 11 项，地方性加分项目仍保留 95 项(鼓励类 14 项，扶持类 81 项)，有些项目的审核和测试难以做到客观公正。举例来说，2009 年重庆市 19.6 万考生中有 7 万人享受加分政策，占 35%以上；2008 年北京市高考文史类考生成绩 600 分以上的 599 名考生中有 214 名获得加分照顾，比例高达 35.7%。2014 年 12 月，教育部等 5 个部门出台《关于进一步减少和规范高考加分项目和分值的意见》，要求 2015 年起取消重大体育比赛、中学生学科奥林匹克竞赛、科技类竞赛、省级优秀学生、思想政治品德方面有突出事迹者、国家二级运动员等6项全国性加分项目，取消地方性体育、艺术、科技、“三好学生”、优秀学生干部等加分项目；确有必要保留的地方性加分项目，由省级人民政府确定并报教育部备案，加分分值上限调整为5分（此前为20分），且只适用于本省所属高校在本省招生。

六、春季高考改革

1999年2月，教育部发出《关于进一步深化普通高等学校招生考试制度改革的意见》。1999年6月，中共中央、国务院印发《中共中央国务院关于深化教育改革，全面推进素质教育的决定》，提出有条件的省市试行“两次考试、两次招生”。在这些文件的指导下，同年上海开始试行春季招生考试改革，形成了高考招生“两次考试，两次招生”的新格局。经教育部批准，北京、上海、安徽三地于2000年春举办1999年第二次高考。2001年，北京、内蒙古、上海三地再次进行普通高校的春季招生试验。春季招生给一些考生带来了第二次机会，在一定程度上增加了入学机会，但是也带来了教学管理与就业等方面的一系列实际问题，北京、内蒙古现已经取消春季高考。上海市春季高考考试时间、考试科目（2013年以后只考语文、数学和外语，取消综合能力测试）、参与高校等几经调整，招生计划长期维持在1 000名以内（2013年仅录取310人，近两年扩招到2 000人左右），参与招生高校主要是市属应用型本科及高职院校，2015年以来，上海市春季高考参与高校全部限定为市属应用型本科院校，高职院校不再参与。

七、浙江“三位一体”

2011年，浙江省试点“三位一体”自主招生方案，普通高中学业水平考试成绩按一定比例进入高考录取依据，高考成绩只占50%，高中学业水平考试成绩、综合素质评价占20%，面试成绩占30%，高校可以根据学校特色、招录专业调整三者比例。

八、“三校生”高考改革

1996年，上海实行“三校生”高考改革。“三校生”指中专、职校、技校学生，相关高校针对这些学生的实际实行单独命题，重点考查基本技能和基础文化，考试时间安排在每年5月，招生院校则主要是高职院校。这一改革有利于中等职业教育与高等职业教育，以及职业教育与普通教育进行沟通与衔接，为中职学校毕业生继续深造提供了多种渠道。

第五节 随迁子女异地高考改革

随迁子女异地高考问题是伴随着不断深入的新型工业化、城镇化、农业现代化等社会转型时期出现的阶段性教育问题，涉及户籍管理、社会管理、财政体制和教育体制等多方因素。随着流动人口规模不断扩大，随迁子女在当地参加高考的问题渐成社会关注的热点。

2012 年以前，教育部提出“就地借考”方案，考生在借考地参加考试，但答卷的评阅及录取事宜仍由考生户口所在地的省（区、市）招生委员会处理。2010 年 12 月，解决异地高考列入了国家教育体制试点，山东、湖南、重庆成为首批三个试点地区。2012 年 8 月，国务院办公厅转发教育部等四部委《关于做好进城务工人员随迁子女接受义务教育后在当地参加升学考试工作的意见的通知》，提出做好随迁子女升学考试工作的基本原则，给出应对问题的框架性指导意见，要求各地在 2012 年年底前根据城市功能定位、产业结构布局和城市资源承载能力，进城务工人员在当地的合法稳定职业、合法稳定住所（含租赁）和按照国家规定参加社会保险年限，以及随迁子女在当地连续就学年限等情况制定随迁子女升学考试实施办法或工作方案。2012 年底，除西藏和港澳台外全国 30 个省（区、市）按时向社会公布了具体方案，随迁子女异地高考矛盾得到有效缓解。但部分省（区、市）对随迁子女异地参加高考的限制仍然比较多，尤其是北京、上海等特大城市需要全面平衡人口调控目标和教育承载力等因素，对报名资格、报考院校等设有严格限制性条件。例如，北京市符合条件的随迁子女参加高考只能报考高职院校，每年仅数百人。2014 年 7 月，国务院印发《关于进一步推进户籍制度改革的意见》，提出居住证持有人的随迁子女应逐步实现可在当地参加高考。2012 年以来，教育部每年印发《关于做好普通高校招生工作的通知》，要求各地进一步落实和完善进城务工人员随迁子女在当地参加高考的政策，确保符合条件的随迁子女都能在当地参加高考。

北京、上海、天津等特大城市随迁子女异地高考的限制条件最为严格，均围绕法定监护人居住和就业年限、考生就读年限、报考院校类型层级等方面设定了限制条件。北京、天津、青海、云南、新疆等省（区、市）符合条件的随迁子女仅可以报考高职院校；内蒙古等省（区、市）对随迁子女在本地报考高职院校不作限制；云南限定随迁子女只能报考三本及高职院校；新疆对随迁子女报考本科院校有更加严格的条件限制；广西要求随迁子女在本地初高中连续就读 6 年、监护人合法居住就业 3 年方可参加高考，但对报考院校不加限制。上海、浙江、吉林、海南、内蒙古、新疆等省（区、市）将随迁子女是否参加本地中考作为限制条件或优惠条件加以考虑；贵州要求考生获得本地初中毕业证书，这就变相要求了随迁子女在本地就读的年限。

海南、宁夏、新疆等省份根据随迁子女在本地初高中就读年限、监护人实际居住年限，确定相应的报考资格等级。海南省对连续 12 年在本地就读的随迁子女报考院校不加限制，连续就读 3～6 年的随迁子女只能报考本科 B 批次及高职院校，连续就读 1～3 年的只能报考省内高职院校。宁夏对在本地连续就读 6 年以上的随迁子女报考院校限制较少（限制报区外一本），连续就读 3 年的可以报考区内一本以外的所有院校。随迁子女在新疆初高中连续就读 4 年、5 年、6 年（监护人实际居住年限同），分别享有报考区内外高职院校、区内本科及区内外高职院校、区内外任何院校的资格。

内蒙古、青海、江苏、安徽、江西、四川、重庆、山东、辽宁、黑龙江、吉林、湖南、湖北、河北、河南、山西、陕西、贵州、云南、福建、广东、广西、甘肃等省（区、市）随迁子女参加高考的门槛较低，对符合条件的随迁子女报考省内外高等院校类型不作限制。青海、河南、云南三地对随迁子女在本地就读年限、监护人居住及就业年限均没有明确限制；江西仅要求随迁子女在本地实际就读一年，即可参加本地高考；河北要求随迁子女在本地就读两年，即可参加本地高考；江苏、安徽、四川、山东、辽宁、黑龙江、湖北、甘肃则要求在本地高中至少就读三年，对监护人居住及就业年限不作要求；湖南要求随迁子女在本地高中就读三年，同时要求监护人在本地居住及就业一年；福建要求随迁子女在本地高中就读三年，同时要求监护人在本地居住及就业两年；内蒙古、重庆、吉林、陕西、山西、贵州、广东要求随迁子女在本地高中就读三年且监护人居住及就业三年。

第六章　新高考改革的进展、挑战与政策建议

我国现行高考招生制度具有公信力强、效率高等突出优点，具有一定的历史价值和现实优势，权威性、公平性得到社会认可，但在社会转型、教育发展的新形势下也暴露出一些社会反响强烈的问题(详见总论第三节中“新时代考试招生制度改革的出发点”)，必须进行系统改革。

第一节　新高考改革取得新进展

2014 年以来，全国共有 14 个省(区、市)分三批启动了新高考改革。目前，全国除港澳台外的 31 个省(区、市)已形成高考改革实施方案，高考综合改革试点在促进公平、科学选才、增加选择、完善监管等方面取得重要突破。

一、入学公平保障水平显著提高

(一) 区域间高考录取率差距缩小

新高考改革多措并举精准发力，显著缩小了区域间高考录取率差距：一是综合考虑生源数量、办学条件、毕业生就业等因素，进一步完善了国家招生计划编制办法。二是深入推进《国家支援中西部地区招生协作计划》，安排东部地区普通高校招收中西部地区考生，2015—2017 年共有 69.7 万名学生受益。[①] 三是严格控制部属高校属地招生比例，将更多招生计划投向中西部及入学机会竞争激烈的人口大省。2017 年中西部高考录取率最低省份与全国平均水平差距由 2007 年的 17 个百分点缩小到了 4 个百分点以内。[②]

① 中华人民共和国教育部：《教育部有关负责人就 2017 年普通高等教育招生计划管理工作答记者问》，http://www.moe.gov.cn/jyb_xwfb/s271/201705/t20170510_304227.html，访问日期：2017 年 12 月 16 日。

② 同上。

（二）重点大学的农村生源比例上升

近年来，重点大学的农村生源比例不断上升，与此相关的改革措施有三。一是实施了《国家农村贫困地区定向招生专项计划》，由部属高校和省属重点高校安排部分招生名额，面向22个省（区、市）832个贫困县及高校录取率偏低的10个重点省（区、市）招生，2015—2017年三年累计招收17.3万人。[①] 二是实施了《重点高校农村学生单独招生计划》，由以部属高校为主的重点高校安排部分招生名额（不少于本科一批招生计划的3%），定向招收边远、贫困、少数民族等地区县的农村学生。三是实施了《地方重点高校招收农村学生专项计划》，每年由各省安排所属重点高校部分招生名额（不少于当年本科招生计划的2%），定向招收本省实施区域的农村学生。2012—2017年三个专项计划累计招收27.4万人，农村和贫困地区学生考取重点高校的比例不断提高。[②]

（三）高考加分政策更加规范

教育部等部门出台新政策规定，2015年起取消6项全国性加分项目，只保留少数补偿性加分项目；取消5项地方性加分项目（减幅达63%），辽宁、吉林等13个省（区、市）甚至取消所有地方性加分项目。保留的地方性加分项目，加分不得超过5分且只限于本省高校在本省招生使用。加分项目过多、分值过大，甚至加分资格造假、权力寻租等问题得到有效治理。

（四）随迁子女异地高考更有保障

继2012年国务院办公厅转发教育部等四部委《关于做好进城务工人员随迁子女接受义务教育后在当地参加升学考试工作的意见的通知》之后，2014年国务院印发《关于进一步推进户籍制度改革的意见》，教育部每年在《关于做好普通高校招生工作的通知》中要求各地落实和完善随迁子女在当地参加高考的政策。2019年在父母监护人工作所在地参加高考的随迁子女达到22.4万人，是2013年的50多倍。[③]

---

① 赵婀娜：《努力让十三亿人民享有更好更公平的教育——党的十八大以来中国教育改革发展取得显著成就》，《人民日报》2017年10月17日第1版。

② 中华人民共和国教育部：《教育部有关负责人就2017年普通高等教育招生计划管理工作答记者问》，http://www.moe.gov.cn/jyb_xwfb/s271/201705/t20170510_304227.html，访问日期：2017年12月16日。

③ 中华人民共和国教育部：《对十三届全国人大二次会议第6809号建议的答复（教建议字〔2019〕188号）》，http://www.moe.gov.cn/jyb_xxgk/xxgk_jyta/jyta_xueshengsi/201911/t20191101_406435.html，访问日期：2020年3月15日。

二、科学选才取得重要进展

（一）招生录取制度更加科学

推行高考成绩公布后填报平行志愿投档方式，逐步取消高校招生录取批次。2017年除港澳台外31个省（区、市）全部推行高考成绩公布后填报平行志愿投档方式，减少了考生志愿填报的盲目性。[①] 逐步取消高校招生录取批次，2020年全国仅剩青海、湖南两个省保留本科三批次，有19个省份合并本科二批次和三批次，有10个省市彻底实现合并本科所有批次。浙江省考生志愿由“专业+学校”组成，实行专业平行投档，填报志愿与投档按考生成绩分段进行，探索“三位一体”招生模式，赋予高校更大考试招生自主权。上海市实行院校专业组平行志愿录取，增加高校与学生双向选择机会。

（二）高校自主招生升级换代

针对自主招生试点过程中出现的系列问题，2014年教育部专门发文加以规范，要求严控自主招生规模（限当年招生计划2%以内）、合理确定考核内容、强化招生过程监管，更重要的是，由学校推荐改为考生自荐。2015年起自主招生考核调整到高考结束后至成绩公布前（6月10日—6月22日）约两周内完成，既有效解决了影响中学教学秩序等问题，又不推迟现行高考录取进程。2018年12月，教育部办公厅发布《关于做好2019年高校自主招生工作的通知》，从报名资格、录取标准、招生规模、招生专业等方面严格控制自主招生，要求降低给予自主招生考生的优惠分值、适度压缩招生名额、原则上以基础学科和特色学科专业为主。2020年初，教育部发布《关于在部分高校开展基础学科招生改革试点工作的意见》，正式废除此前的自主招生，取而代之的是“强基计划”，重点在数学、物理、化学、生物及历史、哲学、古文字学等相关专业招生，首批试点高校36所。高校将高考成绩、高校综合考核结果及综合素质评价情况等按比例合成为综合成绩，其中高考成绩占比不低于综合成绩的85%。

（三）综合素质评价更加成熟

综合素质评价结果将逐步确立为学生毕业和升学的重要参考。2014年12月教育部发文，要求综合素质评价选择学生思想品德、学业水平、身心健康、艺术素养、社会实践五方面内容予以记录，重点看具体活动和相关事实；省级教育行

---

① 中华人民共和国教育部：《迈向更科学更公平的目标——考试招生制度改革四年回眸》，http://www.moe.gov.cn/jyb_xwfb/s5147/201902/t20190226_371160.html，访问日期：2020年3月15日。

政部门建立统一电子管理平台，成绩按比例分等。高校将逐步扩大综合素质评价的适用范围，促使高中学校将工作重点从“单纯育分”走向“全面育人”。从上海、浙江试点看，按综合素质评价招录的学生中，如果仅凭分数，20%的学生可能不会被录取，同时有约10%的学生达到录取线但因综合素质评价不高没有被录取。

（四）学业水平考试更加完善

2014年12月教育部出台《关于普通高中学业水平考试的实施意见》，明确学业水平考试范围覆盖所有科目，每门课程学完即考，考试成绩以“合格、不合格”和等级呈现，作为学生毕业和升学的重要依据。选考科目以等级呈现，考生可以在指定范围内选择3门计入高考总成绩，普通高校可提出选考科目要求，但最多不超过3门，学生满足其中任何1门即符合报考条件。随后，上海市、浙江省等试点省市在选课走班等方面进行了有益探索。

三、学生和高校选择权大幅增加

（一）考试评价机会更多

考试科目组合选择和考试评价次数增加，统考科目外语试行二次考试，选考科目探索多次考试。上海市选考科目“6选3”最多有20种组合，257所普通高中里有197所开设18种以上组合课程（占76%），走班教学课时接近50%，2017年90%的考生突破文理分科限制。[①] 浙江省选考科目“7选3”最多有35种组合，高二、高三各安排两次学业水平考试（考生最多可参加其中的两次），学考科目加选考科目最多有22次考试机会，2017年78%的考生突破文理分科限制。[②] 2018年启动的八省市高考综合改革均采用“3+1+2”模式，共有12种组合。

（二）多元录取得到有效落实

除普通高校统一招生渠道外，还有自主招生、单独招生、定向招生、高职分类考试、免试推荐等多种选择。上海市实行以院校专业组为基本单元的招录模式，考生可选报24个院校专业组，每个专业组可选报4个专业，最多可选96个专业，2017年有505所高校990个院校专业组在同一个平台上公平竞争。[③] 浙江统一考试招

---

① 张婷等：《上海：给学生一个多选的未来》，《中国教育报》2017年9月23日第1版。

② 同上。

③ 同上。

生、“三位一体”综合评价招生、高职提前招生、高校自主招生、单独考试招生多种模式并行，分三段填报志愿，每一段所在学生可以填报 80 个专业平行志愿。2019 年北京设置 16 所平行志愿高校，每个志愿高校设置 6 个志愿专业。

（三）分类招生成为高职院校招生主渠道

为了更好地体现高职院校特性，为人才成长提供更多路径，减轻学生高考负担，高职院校在考试内容、评价方式和时间安排上与普通高等学校分开。高职院校实行“文化素质＋职业技能”的考试评价方式，考生可以错峰竞争，更早选择适合自己的教育。同时，考生通过参加普通高考进入高职院校的通道仍得以保留。2017 年，高职院校招生计划的 50％以上是通过分类考试录取新生的。

四、决策规则和程序更加规范

（一）决策程序更加完整合理

考试招生制度改革决策程序包括以下重点环节：成立工作组调查研究、征求意见、提出政策方案；召开工作座谈会，讨论政策提纲或草拟稿；提交法制办进行合法性审查；组织社会参与和专家论证；报送其他部委会签；报送部长专题会或部党组会审议；报送国家教育体制改革领导小组审议；报送国务院常务会审议；报送中央全面深化改革领导小组审议；国务院召开政策发布会，相关领导及司局现场应询说明。决策过程的关键环节都有相应层级负责人员的重要批示。

（二）社会参与渠道更加通畅

教育规划纲要出台后，考试招生制度改革工作从 2011 年初启动到 2014 年 9 月正式发布文件，前后经历两个阶段：2011 初—2012 年底为第一阶段，2013 年初—2014 年 9 月为第二阶段。两个阶段都为各个利益群体安排了多种形式的社会参与渠道。第一阶段为 2011 年 3 月—11 月，高等学校考试招生制度改革工作组两轮调研走访 15 个省（区、市），召开 61 次座谈会，来自 31 个省级考试机构、340 所高校、218 所中学的 1 012 名代表参加座谈，发放问卷 800 份。① 第二阶段，据不完全统计，仅 2013 年就召开了 30 余次专题座谈会，听取部内司局、有关省市教育行政部门和考试机构、高校招办和研究生院、高中学校负责人对改革方案的建议和意见。此外，邀请来自不同层次高校、不同家庭背景的在校大学生座谈，听取他们对高考的感受和意见。

---

① 国家教育考试指导委员会：《关于高考改革前期调研工作情况的汇报[R]》.2012，第 2－3 页。

（三）专家咨询论证更加充分

决策过程中专家通过不同渠道，参与草案起草、政策论证及政府咨询等工作。2011年初，教育部邀请部分国家教育咨询委员会专家组成高考招生制度改革工作组，赴全国15个省（区、市）调研，撰写了16个专题80余万字的研究报告。2013年，教育部安排教育发展研究中心专家组成起草组，责成综改司、学生司、基教一司、基教二司、职成司、高教司、学位办、考试中心等相关单位负责同志提供政策建议和决策支持。2013年，教育部专门召开16次国家教育咨询委员会专家和国家考试指导委员会委员论证会，3次书面征求国家考试指导委员会委员意见。

五、监督管理制度更加健全

（一）信息公开制度建设更加完备

分级负责、规范有效的教育部、省级招生考试机构、高校、中学四级信息公开公示制度得以建立。教育部阳光高考平台建立了统一招生信息管理系统，使考试招生工作始终在阳光下进行。各地和高校严格落实招生信息“十公开”要求，及时公开高校招生、考生报考、政府监管等信息。

（二）考试招生安全责任更加明确

各高校成立了招生委员会，承担制定招生计划、确定招生规则、决定重大事项等职责。考试诚信档案建设更加完善，构建了以正面教育、制度约束、违规处罚为一体的高校考试招生诚信体系。教育考试招生法律法规更加健全，教育考试招生立法被列上议事日程。建立了招生问责制度，2015年起由校长签发录取通知书，对录取结果负责。

（三）违法违规处罚措施更加严厉

相关法律法规更健全，违规处罚更严厉。《刑法修正案》和新《教育法》规定，在法律规定的国家考试中组织作弊情节严重的，处三年以上七年以下有期徒刑并处罚金。《最高人民法院最高人民检察院关于办理组织考试作弊等刑事案件适用法律若干问题的解释》《国家教育考试违规处理办法》以及《普通高等学校招生违规行为处理暂行办法》也有对严格追究违法违规考生、单位及相关人员责任的规定。公职人员违规违纪的，将依据《中国共产党纪律处分条例》《行政机关公务员处分条例》和《事业单位工作人员处分暂行规定》等相关规定严肃处理。

第二节　新高考改革面临新挑战

新高考改革在取得重要进展的同时，不可避免地会遇到一些需要化解的新问题。

一、系统谋划很审慎，但改革准备仍显不足

新高考改革从2005年酝酿到2014年《关于深化考试招生制度改革的实施意见》出台历经9年，系统谋划之审慎前所未有，2014年以来分三批组织高考综合改革试点，但由于新高考改革本身的复杂性、系统性和综合性，某些方面的准备仍显不足。

（一）考试、评价理论与技术存在缺陷

试点省市根据应考时非代表性群体水平确定等级分，无法保证同一科目一年多考的成绩等值。考生选择权和高校自主权相互冲突，高校要求的选考科目越多，对考生限制反而越少。高校提出1门要求，考生有10种选择，提出2门，有16种选择，提出3门则有19种选择。[①] 选考科目兼具标准参照性考试和常模参照性考试双重性质，存在评价科学性等问题。选考科目以等级呈现成绩，再折算为等级分，很容易引发家长不满和社会质疑。综合素质评价存在评价指标相互包含、评价内容缺乏有效测评量表、量化结果与定性判断认定困难等问题。试点将统考科目原始分与选考科目等级折分后加总，存在分数单位不同且分数间不等距等问题。不同选考科目组合内科目之间相互支撑关系不同，很难客观评价同一科目任课教师的教学质量。学生发展指导考验教师专业知识和能力，教师存在缺乏专业培训和行业标准，不能完全解答学生在生涯规划、选课走班等方面的成长困惑等问题。

（二）改革措施前瞻性风险预估不足

试点省市对改革措施可能出现的异化或博弈前瞻性评估不够充分，以致不能及时有效地应对出现的问题。例如，选考规则招致田忌赛马式博弈、学考科目并开超量、学生课业负担增加、高中教学秩序受冲击、学生选择权受限制、选修课程课时被挤压、学习兴趣让位利益考量、选考科目难易不均冷热失衡等问题；选课走班因教师总量不足从而造成师资结构性短缺、教学难度增加、“潮汐现象”

---

① 张家勇：《多一些追问，就会添几分明智》，《中国教育报》2016年6月15日第5版。

（同一科目在不同年份选学热度不同）；文理不分科导致高考战线拉长、高校招生区分度不足等问题；考试评价次数增加，在有效分散学生考试压力的同时又导致了学生心理负担加重等问题；部分试点地区课程方案、课程标准与教材不配套，教师面临使用旧教材落实新课标的困境；高校招生与高中教学衔接不够紧密，一些大学在普通高中开设先修课程，但全国对先修课程没有统一安排，高校招生和先修课程也没有直接关联；春季高考后学生学习和管理出现了“中学管不了，大学管不着”的真空现象；高校配合改革的热情不够，不能提前及时公布选考科目要求，没有明确学业水平考试和综合素质评价在招生录取中的使用办法；取消考试大纲对教学提出新要求，教师很难把握教学进度、广度和深度。

二、改革目标很明确，但改革措施不够精准

《关于深化考试招生制度改革的实施意见》明确了改革目标、基本思路和重大措施，同时给地方试点寻求具体措施留出空间。试点省市试图以完善现行考试招生制度为主旨，以渐进性、阶段性或策略性改革方案根除体制性弊端，最终很难取得理想效果。

（一）“招考不分”体制仍待消解

试点省市没有突破现行招考不分的体制，评价标准的单一格局没有变，招生录取的集中统一模式没有变，学校、考生、考试机构和招生部门之间的关系没有变。地方招办在关键环节拥有控制权，继续充当考生和高校之间的中间人。考生只能在平行志愿投档框架下一档多投，不能自主地与高校直接双向选择。考试机构垄断性经营，社会化、专业化和市场化程度提升缓慢。高校习惯于“坐享其成”，缺乏自主考试招生积极性和主动性。

教育部考试中心是政府授权提供考试服务的准官方机构，除了举行全国统一高考等考试外，还开展相关调查研究和国际合作，甚至参与草拟教育部教育考试政策和规定，这无疑在一定程度上混淆了考试机构和教育行政部门的职能界限。各省（区、市）都设有省级教育考试评估机构，高峰时期有 16 个省（区、市）实行单独高考，由本省（区、市）教育考试评估院单独或联合教育部考试中心命题。这些考试机构长期习惯于依附在政府行政体制之上，服务意识、法律意识、市场意识相对薄弱，必须加以改革。

（二）综合评价改革有待突破

综合评价是本次改革的最大难点，“两依据一参考”设计初衷旨在以综合评价破解“唯分数论”，但部分试点将其退化为“一依据零参考”，将选考科目等

级折算为分数与统考科目原始分加总后排队录取，学业水平考试(选考科目除外)、综合素质评价基本游离在高校普通类招生之外，文化课考试分数几乎成为唯一依据，不能全面衡量学生全面发展及个性发展情况。综合素质评价仅在浙江的“三位一体”招生、高职院校招生，以及上海市综合评价招生、春季高考、职业院校招生中得到有限运用。调查发现，39%的上海教师、46.5%的浙江教师不认可“高中提供的综合素质评价客观、民主、公正”。多数地方的综合素质评价具体操作层面缺乏刚性要求，每个学期由任课教师认定，学生互评流于形式，不同类型学校之间不具有可比性，更糟糕的是对偏远地区农村考生造成不公。

三、公平导向很鲜明，但共识基础有待夯实

坚持公平导向是新高考改革最鲜明的特征，但不同利益群体诉求各异，改革社会成本不断上升，亟待进一步统一思想、凝聚共识。

(一) 招生计划调配引发集体抗议

为促进区域间入学公平，2016 年 4 月教育部等部委联合发文，要求江苏、湖北等 12 省(区、市)面向中西部 10 省(区、市)调出 16 万招生计划。结果，数十万江苏、湖北考生家长纷纷前往当地政府门前抗议示威，质疑招生计划调整的公平性和科学性，要求保障考生的平等受教育权利。[①] 其他省市也不同程度地发生过因利益调整引发的社会动荡，如何平衡考试公平和区域公平依然是待解的历史性难题。

(二) 改革舆论环境需要正本清源

改革能否成功，取决于能否形成改革命运共同体，取决于能否找到最大公约数，也取决于良好的舆论氛围和环境。《关于深化考试招生制度改革的实施意见》公布以后，教育部等部门组织了较密集的宣传和解读，但社会各界对改革理念、改革目标和改革措施等缺乏基础性、准确性和完整性认知，试点以来先后出现多种传言、流言和谣言，以至于有人担心改革可能带来更加严重的腐败和不公，从而陷入了迷茫、观望和困惑之中。教育行政部门、学校、教师、家长和学生还未来得及形成牢固的改革命运共同体，改革举措就匆忙上马，这直接导致了部分改革措施偏离正轨。

---

① 云风:《暴怒高考减招，湖北江苏等省家长发起抗议》，http://www.wyzxwk.com/Article/shidai/2016/05/363973.html，访问日期:2017 年 9 月 16 日。

四、决策程序很完整，但体制机制仍需优化

新高考改革决策程序完整，但决策体制机制的弊端很可能阻碍最先进、最前沿的知识技术直接进入改革现场。

（一）政府服务思维需要强化

部分官员习惯于在现有制度环境和以上下级模式运转的行政框架下思考问题，基本前提是确保“我还是可以管着你”，不能更加系统、整体、协同地看待教育改革。管制思维的内在逻辑是权力的争夺和利益的维护，转变管制思维往往伴随着权力和利益的削弱或丧失。摒弃管制思维、倡导服务思维不仅需要转变思想观念，更要重构政治生态。如果行政主导话语权、以权力逻辑取代教育逻辑，改革共识就很难真正形成。即使改革处于最佳窗口期，如果政府坚持单边垄断、以管制思维替换服务思维，改革方向很难确保正确，政府官员主导决策很可能演变为改革的最大阻力，因为他们并不总是改革最坚定的拥护者，有时甚至是改革的主要对象。

（二）利益攸关方代表性失衡

利益攸关方都能够充分参与是优化教育决策的基本前提，既不能让一方代表不足，也不能让另一方代表过度。新高考改革设置社会参与渠道，邀请不同行动主体参与论辩协商，但仍有可能存在利益攸关方代表性不足及代表性过度的问题。政府官员或准官员主导座谈会、听证会、咨询会和论证会，考生、家长及专业人士并不能够充分表达诉求和意见。即便是专家咨询论证环节，也往往是担任行政职务、行政级别高的“红顶”专家参与机会更多，守纪律、懂“规矩”的专家发声更多，在风平浪静中达成的共识并不足以作为决策依据。

（三）过分拘泥于顶层设计

顶层设计是增强改革系统性、协调性和整体性的需要，是确保改革方向性、一致性的需要，是维护中央集权制国家中央政府权威性、统一性的需要。但是，顶层设计绝不意味着事无巨细均交由中央统一决策、集中决策，更不意味着政令实施全托付中央单极决策、垄断决策。顶层设计既有强制性和指令性，也有建议性和指导性。顶层设计告诉地方“为何做”和“做什么”，地方则应在指导下在实践中形成“如何做”。新高考顶层设计在很多方面集成了地方先行经验，以“实施意见”而非“决定”形式下发，显然是更强调指导性和建议性，为地方试点留出更多政策弹性。试点省（区、市）过分拘泥于顶层设计，尽量多做规定性动作、少做自选动作，自我挤压政策创新空间，很可能降低试点成效和改革质量。

第三节　新高考改革的总体思路和政策建议

截至2020年，全国仍有18个省(区、市)没有启动新高考，改革需要进一步凝聚共识、汇聚智慧、完善措施。新高考改革必须坚持基本方向不动摇，完善具体措施不教条，以体制性弊端为靶心，以体制改革为重点，最终建成分层次、选择性、综合性的现代化高考招生制度。

一、推进体制改革，实现招考分离

高考改革是一场深刻的体制变革，需要整体设计、整体推进，零打碎敲的改革早已不合时宜。

(一) 厘清政府宏观管理权限

就大学入学考试招生而言，政府的角色定位应该是警察，是守夜人，是掌舵人，是裁判员，是基本规则制定者和监督者，而不是水手，不是运动员，不是具体业务经营者和执行人。我国可以将政府职权限定在以下方面：制定全国大学入学考试基本要求、招生基本原则和录取基本程序；通过完善高等教育相关法律法规确定各项质量标准(如基础建设标准)，从而客观公平公正地核定各大学招生规模；制定向弱势群体倾斜的政策，引导大学公平配置入学机会；提出考试招生制度改革原则性要求，推进大学落实自主权，建立社会参与机制；仲裁和评判考试招生事故，维护考试招生秩序和安全，确保大学入学考试招生公正；培育并监管各类社会专业考试机构，授权开展多样化、个性化考试服务；鼓励高中和大学建立考试招生合作协商机制，保证高中和大学教育顺利衔接；提供高校招生和学生选择信息化平台，收集分析全国大学考试招生信息，定期向社会公开发布，等等。

(二) 推动考试机构在竞争中转型升级

一是要做好考试机构职权划分。剥离各级教育考试机构与考试服务无关的行政职能，使之专注于提供命题、考试、评价服务。省级考试评估机构也要根据各自优势和特色重新定位，重点承担高中学业水平考试和综合素质评价等过程性测评工作，也可以参与竞争全国统一考试单科命题等工作。结合事业单位改革，让教育部考试中心和各省级考试评估机构通过考试服务收费自收自支，取消政府财政拨款，完善外部专家协助命题机制，实现国家教育考试社会化、专业化和市场化。支持社会力量举办专业考试机构，为社会提供更加多样化、特色化的考试选择。考试机构主办高中大学考试招生联合会，帮助大学改进考试招生工作，实现基础教育和高等教育的有序衔接。二是政府应外包考试评价服务。建议政府通过市场机制和法律手段向全国乃至全球招标，将考试评价服务外包给专业考试机构，甚至可以将不同性质、不同科目的考试评价服务外包给不同的考试机构，推动考试机构在竞争中转型升级。政府代表公共利益提出考试评价目标、内容、形式、范围和标准等要求，与承包商协调考试设计、试题研发、考试实施、阅卷评价、测量分析、结果报告等方面工作。三是要加强考试机构基础能力建设。支持考试机构打造世界一流考试评价专家团队，围绕命题组卷、题库建设、等值设计、结果报告、信度和效度校验等重点任务集中攻关。优化内外部专家协同命题机制，提高命题准确性和科学性，提供多样选择、多次考试、综合评价服务。加强标准化考点和计算机考试平台的建设与管理，提高考试信息化服务水平。授权考试机构举办高中、大学年度考试招生交流合作活动等，实现基础教育和高等教育的顺畅衔接。

（三）倒逼高校主动争取考试招生自主权

落实大学招生自主权是大学提高质量的重要保证。考试招生是大学教育的第一步，采用何种方式方法考试招生、招收录取什么样的学生、开展什么样的教育，都是大学办出特色和办出水平的前提问题。可以说，落实大学考试招生自主权，具有非常重要的意义。目前，我国只有 36 所高水平大学在有限范围内享有“强基计划”招生权，高校有权自主组织考试，但全国统一高考成绩要占总成绩的 85％。绝大多数院校只能把考生的考试分数作为录取唯一依据，被动地接受政府招生办公室按招生计划的一定比例转交的考生档案，然后进行极为有限的筛选。对于高职院校而言，则连上述最低限度的选择也没有，往往是省招生办公室按招生计划 100％的比例投档，学校几乎没有任何腾挪空间。

在很大程度上，我国大学既没有考试自主权，也没有招生自主权，录取标准高度同质化，生源几乎全靠校外招生机构配送。要改变这一现象，一是要激活高校考试招生的内在动力。新高考改革面临的重大挑战之一是高校考试招生自主的积极性、主动性严重不足，究其因，主要是缺乏严格的教育质量问责机制，生源质量与高校管理层的切身利益没有直接关联，高校发展较少依赖校友捐赠和回馈。建议开发全国大学生综合素质和基本能力等学习成果测试系统，建立包括学生学习成果等信息的国家高等教育公共数据库，向社会公众开放，倒逼高校更加重视生源质量。二是要规避学生选择权与高校自主权的冲突。高校作为高度专业化的育人机构，理应最有权且最有能力确定招生录取标准、提出不同科目组合和其他评价要求、决定如何利用考试机构和高中提供的评价信息。学生应享有选择科目组合而不是自行随意组合科目的权利，从而规避学生选择权与高校自主权冲突的问题。高水平大学还应有权组织高校自主评价，多方面、多角度考查考生的表现力、创造力、兴趣和适应性等。三是要完善大学内部招生录取制度。如果省级招生办公室把招生权完整地还给大学，大学必须相应重组专门招生机构，逐步建立校院分工、政学合作、专家主导、社会参与的招生录取模式。建立专业化团队，实现招生机构功能化、实置化和效能化。建立以大学教师为主要成员的考试招生委员会（以大学或学院为单位均可）或由全校（学院）学术委员会、教授专家团具体承担考试招生工作。建立教师和职员协力合作机制，由教师负责制定考试招生方针政策，参与命题、评卷、面试、结合书面材料综合评判确定最终合格者等核心工作（录取结果报送教授专家团），由专业职员或临聘研究生负责考试招生宣传、接待考生及家长、办理报考手续、安排考场和组织考试等非核心工作。由各大学及学院结合自身教育理念、培养目标、学科性质、教育教学特色等制定综合性个性化录取标准，减少对全国统一高考分数的单一依赖，增加对考生表现力、思考力、创造力、动机、兴趣、适应性和社会活动等方面的考查，采取笔试、面试、调查书、档案袋等方法多方面综合性评价学生素质，更全面地利用考生生活学习完整信息作为录取依据。建立校内监督和申诉机制，完善信息公开程序，强化学校自律。

（四）构建考试招生安全保障体系

不受约束的权力无论是集中在中央还是分散到高校或地方，都必将催生严重腐败，必须筑牢安全屏障。一是完善权力监督制衡机制。明确相关责任主体的权利和义务，制定考试招生基本规范以及违规违法行为的处罚措施。鼓励不同利益群体成立不同层级的代言机构，民主选举代言人，维护公共利益。完善信息公开制度，整合社会监督、自我监督、司法监督、舆论监督、群众监督和党政监督等多方力量。二是设置独立的申诉救济渠道。健全考试招生申诉体制机制，明确政府、学校和考试机构的申诉受理机构。申诉受理机构既应同教育行政部门保持必要沟通，又应免于受到教育行政部门的直接干预。此外，申诉救济渠道还应准备独立而专业的法务部门或机构为有申诉需求的考生及家长提供免费法律援助服务和指导。

二、完善综合评价，破解“唯分数论”

综合评价是破解“唯分数论”的必由之路，必须采取更加有效的措施切实加以推进。

（一）让选考科目回归统考科目

从教学方式、考试范围、考试时间、试题类型、成绩呈现、考试评价功能等方面看，选考科目与学考科目都有本质不同。选考科目直接服务升学选拔，是典型的常模参照评价，不宜与标准参照性质的学业水平考试混同。建议将选考科目纳入全国统一考试与语数外统筹安排，可以保留“3＋3”或“3＋1＋2”的选择性，体现“两依据一参考”的政策初衷和改革主旨。同时，由高校分学科或分院系对全国统一考试的科目组合提出要求，统一考试科目均可根据需要分层多卷考试，允许高校不同院系根据人才培养目标和自身办学特色，自主对科目成绩进行必要的加权处理。无论是全国统一高考还是分省高考，都应该重点考查学生高中阶段的基础知识以及基本学习能力达成程度，保证全国或全省要求的统一性。

（二）深掘学业水平考试的价值

高中学业水平考试是促进学生全面而有个性发展的重要保证，是学生获得高中毕业文凭的基本依据。高中阶段平时成绩与高校招生录取挂钩，是世界各国高考改革的普遍趋势。学业水平考试成绩应该作为普通高校招生录取的重要门槛，也可作为高职院校入学的学业成绩依据。学术性科目可以继续由省级教育行政部门统一组织实施，实行一年多考，按等级制计分。规范高中学业水平考试，确保普通高中新课程全面落实、高中生知识结构完整，避免学生知识结构性偏科。调整考试次数、选考科目、考试时间，为高中教学特色化和学生学习个性化创造条件。高中学校还可挖掘学业水平考试的评价、甄别及诊断功能，了解学生学习的优劣势，更有针对性地开展教研、教学、辅导及专项训练等。

（三）让综合素质评价成为硬标准

综合素质评价是高考综合改革成败的关键，以综合评价引导素质教育是题中应有之义。要总结上海综合评价录取模式、浙江“三位一体”招生模式的经验，探索综合素质评价发挥作用的具体办法，让高校以更加科学的方法录取更适合自己的生源。具体做法上，可尝试以分数段框定目标考生，再以综合素质评价筛选合格考生——毕竟，对于拔尖创新型人才培养而言，高考成绩差几分甚至几十分到大学后并没有本质性区别；提倡高校探索以高考总分的某一分数段（例如650～660分）作为门槛，分数段内不再区分考生的高考总分，然后参考可比较、可分析的综合素质评价材料录取。

三、优化具体举措，凝聚改革共识

新高考改革既要防止求治太急又要防止犹疑畏难，改革共识不仅需要先进理念凝神聚气，更需要有效策略激浊扬清。

（一）多措并举化解选课走班难题

新高考对高中学校的最大冲击是选课走班，试点省（区、市）普遍反映选课走班带来师资不足、教室不够、管理跟不上等难题。其实，在西方的高中或大学，选课走班是常态，试点乱象的重要根源在于对应试教育的路径依赖。首先，要科学应对科目组合挑战。理论上选考科目存在 12 种、20 种或 35 种组合，但并不意味着要并列开设 12 个、20 个或 35 个教学班，因为部分科目组合报考专业受限或存在知识结构缺陷，而且选考科目是分科教学、分科评价，不同组合内学生完全可以拆解合并编班。教学大纲规定，理化生和史地政 6 科每周课时都不超过 4 节，只要保证每周 3～4 天 6 科并列开设 3 次，就可以满足全部选课走班需求。只是选修不同科目的学生数有多有少，对教室空间大小有不同要求，这对于规模较大的高中不会是太大的难题，对教室有限的小型高中则构成了挑战。此外，区域内普通高中还可以通过分工合作等方式共同应对，单所普通高中只需开设自己擅长的若干科目组合即可，为普通高中办学特色化和学生学习个性化创造条件。其次，要统筹规划学生发展指导。全国统一编写学生发展指导必修课程，培养培训生涯规划师，协助学生明确未来发展方向。出台生涯规划师统一标准，建立国家生涯规划师资格证书制度，开展相关社会培训机构认证。动员高校、科研机构、企业等社会力量，加强学校与家庭、学校与社会合作，共同提高学生在选修课程、选考科目、报考专业等方面的自主选择能力。最后，要改革教师配置及考核办法。通过区域内普通高中师资共享解决师资结构性缺编问题，调整高中阶段学校教师绩效考核办法，探索以选考科目组合为单位考核任课教师团队工作的办法，促进教师优化配置或双向选择。

（二）做好等值设计化解功利性博弈

建议借鉴和运用世界先进的等值理论和技术，做好不同科目、同一科目多次考试成绩等值设计。可以提前研发标杆试卷、测验常模或制定等级标准，也可以采取共同人设计、等组设计或非等组锚题设计，还可以通过代表性样本进行事后等值、把原始分数转换为量表分数等。确保试卷难度适合考生总体的一般水平，考查范围既能够覆盖全体考生的知识点和能力范围，同时又能实现对所有考生都具有较高区分度。选考科目等级分应同时根据学科标准和考生代表性样本加以确定，等级标准不因考生群体不同而不同。考生知识和能力不发生进步或后退，量表分数就不会有显著性变化。这样，选考科目冷热不均、“占坑”、田忌赛马等功利化博弈便可自动消解。同时，选择一地区作为试点开展全国统一考试和选考科目6科（或7科）一考两用，将统考成绩和选考科目同时作为学业水平考试成绩，减轻学生迎考压力和负担。严格按照课程方案和课程标准要求学完即考，严禁超课标教学、抢赶教学进度和提前结束课程。

（三）建立有效的社会参与合作机制

大学入学考试招生工作不仅事关大学，也是政府部门、社会中介组织、考试机构、传媒机构、相关学会或协会等关注的重点，更与高中、考生、家长、教师等利益相关者密切相关，因此建立社会参与合作机制是新高考改革成功的重要保证，也是推进考试招生改革的重要策略。我国国家教育咨询委员会、国家教育考试指导委员会、高等学校理事会（董事会）、各级各类教育学会和中小学家长委员会等在以往的招生考试改革中各自发挥了不小的作用，但远没有形成协商合作机制，相关组织机构建设也需要进一步完善。

2012年7月，我国成立国家教育考试指导委员会（以下简称国考委），是介于政府和社会之间的半官方机构，目的是对国家教育考试制度改革进行顶层设计，有效解决人民群众普遍关心的教育考试方面的突出问题。国考委由国务院总理审定的26名委员组成，据不完全名单，含大学退休校长5名，政府官员4名，社科院、工程院和国务院发展中心成员3名，科学家2名，教育学和法学学者2名，公司总裁1名，国家文史馆馆长1名，年纪最轻者52岁，全部为兼职。国考委26名委员中没有新闻人士，且机构在职或退休负责人比重过大，下设主要由政府司局级在任干部组成的专家工作组，更可能体现政府意图和偏好而非教育改革的实际需要。建议重新确立国考委的法律地位和职能定位，提高国考委组成人员的代表性，减少政府官员在专家工作组中的比例，提高国考委顶层设计的客观性、专业性和科学性。其次，可以依托考试机构成立国家级及省级大学考试招生联合会，为政府、学校和社会等不同利益群体沟通交流经验和信息提供平台，以强化基础教育和高等教育有序衔接、减轻学生负担、保证考试招生公平公正等为重点议题，共同探讨考试招生改进策略。此外，需要识别并动员拥护改革的核心力量，以核心力量为主导建立利益攸关方深度参与的社会合作机制，在内外沟通、相互论辩、充分协商的集体行动中形成共识。最后，坚持顶层设计与分层决策相结合、充分代表与深度协商相结合、政府主导与社会治理相结合等原则，综合利用传统及现代沟通交流技术，搭建政府、学校和社会组织信息交流平台，组织全国性、多层次、多渠道的系列专题培训，让行政官员与外围大众形成政策共同体，避免行政主导话语权。在个人与公共、局部与整体、眼前利益与长远利益间保持平衡，既要善于甄别研判民意，又要预防被民粹绑架，做出符合大多数人意愿、合理且可行的改革方案。[①]

① 张家勇、朱玉华：《优化教育决策需要体制机制创新——以考试招生制度改革为例》，《当代教育科学》2015 年第 13 期。

第三编

高中学校考试
招生制度改革研究

第七章　美国高中学校考试招生制度

第一节　美国中等教育概况

一、基础教育管理体制

美国是一个联邦制国家，它发端于东岸新英格兰的13个州。这13个州实际上就是13块殖民地，它们各自又由大大小小的聚拢在同一个地理单元内的殖民定居点构成。各州权力来源于地方的让渡，联邦权力又来自各州的让渡。可以说，美国政治的基石是地方政治。因此，美国宪法没有也不可能提及教育管理权归属。不难理解，教育管理权由联邦政府和州政府乃至地方政府分享，以地方高度分权为特点。50个州及首都各自有不同的教育立法，部分州拥有全州一致的学校制度，有的州则干脆任由县、市或乡镇自行组建教育行政部门。市级教育局在美国很普遍，东北部新英格兰地区县级教育局更是寻常。

美国地方学区具体负责举办和监管公立初等和中等教育（夏威夷州除外），每个州有20～1 000个学区，各学区承担筹集本地教育经费、决定课程设置等事项。美国中学没有统一教学大纲和教材，各州、各学区的教学状况之间差异很大。联邦政府通过国家项目和一揽子拨款实现对地方教育的间接控制，各州自愿接受这些项目和拨款。联邦政府可以提出国家教育目标和标准，但不能在各州、各地方强制执行这些目标和标准。

自1910年第一所公办中学成立以来，美国各地在1910—1940年间陆续掀起中学教育运动，各学区入学政策更加简单开放。1965年时任总统约翰逊（Lyndon B.Johnson）颁布初等和中等教育法（ESEA），该法作为“向贫困宣战”战略的一部分，在第一款就明文规定为公立中小学教育提供经费，同时明令禁止出台国家强制课程，同时强调保护公民的平等受教育权，要求建立高标准和问责制度。美国公立中学经费分别来自联邦政府、州政府和地方政府，比例依次为

8.5%(联邦政府补助金)、48.7%和42.8%①。可见,公办学校最主要的财源来自地方财产税、销售税和所得税,因此生均经费的校际差异很大,不同学区班额差异也很大。联邦政府对学校课程影响力很小,地方政府和州政府在很大程度上决定公办高中学校的课程,不同州或不同学区高中学校课程会有不同。大多数学区由地方选举产生的教育委员会经营学校,任命1名地方教育官员管理学区内的所有高中学校。私立学校通常由私人委员会管理,不受州政府设定的课程或教学资格证书的限制。

二、基础教育基本学制

美国实行12年义务教育,基础教育不同阶段常规划分是:K～5年级(5～11岁)为小学教育,6～8年级(11～13岁)为初中教育,9～12年级(14～18岁)为高中教育。初中学校年级跨段分两种:6～8年级,7～9年级(含高中1年级)。② 高中学校年级跨段也有两种:9～12年级,10～12年级。尽管美国没有全国性课程,但是全国高中学校课程的主要内容具有很高的一致性。州政府通常为州内公立中学的高中毕业设定基本要求,包括英语、数学、外语、体育、音乐、科学、社会科学等科目均有所规定,满足条件的学生可以获得高中毕业证书。

三、基础教育普及水平

1985—2010年,美国14～17岁学生入学率从95%增长到97%。③ 2016—2017年,美国中小学学校数为132 734所,其中公办学校98 158所,私立学校34 576所(私立学校数据为2015—2017年统计数)④(具体数据参表7－1)。2011年公办学校K～8年级在校生人数达到3 547.3万,9～12年级在校生人数达到1 522.2万。

① "Education in the United States," Wikimedia Foundation, accessed April 16, 2016, http://en.wikipedia.org/wiki/Education_in_the_United_States#Secondary_education.

② National Center for Education Statistics, "Digest of Education Statistics 2011," April 16, 2016, http://nces.ed.gov/programs/digest/d11/index.asp.

③ Goldin Claudia, The Race between Education and Technology (Massachusetts: The Belknap Press, 2008), p.24.

④ "FAST FACTS," National Center for Education Statistics. accessed April 16, 2016, http://nces.ed.gov/fastfacts/display.asp? id=55.

表 7－1　美国中小学学校数增减情况[①]

类型		2002—2003	2003—2004	2004—2005	2005—2006	2006—2007	2007—2008	2008—2009	2009—2010	2016—2017
公办学校	小学	65 718	65 758	65 984	66 026	66 458	67 112	67 148	67 140	66 837
	中学	22 599	22 782	23 445	23 998	23 920	24 643	24 348	24 651	23 814
	一贯制学校	5 552	5 437	5 572	5 707	5 984	5 899	5 623	5 730	6 783
	其他	1 746	1 749	1 512	1 651	2 431	1 262	1 587	1 296	724
	总计	95 615	95 726	96 513	97 382	98 793	98 916	98 706	98 817	98 158
私立学校		—	34 681	—	35 054	—	33 740	—	33 366	34 576

四、高中类型

美国高中学校类型多样，公办学校有特许学校、国际学校、磁石学校等变体，私立学校也有教区教会学校、独立学校等多种形式，还有形形色色的专门艺术类中学、补习类中学、聋哑寄宿中学、天才寄宿中学(招收科学、数学、艺术等领域特别有天赋的学生)、军人子弟中学。公办学校为本地区学生提供免费教育，大约85%～90%的美国学生依指定就读于本学区的公办学校，根据成绩及毕业后志向被分到 AP 班、荣誉班、职业班等。教区学校是宗教组织投资并负责管理的学校，所有权性质既非公办亦非私立，而是完全属于教会所有。目前，88%的学生选择公办高中，9%的学生选择教区学校，1%的学生选择私立高中。美国还有一定数量的适龄青少年选择在家学习。据统计，2011—2012 年美国在家学习学生数约占该年龄段(5～17 岁)学龄儿童的 3.0%。在家学习的学生中，白人学生占83%，黑人学生占 5%，西班牙裔学生占 7%，亚裔或太平洋岛民占 2%，其他3%。家长让子女在家上学的主要原因是担心安全、毒品、同学欺负等学校环境问题(这几方面的原因是决定性的，占全部原因的 91%)。[②]

(一) 特许学校

特许中学诞生于 20 世纪 80 年代，1988 年得到美国教师联合会的支持。特许学校是在法律上和财务上自治的公立中学，在很多州不受州法律和地方法规的限制，对学生产出负责而不是对过程或投入负责。1991 年，明尼苏达州最早

① "FAST FACTS," National Center for Education Statistics. accessed September 16, 2020, http://nces.ed.gov/fastfacts/display.asp? id=84.

② "FAST FACTS," National Center for Education Statistics. accessed April 16, 2016, http://nces.ed.gov/fastfacts/display.asp? id=91.

通过《特许学校法》。公立特许学校是政府资助的学校，通常是由一个团体或组织按照立法合同或经过州政府或司法部门的特许进行管理。特许学校要由家长、教师、社区成员提出申请，经地方学区教育委员会董事会批准后方可成立。特许学校拥有州或地方法律法规的豁免权，但要满足特许状里设定的问责标准。一般每3～5年，特许学校就要接受团体或司法机关的审查，如果没有达到标准或没有遵守课程及管理大纲，特许资格就会被终止。特许学校同其他公立学校一样必须参加标准化考试和报告(STAR)等评估项目，获得学术成绩指数，该指数是特许学校能否与政府续约的重要依据。2010—2011年，有关特许学校的立法在41个州和哥伦比亚特区通过，自此公办特许学校步入蓬勃发展通道。① 2000—2001学年至2017—2018学年，美国公办特许学校占公办学校总数的比例从2%上升至7%，数量上从2 000所增加到7 200所。全美在公办特许学校就读的学生占公办学校在校生总人数的比例从1%上升到6%，学生数从40万上升到310万。哥伦比亚特区45%的公办学校学生就读于特许学校。② 2012年，加利福尼亚州约有982所特许学校，8个完全特许学区，37万学生在特许学校学习，约占公立学校在校生总数的6%。③

（二）综合高中

综合高中是美国高中最常见的办学类型。1892年，美国教育协会任命的十人委员会拒绝了中学教育阶段分设大学预备类和职业商业类中学、按种族背景分设学校的提案，提出12年基础教育(在8年初等教育后安排4年中等教育)。十人委员会建议，中学所有科目应该以同样的方式、同样的程度教给所有愿意学习的学生，不管他们最终选择做什么工作、在何时结束教育。④ 1910—1940年美国掀起中学教育运动，普及中学教育，新学校和实用课程吸引大量学生，课程从理论性转向实用性，中学培养学生生活技能而不是为读大学作准备。至20世纪中叶综合高中已经十分普遍，这类中学为所有学生提供免费教育，完成12年教

---

① "Annual Survey of America's Charter Schools 2010," Center for Education Reform, accessed April 16, 2016, http://www.edreform.com/wp-ontent/uploads/2011/09/CER_Charter_Survey_2010.pdf.

② "Public Charter School Enrollment", National Center for Education Statistics. accessed April 16, 2020, https://nces.ed.gov/programs/coe/indicator_cgb.asp.

③ "FAST FACTS," National Center for Education Statistics, accessed April 16, 2016, http://nces.ed.gov/fastfacts/display.asp? id=84.

④ "1894 Report of the Committee of Ten on Secondary School Studies," The Center for the Study of Mathematics Curriculum, accessed April 16, 2016, http://www.mathcurriculumcenter.org/PDFS/CCM/summaries/comm_of_10_summary.pdf.

育的学生以平均积点分达到最低要求就可以获得毕业证书。美国绝大多数高中是综合中学，面向本地区所有学生招生，无论学生的志业是职业类或是学术类。相应的很多高中提供职业课程或大学准备课程，有些职业课程具有较高程度的专业性，如木工或汽车修理工等，为不以攻读大学为目标的毕业生就业做好准备。

（三）独立学校

独立中学是非营利法人实体，管理、经费、产权独立，自由确定办学使命，自主招收适合的学生，自主确定高质量教师资格标准，自主决定教学内容、评价学生成就及进步。独立学校办学经费不依赖中央或地方政府，也不依赖纳税人的贡献，主要依靠学费、捐赠以及投资收益。独立学校由选举产生的董事会管理，以自给方式确保学校独立运营，也可以接受政府拨款，但董事会必须独立于政府。董事会负责监管学校，承担经费筹措责任，确定学校发展方向和愿景，授权校长承担学校的日常运营工作。美国约1%的学龄人口就读于独立学校。独立学校同其他私立学校的本质区别是自我管理、自我投资、拥有自主产权。也有独立学校附属于特定宗教教派，但产权独立、董事会独立。独立学校不接受政府监管，但要通过美国6个地区性认证机构的认证。美国独立学校协会(NAIS)是美国最大的非营利性独立学校会员组织，为1 900余所私立、独立学校及国内外私立学校协会提供政策研究与趋势分析、领导及治理指导、校长及教育管理者职业发展机会等服务。

（四）磁石学校

磁石学校是美国开设特色课程的公办学校，针对学生的特殊兴趣爱好开设富有特色的课程，学生可以学习读、写、算等基本技能，也可专攻某一技能性科目，如音乐、戏剧、计算机、法律等。在美国，小学、初中、高中阶段都有磁石学校，也有综合中学以校中校的形式开设磁石课程项目；在较大的城市地区，若干所不同特色的磁石学校会相互合作或联合起来形成一个教育中心。

五、美国高中学校入学考试演变

20世纪之初，美国大多数初中生毕业后的出路还是直接组建家庭并参加工作，而高中还秉承着精英教育的理念，高中学习的目的就是为进入大学深造作准备，从而常设有严格的入学考试，以期将入学者限制在适龄人口的5%。1910年美国诞生第一所公办高中，随后1910—1940年美国掀起中学教育运动，开放入学、宽松标准等举措助推了高中阶段中等教育的繁荣。[①] 20 世纪 90 年代，联邦和州政府立法机构再兴美国教育改革运动：截至 2006 年，在有标准要求的州，2/3 的学生必须通过毕业考试，确保大部分毕业生达到学业水平标准。[②] 2001 年，联邦政府出台《不让一个孩子掉队》法案，要求所有接受联邦政府资金的公立学校每年组织全州范围所有学校参加标准化考试，凡符合法案第一条款接受政府财政拨款的学校，必须在本校学生平均成绩上每年有所进步，连续两年没有达到要求的学校将被列为需要改进的学校，该校学生将有权转学到学区内更好的学校就读。[③] 某些州或城市设立特别高中，通过考试招收那些表现最好的学生，例如波士顿拉丁学校、弗吉尼亚州亚历山大市的托马斯杰佛逊中学。

目前，美国实行 12 年制义务教育，公办初中升高中基本实行就近入学。总体而言，美国没有政府举行的国家级、州级或县级高中统一入学考试。

第二节　美国现行高中学校考试招生制度

美国公办学校招生通常是区内学生就近入学的模式，地区发展（人口、产业形态、财政）不平衡导致教育发展不平衡，为了弥补学校教育质量差异带来的问题，教育发达及教育资源富集的地区通常设有磁石学校为规定数量的外地学生提供入学机会，一般按照男女各半的比例以抽签方式决定。有的磁石学校专门为天才学生或有特殊兴趣的学生设有专业课程，比如艰深的自然科学或艺术类的表演戏剧等。美国没有国家课程，因此学校不为学生准备英国的 GCSE 等证书考试，学生需根据自身志愿为高中毕业证书或报考大学而努力。[④]

一、公办高中考试招生

（一）专业考试机构

美国公立学校由地方政府负责，统考都由各地政府主办。考试的宗旨、内容及方式通常是由所属州的教育决策部门在制订教学大纲之后再行确定的。州级

① Goldin Claudia, *The Race between Education and Technology* (Massachusetts: The Belknap Press, 2008), p.195.

② Diane Barrett, “A kickback against graduation exams,” *USA Today*, August, 2006, p.11.

③ Dillon Erin and Rotherham Andy, *States Evidence: What It Means to Make Adequate Yearly Progress Under NCLB* (Washington. District of Columbia: Education Sector, 2009), p.19.

④ “US School System,” The US-UK Fulbright Commission, accessed April 16, 2016, http://www.fulbright.org.uk/study-in-the-usa/school-study/us-school-system.

统考的考题多由独立的考试公司和机构承办，学区一级的考试由学校董事会(school board)负责组织。多数学区使用现成的商业性标准化测验，由于此类考试覆盖范围较小，有些学区有时也自己编制试题。①

（二）招生录取方式

前面提到，公办高中招生选拔学生的主渠道是区内适龄学生就近入学，但是自 20 世纪 90 年代，特别是 2001 年《不让一个孩子掉队》法案颁布以来，越来越多的州政府通过立法结束自动升级传统，初中生进入高中被要求达到一定的标准。除了课堂上任课教师出题的日常小测验及学期考试外，美国中学生通常要参加联邦考试②、州级统考③、学区考试等考试。决定学生升学的主要是州级统考和学区考试，学校内的平时考试成绩也是重要参考。各州的州级统考成绩是学生能否升学最直接的依据，比如得克萨斯州的学术准备评估(STAAR)、密歇根州的学生学业优异考试(MME)、加州标准化考试报告项目(STAR)等。各州政府还负责出资帮助辖区内公办学校为成绩不能达标、影响正常升级的初中生提供补习教育。各州根据自身条件举办的统考各具特色，现择其二试述如下：

2007 年得克萨斯州通过参议院 1031 号法案，用 STAAR 评估体系取代以前的知识和技能评估(TAKS)。得州教育局委托培生教育集团开发 STAAR 评估。培生教育集团负责以州教育目标和指导大纲为依据编制试题，得州教育局负责审核试题，教师委员会负责对试题进行评审，试测完善后出具真题。STAAR 比 TAKS 要求更严格也更全面，同时评估学生对继续接受高等教育和毕业后从事工作的准备情况。同 TAKS 一样，STAAR 也使用标准化试题评估学生阅读、写作、数学、科学和社会学科。STAAR 从小学阶段就开展测试，3～8 年级的 STAAR 考试科目同 TAKS 完全一样，但是高中阶段的年级评估被 12 门课程评估(EOC)取代，这些课程修完即考：英语Ⅰ、英语Ⅱ、英语Ⅲ、代数Ⅰ、

① 齐森：《美国教育理事会美国教育考试与评价现状》，《中国考试》2004 年第 1 期。

② 联邦考试即美国国家教育进展评估(NAEP)，是目前美国国内唯一连续、长期的全国性中小学生学业成绩测量体系，目的是了解全国各州与学区学生的成绩及其变化，为国会、教育部制定政策提供依据，以引起社会各界对教育质量的关注和重视。该考试是抽样自愿参加，抽到的学生每人只做部分题目，所以 NAEP 只能给出学区及州的成绩，没有每个考生的分数，因此 NAEP 也被称为国家教育报告卡，首要目标是向美国公众报告学生的教育状况。评估所报告的是以性别、种族为特征的群体结果。NAEP 由美国教育部委托美国教育考试服务处(ETS)实施，每两年进行一次，重点对 9 岁(4 年级)、13 岁(8 年级)和 17 岁(12 年级)的学生进行阅读、数学、社会科学等学科的测试。

③ 即《不让一个孩子掉队》法案中提出的全州范围所有学校必须参加的统一考试。

代数Ⅱ、几何、生物、化学、物理、世界地理、世界历史、美国历史。[①] STAAR 的评分结果分为三个等级:高级学术表现(高度准备,相当于 TAKS 的推荐水平)、合格级学术表现(准备充分但不是最好,相当于 TAKS 的及格水平)、不合格学术表现(准备不充分,不能升学)。[②]

1998 年加利福尼亚州立法机关通过法案,责成各学区董事会出台学生升留级政策(PPR),结束了此前学生自动升学的传统。加州教育法(EC Section 48070.5[a])更具体地明文要求各学区为 8 年级毕业生制定升留级标准,各学区升留级政策应该依据考试分数和其他学术成就指标为 8 年级学生提供升留级的标准(EC Section 48070.5[b]),并因地制宜地提供额外的教学干预以提高他们的学术成就。要求各学区制定升留级政策时必须以加州教学指导大纲为依据。据此,8 年级初中毕业生是否应该升学到高中,由 8 年级教师根据学区升留级政策规定的标准作出判断和决定。学区要根据学生州年级内容标准达成情况,为面临留级或留级的学生提供补习教育。

2010—2011 年度加州标准化考试报告项目(STAR)包括四部分:①加州替代性绩效考核(CAPA),该考核是加州标准化考试英语语言艺术(ELA)、数学、科学等科目的替代性绩效考核,对象是因有显著智能障碍而接受个性化教育项目(IEP)的学生;②加州改进评估(CMA),该评估也是加州标准化考试英语语言艺术、数学、科学等科目的替代性绩效考核,但对象是接受个性化教育项目且满足州教育委员会(SBE)设定标准的学生;③加州标准化考试(CST)是标准参照考试,评估学生英语语言艺术、数学、科学、历史、社会科学等科目对照加州内容标准达成的程度;④西班牙语标准化考试(STS)是融合加州内容标准的标准参照考试,考试科目有阅读、语言艺术和数学等。经州教育委员会批准,STAR 成绩报告分 5 个级别——高级、精通、基本、低于基本、远低于基本,学生成绩报告单显示为绩效等级。州教育厅负责将 STAR 成绩统计表下发到学区和县政府官员,并于每年 8 月 15 日起在州教育厅的网站上公布。学区接到学生具体成绩报告后 20 个工作日内必须通知家长。加州初中升高中(8~12 年级)的基本依据是学生阅读、英语语言艺术和数学这几个科目的熟练程度(即学术成就),各学区或特许学校自主设定最低表现水平。STAR 成绩虽然是学术成就的重要指

---

① "STAAR® Resources," Texas Education Agency, accessed April 16, 2016, http://www.tea.state.tx.us/student.assessment/staar.

② "State of Texas Assessments of Academic Readiness," Wikimedia Foundation, accessed April 16, 2016, http://en.wikipedia.org/wiki/State_of_Texas_Assessments_of_Academic_Readiness.

标，却不是学生升留级的唯一标准，8 年级教师有权根据学区升留级政策相关规定作出独立判断。如果家长或监护人不同意学校决定，可以向学区董事会提出上诉，上诉失败还可以继续上诉到地方学校董事会。

（三）重点高中招生

美国部分学区设置 1～2 所重点公办高中让全学区的优秀学生报考，入学选拔考试和私立学校一样完全由校方自行规定。部分学区还设置"天才教育计划"（GATE），通过测评选拔天才学生，允许他们选修比所在年级难度更高的某些课程。不同类型的重点高中选拔初中生的方式有所不同：以特许学校为例，如果报考者数目超过招生计划，则采取随机抽取方式录取学生。学区开办的磁石学校通常只招收本学区的学生，州政府开办的磁石学校则招收下辖所有学区的学生。部分磁石学校不设门槛，申请者都可入学；部分磁石学校是先到先得，招满为止；部分磁石学校采取摇号入学；也有磁石学校结合摇号和竞争性入学两种方式招生；约 1/3 的磁石学校以竞争性入学考试、面试和试听等方式招生。

二、私立高中考试招生

私立高中入学选拔方式主要由学校自主决定，美国有一些非营利机构专门为私立学校提供招生考试服务。例如，独立学校入学考试（ISEE）、中学入学考试（SSAT）等都是为美国私立学校招生服务的社会化考试。

（一）独立学校入学考试（ISEE）

独立学校入学考试是美国教育档案局（ERB）专门为独立学校招生举办的考试。美国教育档案局成立于 1927 年，总部设在纽约市，是美国唯一为基础教育阶段独立学校和竞争性公办学校提供入学考试和学术成就评价的非营利性教育服务组织，全球 2 000 多所独立学校及公办学校都是它的会员。教育档案局采取董事会负责制，董事会肩负机构的日常运转和最高权责，董事会董事常设 14 名，14 名董事都有多年中小学校长任职经历。教育档案局经费主要来源于报考费、投资收益和会员费。教育档案局职责范围如下：开发测试学生成就的新方法，基于核心学习标准诊断学生学习成绩；向学校报告并解读学生个人及群体考试结果，帮助学校师生改进课程、教学和学习；通过职员研讨会同教育家及测量专家磋商，在学生、课程和评价实践之间建立密切联系；为会员单位提供入学考试和成就评价，以及后续支持服务。

独立学校入学考试时间为 3 小时，主要考查学生的文字处理和数学推理能力，此外还有不计成绩的短篇命题作文，作文最后转交报考学校招生部门作为录取参考。为方便考核以使学生能够及时入学，ISEE 设置三个等级的测试：初级测试面向 5～6 年级招生，中级测试面向 7～8 年级招生，高级测试面向 10～11 年级招生。三个等级考试都包括文字推理、量化推理、阅读理解、数学、30 分钟短文五部分。答对得分，答错不扣分，标准分 940 分，成绩报告单上有原始分、标准分、百分比、9 分制得分。①

（二）中学招生考试(SSAT)

SSAT 考试是由中学招生考试委员会（SSATB）开发组织，面向私立学校 3～11 年级学生的多项选择考试。1957 年，美国 10 名独立学校招生机构主管探讨联合组织招生考试，就此催生了 SSAT 考试和 SSATB。SSATB 的核心职能是会员支持、专业发展、学生服务；利用中学招生考试帮助独立学校招生，为招生人员举办论坛交流经验；创设考试，帮助学生和家长选择独立学校。最初，SSATB 委员会并未涉足具体的考试业务，仅委托教育考试服务中心（ETS）开发并组织考试，1957 年只有 5 000 余名学生参加。1993 年，SSATB 和 ETS 解除合约关系，独立开发并组织中学招生考试。中学招生考试分初级（3～4 年级）、中级（5～7 年级）和高级（8～11 年级）三个等级。中高级考试包括语言、量化推理和阅读理解三部分：语言部分测试词汇的掌握能力、文字推理能力、逻辑性地组织思想的能力等，量化推理部分测试解决基础代数、算术、几何学等相关问题的能力，阅读理解测试学生阅读能力。中学招生考试还设有写作样本部分，写作文体因等级而异，考生作文不评分，但转交报考学校供招生人员参考。中学招生考试侧重考查学生能力，不是成就测验，是招生学校评价学生学术能力的共同标准。中学招生考试成绩可以用来预测考生 12 年级时参加 SAT 考核的得分，因此中学招生考试多用于帮助考生发现考试优势和不足。SSAT 答对 1 题得 1 分，答错 1 题扣 0.25 分，不答不扣分，标准分 1 800 分，成绩报告单上有原始分、标准分、百分比、9 分制得分。除了 SSAT 成绩外，招生学校还会审查考生的在校成绩、课外活动、教师推荐信、作文和面试等综合情况。

① "Description of the Independent School Entrance Exam (ISEE)," ISEE, accessed April 16, 2016, http://erblearn.org/parents/admission/isee/isee-faqs.

第三节　美国高中入学考试改革走向

美国教育行政地方分权制在保证地方教育多样性和特色化方面具有明显优势，但也导致各州教育发展水平差异很大、学业标准参差不齐；同样学业水平的学生在某一个州不能通过考试，在另一州则很可能通过考试。美国教育部前部长阿恩・邓肯（Arne Duncan）批评说："各州制定考试标准的做法是没有意义的。高质量的考试是很重要的事情，但是必须保证考试为高质量教育服务，这项改革没有联邦政府支持是不可能的。"20 世纪 80 年代，美国兴起基于标准的教育改革，目的是统一并提高基础教育学术标准。2009 年联邦政府开始制定阅读、数学等核心领域的全国性考试标准，有 46 个州随即核准在本州内推行联邦关于全国性考试标准的有关决定。2010 年 6 月美国公布共同核心州立标准，各州至少 85%的课程要基于这一标准。在 2001 年《不让一个孩子掉队》和 2009 年《力争上游项目》等法案的引导下，该标准被 48 个州及哥伦比亚特区采用，基于标准的教育受到热捧，提高质量成为各州制定和变革基础教育政策的重要基点。各州纷纷推出新的州级统考或升级已有统考体系，考试标准要求越来越严格；更通过立法制定升留级政策，结束以往初中毕业自动升高中的传统。可见，美国高中学校考试招生制度改革方向正朝着基于全国标准的州级统考方向迈进，朝着扭转各州基础教育发展不均衡的现状前行。此外，各州高中学校考试招生制度改革更为均衡地同时考查学生毕业后接受高等教育和开展职业选择的准备情况。其中，对接受高等教育准备情况的评估更注重对学生是否具有适应高等教育潜质的考查，考试评价方式与大学入学考试有着明显的同构性。

第八章　日本高中学校考试招生制度

曾被诟病为“考试地狱”的日本，在化解与我们类似的难题时，积累了丰富且有益的经验。以下对日本高中学校考试招生制度背景因素和制度要素的分析，对我们推进中考改革大有裨益。

第一节　日本高中阶段教育概况

一、高中教育高度普及

入学率和升学率是反映教育普及水平的两个重要指标。联合国教科文组织相关统计显示，2010 年日本中等教育（含初中）毛入学率为 102%，中国为 81%。[①] 2010 年日本初中毕业生升学率为 98.05%，中国为 87.5%。[②] 日本于 20 世纪 60 年代启动“15 岁之春不用哭泣”（15 岁之春是日本中考的代名词）的高中教育普及运动，1974 年高中入学率升至 90.8%，近 10 年长期保持在 98%左右，高中教育普及目标基本实现。2019 年日本有国立高中 15 所，公立高中 3 550 所，私立高中 1 322 所，在校生 316.8 万人，高中毕业生升入高等院校比例为 82.8%，直接就业者仅为 17.6%。[③] 当然，部分私立高中、公立高中、定时制高中、通信制高中也成为学力低下学生的收容所，入学后因学习热情不高短期内退学的比例较高。

---

① “Global education diGest 2012 Opportunities lost: The impact of grade repetition and early school leaving,” The UNESCO Institute for Statistics, accessed April 16, 2016, http://www.uis.unesco.org/Education/GED%20Documents%20C/GED-2012-Complete-Web3.pdf.

② 文部科学省:《高等学校教育の現状》,http://www.mext.go.jp/component/a_menu/education/detail/__icsFiles/afieldfile/2011/09/27/1299178_01.pdf,访问日期:2013 年 5 月 6 日。

③ 文部科学省:《令和元年度学校基本調査(確定値)の公表について》,https://www.mext.go.jp/content/20191220-mxt_chousa01-000003400_1.pdf,访问日期:2013 年 5 月 6 日。

二、高中学校类型多样

日本高中教育多样化特征显著：从举办者角度分，有国立、公立和私立高中；从课程类型角度分，有全日制、定时制和通信制课程；从教学管理角度分，有学年制和学分制；从办学形式角度分，有初高中一贯制和初中高中分设；从学科门类角度分，有普通学科、职业学科和综合学科。普通学科还可细分为类型制和综合选择制，类型制可再分三类，第Ⅰ类设文系、理系、一般系，第Ⅱ类设人文系、理数系、文理系、英语系，第Ⅲ类设体育系、艺术系、英文系等；综合选择制以普通类科目为主，学生按照个人兴趣爱好等自由选修课程学习。职业学科设农业、工业、商业等 24 个学科专业，通常一所职业高中只开设一个学科门类课程。综合学科同时开设普通课程和职业课程，供学生自由选修。2010 年，日本高中学校普通学科学生占 72.3%，职业学科学生占 19.5%，综合学科学生占 5.1%，其他专门学科学生占 3.1%。①

三、初高中一贯制勃兴

同中国一样，日本基础教育实行 6－3－3 学制，高中教育暂不属于义务教育范围，初中毕业升高中需要通过筛选性考试。不同的是，我国近年力推初高中分设办学，日本却倡导初高中一贯制学校建设。1999 年 4 月，日本启动初高中一贯制教育改革，希望从根本上拆除初高中之间的藩篱，实现义务教育与准义务教育阶段相衔接，从空间上调整学校布局，完全普及国民 12 年基础教育。目前，日本 47 个都道府县中有 45 个设有公立初高中一贯制学校，主要分三种类型：完全中学、并设型中学、连携型中学。完全中学实行 6 年制课程，初中和高中之间没有升学考试；并设型中学由同一举办者设置初中和高中，初中到高中也没有升学考试；连携型中学的初中和高中举办者不同，在协议基础上共同编制教育课程，从初中升学到高中安排简便入学考试（主要根据学力检查和调查书以外的资料进行）。2012 年各类学校数量参表 8－1。

① 文部科学省：《高等学校教育の現状》，http://www.mext.go.jp/component/a_menu/education/detail/__icsFiles/afieldfile/2011/09/27/1299178_01.pdf，访问日期：2013 年 5 月 6 日。

表 8-1 2012 年日本初高中一贯制学校统计[①]

类型	完全中学	并设制中学	连携制中学	合计
公立	28	74	82	184
私立	17	234	1	252
国立	4	1	0	5
合计	49	309	83	441

第二节 日本现行高中学校考试制度

日本高中入学考试采用学力检查、适应性检查、追加检查、调查书、面试、作文、小论文等多元尺度对学生多方面能力、个性、适应性、兴趣和爱好等进行综合评价，高中学校招生录取主要依据学力检查和调查书（竞争性很强的公立高中通常不参考调查书，很多私立高中一般入试也不参考调查书），适应性检查则是获得某些学科报考资格的前提条件。

一、学力检查

学力检查是日本高中入学考试最重要的组成部分，一般实行全县（省级行政单位）范围统考；私立和公立高中考试日期和考试科目都不同，公立高中入学学力检查考试由高中设置者都道府县教育委员会负责组织。公立高中考试科目有数学、日语、英语、理科（包括生物、化学等）、社会（包括历史、地理、政治）等 5 科，私立高中考试科目仅有数学、日语、英语 3 科。

二、适应性检查

适应性检查旨在考核学生入学后学习的适应性，对于增强考生和学校之间的匹配性具有重要意义，尤其有利于职业高中选拔适合的生源，通过适应性检查是获得相应学科推荐入学或一般选拔报考资格的前提条件。以京都府为例，必须通过适应性检查的学科包括普通科Ⅲ类（即体育系、艺术系和英语系）、介护福祉科、运动健康科学科、音乐科、美术工艺科、国际交流科、京都地域科、京都国际科、探究学科群、自然科学科、科学研究科、数理科学科、文理综合科、人间科学

① 文部科学省：《高等学校教育の改革に関する推進状況について》，http://www.mext.go.jp/b_menu/houdou/24/11/__icsFiles/afieldfile/2012/12/07/1328552.pdf，访问日期：2013 年 5 月 6 日。

科、教育未来科等。

三、调查书

调查书是教师对学生学习及生活等情况的客观记录，是学生升学和就业的重要凭据。调查书以文部科学省颁布的“指导要录记载事项”为依据，重点记载学生必修和选修课程成绩、特别活动、出勤情况等。调查书样式和记载内容等各都道府县不尽相同，公立中学和私立中学也有所区别，但课程评定记录截止学年学期、综合评价记录方法等基本一致。学校招生时将调查书所载内容折算成点数对考生进行评价，往届生及同等学力者等可用作文、面试等代替调查书。

2001 年前课程成绩记录方法采用相对评价，不同等级比例各校统一，2002 年改为绝对评价，此后各校不再统一等级比例。很多学校自此开始抱怨调查书的参考价值有限，无法进行科学有效的筛选。以绝对评价方式记录成绩的调查书引发了巨大争议：批评者断言，调查书限制了学生享受校园生活的自由，其真实性易受教师主观印象影响，甚至会存在教师弄虚作假的现象；支持者认为，单凭学力检查成绩判断考生是否合格很片面，通过调查书增加对考生的了解是重要的有益补充。

第三节　日本现行高中学校招生制度

日本高中招生有一般入试、推荐入试、特别入试、特色选拔等多元录取方式，一般入试和推荐入试是最常用的两种主流方式。各都道府县公立高中的招生选拔组织方式亦有差异，有的地方将多所高中组合进行综合选拔、学校群选拔、复合选拔，有的地方以学校为单位进行单独选拔考试。

日本有的地区私立高中好一些，有的地区公立高中好一些，初中毕业生既可以报考私立高中，也可以报考公立高中，但只可报考 1 所当地公立高中。如果报考私立高中，则没有地区和数量限制。日本私立高中接受单一志愿和并列志愿，有的私立高中对合格线以下的第一志愿者给予优待，也有私立高中在入学考试之前对学生进行面谈以决定录取与否，基本不参考随后的入学考试成绩，因不透明广受批评。日本高中入学考试具体日期全国并不统一，国立和私立高中通常 1—2 月考试，公立高中 2 月初开始推荐入试，接着进行一般入试，也有部分地区 3 月进行一般入试。

一、一般选拔

一般选拔依据调查书等书面材料和学力检查成绩，按照一定权重顺次录取，分第一次募集和第二次募集两个阶段，有单独选拔和综合选拔①两种形式。公立高中尤其注重初中成绩册和教师评价，但学力检查和初中调查书各自在选拔中所占的权重并不由各校自行决定。一般而言，地区教育委员会和地区私立学校协会将分别对本区内公立和私立高中提出指导性建议，各校再根据指导意见作出最终决定。以京都府为例，学力检查成绩和初中调查书的权重是 195∶200。② 特殊情况下，学力检查考试可以不参加，调查书也可以不提交。

二、推荐入学

推荐入学的录取方式是指，持有强烈的学习欲望、明确的未来目标，调查书记录良好的初中毕业生，可以经初中校长推荐，依据推荐书、调查书、面试和作文等情况综合评价录取。在招生选拔的时间顺序上，通常推荐入试在一般入试前进行。有权招收推荐入学学生的学科较为广泛，涵盖了部分普通科、职业学科(家政科除外)、综合学科等。2013 年京都府高中学校通过推荐入学方式录取的新生占当年录取新生总数的比例在 30％～70％之间浮动，具体而言，有 31 所学校达到 50％，23 所学校达到 70％，只有 1 所高中勉强达到 30％。③

三、特色选拔

特色选拔是招生学校依据面试、作文或小论文等结果，结合考生的入学志愿书、调查书和个人申告书等书面材料综合评价(权重由学校自定)录取初中毕业生的方式。考生不能同时参加特色选拔和推荐入学，但没有通过特色选拔的考生后续仍可正常参加一般选拔。京都府、奈良县、兵库县等多个地区采用特色选拔方式，实行该选拔方式的学科主要限定为普通学科。2013 年京都府通过特色

---

① 综合选拔是综合考生志愿、居住地、学校特别活动及社团活动等多种因素，在学区内学校和考生之间进行匹配的一种选拔制度。有利于防止过度考试竞争、高中序列化，为新办高中创造更多发展空间，但是也有学生不能自由选择理想学校、大学升学率大幅下降等弊端。

② 调查书重点看初中三年九学科的成绩，国语、社会、数学、理科、英语五学科配点为 5 点，乘以 5，再乘以 3，合计配点为 75 点，音乐、美术、保健体育、技术及家庭四学科配点为 10 点，乘以 4，再乘以 3，合计配点为 120 点，两项合计 195 点。学力检查考国语、社会、数学、理科、英语五学科，各学科配点为 40 点，乘以 5，合计 200 点。也就是说，初中三年平时成绩和学力检查成绩几乎各占一半。

③ 京都府教育委員会:《平成 25 年京都府公立高等学校入学者選抜要項》，http://www.kyoto-be.ne.jp/koukyou/senbatsu/youkou/youkou1.pdf，访问日期：2013 年 5 月 6 日。

选拔录取的新生比例在10%～20%之间浮动，有21所学校为15%，12所学校为10%，8所为20%。[①]

四、特别选拔

特别选拔的对象是海外工作归国人员子女、二战遗孤后代、成人（免除学力检查）、缺课30天以上的初中生（加试作文）等。学校对以上背景的考生进行学力检查，主要考国语、数学、英语，最后结合面试和调查书进行综合判定录取。

第四节　日本高中学校考试招生监管制度

日本高中考试招生工作的组织管理有三个突出特点：依法行事、学区制、行政干预少。日本是较成熟的法治社会，相较于铤而走险所获收益而言，违法成本高昂；同时日本的立法实践较为丰富，有关教育领域的各细部均有法可依。因此，日本社会和相关部门在对高中学校招考的监管上，可谓有条不紊、稳定高效。

一、依法行事

日本基础教育实行中央集权（文部科学省）与地方分权（都道府县教育委员会）相结合的管理体制，中央和地方各自权责通过立法确认。文部科学省依据相关法律及修正案对高中入学考试提出指导性意见，各都道府县教育委员会负责统一组织实施。例如，1947年文部省令第11号《学校教育施行规则》第90条第5款规定，公立高中学力检查由学校设置者都道府县教育委员会负责组织实施，高中招生以调查书等书面材料及学力检查成绩为基本依据，学力检查也可不作要求。

二、学区制

日本公立高中招生采取学区制，考生原则上根据家庭住址就近报考、就近入学，各都道府县的高中一般按学区依考生志愿和考试成绩分配其学籍。近年受少子化影响，日本各地方的学区范围扩大，高中招生选择更加灵活。职业高中、定时制和通信制高中等不再严格执行学区制；国立高中虽然大部分受学区限制，但已有学校放松了限制，例如琦玉、静冈、广岛、群马等县全境公立高中招生已经

① 京都府教育委員会：《平成25年京都府公立高等学校入学者選抜要項》，http://www.kyoto-be.ne.jp/koukyou/senbatsu/youkou/youkou1.pdf，访问日期：2013年5月6日。

不受学区制限制;但私立高中招生的主流是完全受学区限制。

三、行政干预少

日本高中入学学力检查由地方教育委员会负责实施,但日本的地方教育委员会和我国地方教育行政部门有本质性区别。日本教育委员会通常由3～6名委员组成(往往会有1名是学生家长),所有委员都是兼职,具有教师经历者占在任委员总人数的比例达到20%～30%左右,委员长多由60周岁以上有教育行政经验者担任(75%的委员长情况如此)。日本教育委员会主导大政方针(类似董事会),具体教育政策由所属事务局负责执行和落实。日本教育委员会的工作机制强调合议制、外行规避和居民参与,从而避免长官意志集中和专家偏见,保持教育工作的中立性和独立性,实现当地居民的有效监督。

日本"选拔方法多样化、评价尺度多元化"的高中学校考试招生制度,较好地体现了素质教育的正确导向,实现了学生和学校之间的最佳匹配,保证了高中学校的考试招生自主权。日本的实践表明:高中教育普及水平高低不决定中考存废;初中必修课程和选修课程成绩(调查书)是招生录取的重要依据,但不能完全替代中考;中等教育学制改革(初高中一贯制)对中考存废有直接影响;高中教育多样化和特色化必然要求考试评价综合化和招生录取多元化与之对应;获得完整全面、充足可靠、区分度高的学生信息是高中学校考试招生的关键环节。

第九章　印度高中学校考试招生制度

第一节　印度中等教育概况

一、基本学制

印度实行12年一贯制中小学教育，1986年国家教育政策法规定印度统一学制为“10+2”，1～8年级(6～14岁，1年级入学年龄是5～6岁，1～5年级为初小阶段，6～8年级为高小阶段)为初等教育，9～12年级(14～18岁，9～10年级为初中阶段，少数邦8～10年级为初中阶段，11～12年级为高中或职业技术教育阶段)为中等教育，部分邦高中附属于大学或学院，准确地讲应被视作大学预科，已超出中等教育范畴，可单列一类。印度10年级毕业考试相当于我国的中考。法律意义上，8年初等教育阶段理应为免费义务教育，然而绝大多数邦仅推出7年义务教育，且各邦7年级以上学费差异极大。2011—2012学年，5个邦及直辖区得到中央支持向8年制初等教育转变，2011年6月中央教育咨询委员会又提出将义务教育从8年延长至10年的意向。

二、普及水平

2009年3月，印度启动国家普及中等教育计划(RMAS)，目标是让所有学校达标，优化学校布局，扫除性别、社会经济及残疾等障碍，到2020年实现普及中等教育并确保学生中途不辍学。2009—2010学年，印度政府启动中等教育阶段全纳计划(IEDSS)，安排14.6万残疾学生到2万所政府主办的常规中学就读，并为此新聘教师4 959名。2011—2012年印度改扩建4.4万所中学，新建1.1万所中学，新增8万间教室，新增320万学生入学，师生比降至1:30。[①] 印度政府

① “The System of Education in India,” Nordic Recognition Information Centres, accessed April 16, 2016, http://www.nokut.no/Documents/NOKUT/Artikkelbibliotek/Kunnskapsbasen/Konferanser/SU%20konferanser/Seminarer/Fagseminar_06/The%20System%20of%20Education%20in%20India.pdf.

计划普及中等教育，2015 年为所有 16 周岁印度儿童提供高质量中等教育，至 2020 年延长到 18 岁高中教育。尽管印度教育并未实现上述目标，但其中等教育取得了长足的进步。2015—2016 学年，印度初中学校（学生 14～15 岁）和高中学校（学生 16～17 岁）分别达到 13.95 万所和 11.26 万所，在校生分别达到 3 910 万和 2 470 万，毛入学率分别达到 80.0％和 56.2％，初中辍学率为 17.06％。①

三、高中类型

按办学主体划分，印度高中学校有中央政府举办学校（34.0％）、地方政府举办学校（0.9％）、中央政府资助私立学校（27.4％）和私立学校（37.7％）等多种类型。② 政府举办的公办学校按照国家有关法律法规办学；私立学校完全由私人管理者拥有和控制，通过向学生征收学校改善费以维持学校日常运转；中央政府资助私立学校属于私人所有并负责日常管理，但学校业务工作由邦政府主管，课程教学大纲、考试标准、教师聘用、收费等都等同于公办学校。印度还存在一些高中层次的职业技术学校，主要有中等职业技术学校、初级技术学校、工业训练学校、多科技术学校等。印度高级中学最为常见的类型是综合高中，同时提供学术类和职业类两种课程供学生自由选择。

学术类课程的目标是提高问题解决能力，传授更高水平知识，包括基础课程（语言文学、劳动教育、卫生体育）和选修课程，60％的教学时间分配给选修课程，40％分配给基础课程。学生必须学习中等教育委员会课程大纲以外的 3 门选修课程，选修课程包括学术性和职业性课程的衔接课程，可选课程包括现代印度语言、梵文、古典欧洲语言文学、英语、其他外国语言文学、自然科学、数学、计算机科学、会计学、商业研究、工程学、政治学、历史学、社会学、心理学、哲学、美术等。尽管国家教育研究和培训理事会（NCERT）要求，务必不要将课程拆分为内容上无任何重叠的排他性的科目组合，但部分中等教育委员会还是将课程分为科学组、艺术组、商业组等。部分学校分设医学预备班、工程预备班，因为大学招生依据的正是高中两年学习的课程及科目组合。

职业类课程的目标是发展与就业相关的一般性技能，而不是局限在某个具

---

① EDUCATIONAL STATISTICS AT A GLANCE, Ministry of Human Resource Development, accessed April 16, 2020, https://mhrd.gov.in/sites/upload_files/mhrd/files/statistics-new/ESAG-2018.pdf.

② "STATISTICS OF SCHOOL EDUCATION 2010—2011," Ministry of Human Resource Development, accessed April 16, 2016, http://mhrd.gov.in/sites/upload_files/mhrd/files/SES-School_201011_0.pdf.

体职业上，教育的重心是与特定职业相关的专门知识和技能训练。职业类课程覆盖农学、工程和技术学、商业贸易、家政学、卫生和医务辅助服务和人文学科等。职业类课程按内容可分为语言课程、普通基础课程、卫生体育课程、职业选修课程四部分。语言课程侧重贸易和职业类的专业词汇；普通基础课程包括普通学科、企业家精神培养、环境教育、农村发展、信息交流技术等；职业选修课程依照就业机会加以组合，实践培训要占总教学时间的 70%。职业教育证书上必须写明学生获得的技能和学分。

四、均衡性

印度高中教育地区发展极不均衡，既体现在普及水平方面，也体现在教育质量方面。2011 年，35 个行政区之间高中毛入学率从 12.6%～81.1%不等，毛入学率较低的几个行政区是贾坎德邦(12.6%)、阿萨姆邦(16.4%)、梅加拉亚邦(15.5%)、那加兰邦(17.5%)，较高的几个行政区是洛克沙威邦(81.1%)、喜马偕尔邦(77.7%)、喀拉拉邦(68.0%)、昌迪加尔市(65.2%)。① 即便在同一中等教育委员会，不同地区高中学校的毕业考试通过率也有较大差距。2013 年 CISCE 举办的 ICSE 考试通过率为 98.20%，南印地区通过率最高，为 99.66%，西部地区为 99.46%，东部地区为 98.02%，北部地区为 97.30%。同年 ISC 考试平均通过率为 95.15%，南部地区为 98.28%，西部地区为 97.17%，东部地区为 95.29%，北部地区为94.28%。② 以答题正确率 60%为标准衡量，各邦差异性更为明显：以 2010 年中央及各邦 12 年级毕业考试成绩为例，全印度答题正确率为 60%以上的考生比例是 87.3%，拉贾斯坦邦为 75.6%，哈里亚纳邦为 68.7%，那加兰邦为 5.5%，特里普拉邦 5.3%，恰尔肯德邦为 3.9%。③

五、管理体制

印度是联邦制国家，行政区划为 21 个邦和 9 个中央直辖区。1976 年以前印度宪法规定教育是由各邦政府负责管理的事务，联邦政府只能就政策议题提

---

① "STATISTICS OF SCHOOL EDUCATION 2010—2011," Ministry of Human Resource Development, accessed April 16, 2016, http://mhrd.gov.in/sites/upload_files/mhrd/files/SES-School_201011_0.pdf.

② "ICSE & ISC 2013 Examinations," CISCE, accessed April 16, 2016, http://cisce.azurewebsites.net/examination.aspx.

③ "RESULTS OF HIGH SCHOOL AND HIGHER ECONDARY EXAMINATIONS 2010," Ministry of Human Resource Development, accessed April 16, 2016, http://mhrd.gov.in/sites/upload_files/mhrd/files/ExamResults2010_0.pdf.

供指导建议。1976 年后，教育成为中央和各邦政府的共同责任，人力资源开发部在中央教育咨询委员会(CABE，成员是各邦教育厅长)的指导下负责全国教育政策规划，邦政府在国家教育框架内可自由组织本邦教育。1986 年印度开始施行全国统一的教育政策。1986 年经国家教育政策法(NPE)授权，国家教育研究和培训理事会(NCERT)负责制定 1～12 年级国家课程框架，各邦必须遵照执行。NCERT 每隔 5 年对课程框架进行全面修订，课程核心领域全国统一。2005 年 NCERT 推出新版国家课程框架，建议各科目提供选修模块，并启动高中教育考试制度改革，要求教学从书面知识的灌输转向以学习者为中心和以能力为本位，培养学生的推理能力和创新能力而不是机械记忆能力。中等教育经费主要由各邦负责，中央政府只负责补贴性拨款。大多数邦中等教育收费，少数邦对女生实行免费。各邦设有邦级教育研究和培训理事会(SCERT)，是各州主要的教育研究和发展机构，负责研制教学大纲和教科书；而国家级理事会(NCERT)除制订统一的课程框架外，同时也是教师教育和学校发展资源中心。

第二节　印度现行高中学校考试制度

在印度，学生参加 10 年级毕业考试的年龄为 14～16 岁，也有部分邦没有年龄限制。据统计，2016 年，印度共有 1 939.58 万名考生参加 10 年级毕业考试，其中 1 525.90 万通过考试，通过率为 78.7%。22 个考试机构的通过率超过全国平均水平，最高的拉贾斯坦邦通过率为 100.0%，最低的比哈尔邦通过率仅为 51.7%，表列种姓为 73.2%，表列部落为 65.0%。有 61.4 万学生参加 7 个开放教育委员会举办的 10 年级毕业考试，其中 25.3 万学生获得毕业证书，通过率为 41.2%。①

一、考试机构

印度设有两个中央级和 40 个邦级经人力资源开发部认可的中等教育委员会，负责组织全国范围或本邦范围所属初高中学校的 10 年级及 12 年级毕业考试。这些委员会规定考试标准，每年 2—3 月份举办年度考试，部分委员会 8—9 月份举行补考。各委员会颁发的 10 年级毕业证书名称不尽相同，CBSE 颁发的是全印中等学校证书(AISSE)，CISCE 颁发的是印度中等教育证书(ICSE

---

① "RESULTS OF HIGH SCHOOL AND HIGHER ECONDARY EXAMINATIONS 2016," Ministry of Human Resource Development, accessed April16, 2020, https://mhrd.gov.in/sites/upload_files/mhrd/files/statistics-new/ExamResults-2016_11062019_0.pdf.mhrd/files/ExamResults2010_0.pdf.

Standard X)。

CBSE 在 1929 年通过印度政府的特别决议设立，现设 2 892 个考试中心、6 个地区办公室，附属学校从 1962 年的 309 所增长到 2012 年的 10 975 所(涵盖亚非 25 个国家)。[①] 国外附属初高中学校也要接受 CBSE 考察小组(study teams)的定期检查，参加 CBSE 组织的相关考试。CBSE 属于中央政府管理，但没有来自中央或地方政府的资金补贴，所有经费来自年度考试费用、附属学校会费、PMT 注册费、印度全国工程入学考试和出版物销售收入等。CBSE 依据国家课程框架为附属学校 9～12 年级学生制定教学大纲并开发课程，课程每隔 5～10 年全面修订，有些一线课程每年更新，附属学校教科书也由 CBSE 规定或推荐。CBSE 规定考试条件，举办 10 年级和 12 年级毕业考试。CBSE 既接受学校等机构集体报名，也接受考生个人报名参加考试。2012 年，117.92 万名学生参加 CBSE 举办的 10 年级毕业考试，通过率为 98.19%。[②]

CISCE 由剑桥大学于 1958 年在印度正式成立，是自筹经费的全国性考试机构。该理事会依据 1986 年印度国家教育政策、人力资源开发部、职业教育联席会等授权举办三种考试：印度中等教育证书考试(ICSE，10 年级)、印度学校证书(ISC，12 年级)、职业教育证书(CVE，12 年级)。理事会由印度政府、相关邦/直辖区政府、英裔印度人教育邦际董事会、印度大学协会、英裔印度人学校校长协会、印度公办学校联盟、ISC 考试学校协会以及其他理事会指定的代表联席组成，并于 1967 年依据英殖民政府 1860 年颁布的社团登记法注册为社团。1973 年理事会被德里学校教育法批准认可为公共考试机构。理事会的使命是提供高质量的教育以服务印度儿童和青少年，使他们有能力构筑人道、公正和多元的社会，通过创造激动人心的学习机会和卓越的服务承诺促进学生反省生活。理事会尽可能避免对附属学校的干预，允许附属学校形成自身特色，满足儿童需要，让附属学校拥有实验新思想、新实践的自由，珍视多样化、多元化思想演化的基础力量，促成附属学校弘扬印度民族精神，涵养国民气质，助长民族志气。其中 ICSE 按照 1986 年新教育政策建议设计统一普通教育课程考试，以英语为教学语言，考试科目为 6 门，另加社会公益劳动课，不接受考生个人报考。ICSE 举办过 64 门笔试科目，其中 23 门科目以印度语言考试，12 门以外国语言考试。2013 年 ICSE 通过率为 98.20%。[③]

---

① "CBSE Annual Report 2011—2012," CENTRAL BOARD OF SECONDARY EDUCATION, accessed April 16, 2016, http://cbse.nic.in/welcome.htm.

② 同上。

③ "ICSE & ISC 2013 Examinations," CISCE, accessed April 16, 2016, http://cisce.azurewebsites.net/examination.aspx.

绝大多数邦通过立法成立中等教育委员会，负责为附属初高中学校制定课程和教学大纲，设定考试标准并举办本邦初高中生毕业考试，必要时承担改进和出版教材的任务。以拉贾斯坦邦中等教育委员会(BSER)为例，BSER依照1957年《拉贾斯坦邦中等教育法》成立，委员会主席由邦政府任命。其举办的中等教育毕业考试核心科目有11门：印地语、英语、第三语言(从8种语言中选择一种)、拉贾斯坦邦研究、科学、社会科学、数学、体育及卫生教育、信息技术基础、艺术教育、社会公益活动(SUPW，学生可以从刺绣、编织、园艺、烹饪、涂漆、木工等职业教育或社区服务活动中选择，学生学习团队合作及工作技能)或者计算机科学。[①] 2013年拉贾斯坦邦33个地区有117.079万名学生报考，平均通过率为65.56%，最低的地区为42%。[②] 对于大多数地区而言，教学质量在中等以下的初高中学校大多附属于邦级中等教育委员会，优质初高中学校多数附属于中央中等教育委员会。由于生源质量和教学质量上的差异，大多数邦级委员会毕业考试通过率低于中央级中等教育委员会。

印度还有7个开放教育委员会举办10年级毕业考试，其中全印开放教育学会(NIOS)是全国性考试委员会。NIOS是1989年由人力资源开发部按照1986年国家教育政策法成立的自治组织，主要提供中等教育水平的职业类和学术类课程教学，还提供丰富生活及社区导向的课程，同时为学习者举办毕业考试并颁发相应等级资格证书(含学术类、技术类和职业类)。开放教育委员会一年组织两次考试，一次是3—5月份，另一次是9—11月份。开放学校毕业考试更加灵活，对常规考生和个人考生一视同仁，学生可以参加1门或多门科目考试，学分累计达标即可毕业。

二、考试科目

印度初中课程(9～10年级)包括3门语言(母语/地方语言、现代印地语、英语)、数学、科学、社会科学、劳动教育、艺术教育、卫生体育，也开设汉语、俄语等选修课程。数学既要满足毕业离校工作的学生需求，也要兼顾毕业继续升学的学生需求。英语是绝大多数邦6～10年级学生的必修课。根据NCERT相关规定，各中等教育委员会要求附属学校开设少量选修课程，部分委员会鼓励学生选

① "EXAMINATIONS CONDUCTED BY THE BOARD," Board of Secondary Education Rajasthan, accessed April 16, 2016, http://rajeduboard.rajasthan.gov.in.

② "Origin and Development," Board of Secondary Education Rajasthan, accessed April 16, 2016, http://rajeduboard. rajasthan. gov. in/statistics/SEC-CONSOLIDATED% 20STATISTICS% 20OF% 20PASSED%20CANDIDATES%20OVERALL.pdf.

修经济学、音乐和烹饪等课程。典型的毕业考试科目组合是两门语言、数学、科学和社会科学课程。

印度 10 年级毕业考试科目有英语(英语交流和英语语言文学)、印地语、数学、科学(含物理、化学和生命科学)和社会科学(历史、公民学、经济学、地理)。此外,还须从第三门语言(除英语和印地语以外的 33 种印度语言中选 1 门)、商务原理、绘画、音乐、家庭科学、信息技术基础这 6 个科目中选择 1 门作为附加考试科目。[①] 邦级委员会考试科目组合和中央级委员会基本相同,只是第三门语言选择性更窄,还会有地方课程,例如前文提到的 BSER。

总而言之,印度 10 年级毕业考试是在中央政府设置的相关机构指导下,由中央或邦级政府认可的考试机构举办的公共考试,考试科目和初中课程基本一致,其中科学、社会科学考试并非单一科目考试,而是一组科目组合,组合内科目单独计分,同我国高考"理化生"和"史地政"的文理综合有所不同。此外,选考科目还赋予学生一定选择权。

三、评分方式

评分的原则是能够有效减少不健康的恶性竞争,减轻学生社会压力,增加学习灵活性,营造更好的学习生态,让学生快乐学习。印度 10 年级毕业考试成绩最终表述为等第制或 9 分制,各科计分先采用百分制,再转换为等第制或 9 分制(转换方法参见表 9-1)。工作经历、艺术素养、体育卫生素养由学校自行评价,以 A、B、C、D、E 五等级评分。考生成绩报告单上有 A1～E2 等级分、9 分制分数和累计平均分(CGPA),5 门科目成绩都是 A 级以上的考生可以获得优秀等级证书,成绩为 D 级以下的考生有 1～5 次补考机会。

表 9-1　百分制、等第制、9 分制换算表

百分制	91～100	81～90	71～80	61～70	51～60	41～50	33～40	21～32	20～0
等第制	A1	A2	B1	B2	C1	C2	D	E1	E2
9 分制	9	8	7	6	5	4	3	2	1

① "SECONDARY SCHOOL CURRICULUM 2013," CENTRAL BOARD OF SECONDARY EDUCATION, accessed April 16, 2016, http://cbse. nic. in/currisyllabus/SECONDARY%20CURRICULUM-vol-1-2013.pdf.

第三节　印度现行高中学校招生制度

一、录取标准

印度初中毕业生报考高中学校的基本前提是通过10年级毕业考试，获得毕业证书的最低标准是：印度10年级考试的5门科目合格（达到总分的33%），即考生5门必考科目（第6门附加科目除外）考试成绩必须达到D级（4分及以上），其他科目成绩符合教学计划的相关规定；对于包含实践操作的科目，考生必须在理论和实践考试中各获得33%的分数才能达到合格标准。除了10年级毕业证书及分数合格以外，考生还要满足年龄、品行等条件要求，部分高中学校招生还增加口试、面试和笔试等环节。招生录取时，考生监护人基本情况、先前就读学校、先前表现、住家距离、家庭背景、入学考试成绩等都是重要依据。校长拥有招生录取最终裁定权，有权对录取结果不作解释。①

以具体中学为例，圣泽维尔中学招生主要依据申请者参加CBSE毕业考试的成绩，还要参考申请者面试表现、初中出席率、学习态度、品行等；其中数学和科学科目正确率高于75%且总体正确率达到70%以上可以选择理科；总体正确率超过60%则是选择商科的基本前提。校长和学校董事会是录取结果的最后仲裁者。② 新时代中学招生以学校举办的CBSE普通模拟考试成绩为依据，所有科目答题正确率达到70%并且数学和科学科目正确率达到80%的申请者才有资格选择理科；通过CBSE10年级毕业考试的申请者还要参加学术和道德评价，学术评价考试科目包括数学、英语和科学（物理、化学和生物）。③斯里·萨蒂亚·赛（Sri Satya Sai）中学的招生标准是口试和笔试相结合，笔试有英语等科目，必要时增加面试。④

以喀拉拉邦高中学校招生为例，申请者必须通过CBSE、ICSE、THSLC、喀

① "Admission and Withdrawals," Prakash Higher Secondary Schoo, accessed April 16, 2016, http://www.prakashcbseschool.in/admission-and-withdrawals.html.

② "Admission Procedure," St. Xavier's Higher Secondary School, accessed April 16, 2016, http://www.stxaviersbth.com/admission-procedure.aspx St. Xavier's Higher Secondary School.

③ "Admission Policies," New Era High School, accessed April 16, 2016, http://www.nehsindia.org/academic-moral-evaluation New Era High School.

④ "Admission Info," The Sri Sathya Sai Higher Secondary School, accessed April 16, 2016, http://www.ssshss.org.in/admission-info.html Sri Satya Sai Higher Secondery School.

拉拉邦中等教育委员会等合法机构举办的10年级毕业考试且成绩必须为D^+级以上(字母等级和数字等级的对应方法参见表9-2);申请者年龄不能超过20岁,但不设最低年龄限制,表列种姓和表列部落(SC/ST)年龄可上下放宽2岁,身体残疾者年龄可上下放宽5岁;参加过补考的,按补考次数相应扣除等级分(补考1次扣1分)。

表9-2　喀拉拉邦10年级毕业考试成绩字母等级与数字等级对应表

等级	A^+	A	B^+	B	C^+	C	D^+
等级分	9	8	7	6	5	4	3

加权平均分(WGPA)是决定录取与否最重要的影响因素,计算公式是:

$$WGPA=\frac{TGP+GSW+BP-MP}{TS+TSW}。$$

WGPA:加权平均分。

TGP:等级分合计。

GSW:加权科目等级分合计。

BP:加分合计。

MP:减分合计。

TS:考试科目数量合计。

TSW:加权科目数量合计。

加权平均分一般保留小数点后7位数字。

该邦高中阶段学校开设的主要课程有自然科学、人文科学和商业三类,下设45个科目组合,每个科目组合中都有部分指定加权科目。

如果考生的WGPA等值,将按以下优先顺序录取:志愿排序、TGP、英语等级分、第一语言等级分、住家相关性(按同校、同一个地方机关、地方机关既没有公办学校也没有政府资助学校、同一税区、同一地区等因素排序,参见表9-3)。如果仍然无法区分,则进一步考虑国家选才考试(NTSE)分数、艺术和运动水平、邦级劳动经历、自然科学/社会科学/数学/IT竞赛成绩等因素。①

二、招生程序

每年9—12月是大多数高中学校公开招生的时期,招生学校必须提前发布公告,考生可到公办学校、政府资助学校购买申请表和招生说明书。大多数情况

① 朱玉华:《印度高中入学考试及招生制度探析》,《比较教育研究》2014年第11期。

下申请者需要参加笔试或学校规定的其他程序，通过考试后交纳费用才算确认入学。因为申请表供不应求，很多家长须彻夜不眠排队抢购。大多数学校要求申请者及父母都参加面试。申请者可以在多个税区分别提交申请表，但只能在多个录取结果中选择一个，其他自动作废。

（一）招生过程公平公正公开

2008 年喀拉拉邦推出“单一窗口招生系统”，凡是择优录取的公开招生计划都要通过“单一窗口招生系统”完成，每一次录取结果都要在网站上公布，所有申请者都可通过招生门户网站浏览自己的录取细节。该系统网站在汇总各校招生配额、单一窗口招生系统数据库、私立学校名录等录取信息后，编辑发布中央录取信息库，确保招生过程便捷、透明和公平。每所高中学校都设有由 4 名资深高中教师、1 名高中 IT 协调员（HITC）组成的招生委员会，校长作为召集人对招生委员会有效运作以及招生过程规范化负责。①

（二）设立社会参与通道

招生期间，各校设有由高中教师及家长教师委员会（PTA）代表组成的咨询台，向考生或家长提供有关招生政策咨询。学校咨询台由校长负责，税区、地区、邦级也设有咨询台，分别由税区高中教育协调人、地区行政机构副主任和负责学术的联合主任负责。

（三）多批次分阶段录取

还是以喀拉拉邦为例，邦内各高中学校会在第一次录取结束前安排试录取，目的是为申请者修改和确认申请选项提供最后机会。第一阶段录取结束时，暂时保留录取资格的申请者必须交费才能转为正式录取状态。表列种姓和表列部落申请者首次申请配额意外空缺时，将放在第二次录取时加以考虑。两次录取主要阶段结束，若仍有空缺还会安排补录。在前两个录取阶段已获得永久录取资格的申请者不能对后续空缺提出申请，但第一阶段没有考入理想志愿学校的申请者可以通过转学方式再次提出申请。第一阶段转学申请结束后，各学校接下来会开始安排补录。第一阶段没有被录取的申请者需要重新提交申请补录，第一阶段没有进行任何申请的申请者也可以申请补录。补录结束，申请者根据自身情况还可以再次提交转学申请。第一志愿学校录取的申请者应及时交费以获得永久录取资格。被较低志愿录取的申请者一般应接受暂时录取，同时保留更高志愿，暂时录取资格可

① “Higher Secondary Admission 2012—2013,” Government of Kerala, accessed April 16, 2016, http://www.hscap.kerala.gov.in/CMSControl/admin/uppdf/Prospev.pdf.

以免费保留到第一阶段录取结束。如果希望获得较低志愿的永久录取资格，申请者必须交费并取消更高志愿。所有招生录取信息包括申请者等级分都要在学校布告栏公布，喀拉拉邦高中教育主任有权审核和取消录取结果。喀拉拉邦的招生时间是：5月31日发放申请表，6月6日试录取，6月14日第一次录取，6月27日主要阶段录取结束，8月10日招生工作结束。

三、照顾政策

印度拥有几十个少数民族，以表列种姓/表列部落为代表的所谓“不可接触者”在考试招生等方面享有特殊照顾政策，政府专门为这些民族考生安排配额，以便他们能够以较低标准获得升学机会。烈士、现役及退役军人子女等也享有优惠政策。此外，政府资助学校的管理层有权保留并管理配额，落后社区的政府资助学校的配额会优先照顾同社区申请者并从中择优录取（参见表9-3）。公办学校开放招生计划人数通常占当年招生总数的60%，其余招生名额被分配给享受各类照顾性政策的申请者（参见表9-4）。

表9-3 印度10年级毕业考试加分政策

类别	加分
印度牺牲士兵子女（包括合法收养子女）	5
现役及退役军人（陆军、海军、空军）子女（包括合法收养子女）	3
全国青年团成员（要求75%的出席率）、侦察员和向导（总统奖和国家奖获得者）、游泳健将（必须持有地方机关所属运动理事会颁发的证书）	2
同校生	2
同一地方机关的学生	2
同一税区的学生	1
居住地方机关没有公办高中及政府资助高中，但在本税区申请的学生	2

表9-4 印度高中各种招生计划配额

类别	政府学校（公办学校）	政府资助学校	少数民族或落后社区举办的政府资助学校
开放招录	59%	50%	40%
管理配额	—	30%	40%
埃扎瓦斯部落①	8%	—	—

① 埃扎瓦斯（Ezhavas）部落起源于印度西南喀拉拉邦的落后社区，成员的主要职业是农业工人、自耕农、棕榈酒师、酒商、织师或印度传统草药师等。

（续表）

类别	政府学校（公办学校）	政府资助学校	少数民族或落后社区举办的政府资助学校
穆斯林	7%	—	—
拉丁天主教及南印混合教堂(SIUC)	2%	—	—
其他落后基督徒	1%	—	—
其他落后印度社区	3%	—	—
表列种姓	12%	12%	12%
表列部落	8%	8%	8%

注：开放招录中，运动员配额占开放招录计划的5%，残疾人占3%，语言上的少数民族（限泰米尔和坎那达语）占5%（选择部分学校实施）。

要之，印度10年级毕业考试既是学生获得初中毕业证书的依据，也是高中学校招生的基本依据，这种做法类似于我国部分学者提出的“两考合一”（即初中学业水平考试和高中入学考试合一）的中考改革提议。在高中教育发展高度不均衡、高中教育普及率较低的印度，“一考两用”之所以可行，在于获取毕业证书的合格要求和高中学校的招生标准并不一致，前者主要采用等级制即5门必考科目达到D级以上，其他选考科目合格即可毕业；后者主要采取9分制，通过专门公式算出加权平均分或累计平均分，并以此作为录取基本依据，商科、理科、医科班等还会对部分科目成绩提出更高要求。此种做法虽有不足，亦不失灵活变通，对我国“两考合一”改革颇有启发之处。

第十章　英国高中学校考试招生制度

第一节　英国中等教育发展概况

一、管理体制

英国全称大不列颠及北爱尔兰联合王国，由英格兰、苏格兰、威尔士和北爱尔兰四个地区组成。英联邦的教育、青年和儿童政策实行典型的地方分权，联邦教育部只负责英格兰地区 19 岁以下青少年的保育及教育事务，其他三个地区的相应机构是苏格兰政府学习与司法局、威尔士教育技能部、北爱尔兰教育部。21 世纪以来，联邦教育行政部门经历了 4 次重组：1995—2001 年是教育就业部，2001—2007 年是教育技能部，2007—2010 年是儿童、学校和家庭部，2010 年至今是教育部。联邦教育部会同其他 9 个性质各异的部门或机构——非内阁部门、执行机构、非政府公共执行机构和非政府公共咨询机构等共同负责教育规划、监管、拨款、督导和认证等，各种机构各司其职，形成完整的治理体系。若以四个地区为分析单元，地区级和各郡地方政府则形成集权与分权相统一的管理体制。以英格兰为例，越来越多的地方中小学被改制成为联邦教育部直接拨款的学园，地方政府负责拨款管理的学校不断减少。英格兰地区所有学校必须依法开设广博且均衡的课程，所有政府拨款学校必须为 5～16 岁学生提供国家课程教学。

二、基本学制

英国学校教育共分五个阶段：早期教育（英格兰 3～4 岁、威尔士 3～5 岁）、小学教育、中等教育、继续教育、高等教育。英国实行 12 年义务教育（5～16 岁），《1988 年教育改革法》把义务教育分为四个关键阶段（Key Stage，KS）：KS1（5～7 岁）、KS2（8～11 岁）、KS3（12～14 岁）、KS4（15～16 岁），每一学习阶段结束时要根据成绩目标对每门科目进行评估，即所有学生必须要在 7 岁、11 岁、14

岁、16岁时参加全国统一考试，而公立学校学生义务教育结束时还必须参加GCSE考试。[①] 中等教育(11～16岁)5年相当于我国的初中教育，可以说英国学生KS4阶段学完毕业后，其知识水平相当于我国高一学生。14周岁以前所有学生学习完全一样的国家课程，14岁以后学生可以根据能力、兴趣、特长等选择不同科目或同一科目的不同领域学习。2008年教育技能部法案规定，地方政府有责任确保所有青少年持续接受教育培训到17岁，2013年修法再将义务教育年限延长到18岁，16岁以上年轻人的某些社会实践活动可以代替在校学习。儿童、学校与家庭部(即前教育部)国务大臣鲍尔斯向议会提案建议全面改革全国考试体系，计划终止14岁全国考试，取消考试成绩学校排名。

继续教育则泛指义务教育结束后专为16岁以上学生提供的非高等教育课程，范围从基础性技能培训到高等职业教育(如城市学位、行会学位或基础学位)，英格兰继续教育还包括现场教学、监狱教育及其他形式的教育培训。这类继续教育培训主要由专门的继续教育学院、工作室中学、成人及社区学习机构等提供。当然，16～19岁第六学级学院、面向16～19岁学生的学园、中等学校第六学级等也会为有志于进入高等院校大学继续深造的16岁以上年轻人提供继续教育。所谓中学第六学级(17～18岁)是英国5年中等教育后相对独立的学段，大多数文法中学、综合中学里设第六学级部提供2年制第六学级教育，也有独立设置的第六学级学院等教育机构提供该阶段的教育，学生学完后通过考试升入大学继续学习，是继续教育重要组成部分，某种程度上与我国高中阶段学校相当接近。

三、普及水平

升学率和入学率是教育普及程度的两个重要指标。据联合国教科文组织统计，2010年英国中等教育毛入学率达到102%，净入学率为96%。[②] 2013—2014年度，90%的KS4毕业生(相当于我国初中毕业生)选择继续留在学校，其中39%选择第六学级(中学附设的第六学级部)，34%选择继续教育学院，13%选择

---

① “Secondary education(United Kingdom),” Wikimedia Foundation, accessed April 16, 2016, http://en.wikipedia.org/wiki/Secondary_education#United_Kingdom.

② “Global education Digest 2012 Opportunities lost: The impact of grade repetition and early school leaving,” The UNESCO Institute for Statistics (UIS), accessed April 16, 2016, http://www.uis.unesco.org/Education/GED%20Documents%20C/GED-2012-Complete-Web3.pdf.

第六学级学院(独立设置的第六学级教育机构),4%选择接受其他形式的教育。[①] 据联合国教科文组织统计,2010 年英国 KS5(关键阶段五,指英国基础教育 12～13 年级,学生为 17～18 岁。这一阶段通常被称为第六学级,毕业可参加 A-level 证书考试等)选择职业技术教育课程的学生比例为 23%。[②]

四、均衡状况

英国高中教育质量存在明显的地区差异和校际差异,故而要对英国四个地区学生表现进行精确比较几乎不可能。因为苏格兰地区高中教育实行与其他地区不同的教育制度和资格证书框架,2013—2014 学年起英格兰、威尔士、北爱尔兰地区 GCSE 证书也各自采取不同的测量标准。2012 年,由英国政府拨款的主流学校、独立学校、继续教育学院(含第六学级学院)学生参加 A-level 证书考试的平均绩点分别为 779.6、903.0、638.5,学生获得 3 个 A* ～A 等级分的比例分别为 10.7%、30.4%、8.0%。2012—2013 年,英格兰地方政府拨款学校(71 731 人),赞助学园(14 528 人),转制学园(85 619 人),自由学校、大学技术学院及工作室学校(232 人),独立学校(36 143 人),第六学级学园(62 199 人),其他继续教育学院(124 300 人)等不同类型学校的学生参加 A-level 等所有第三级证书考试所取得的平均绩点分别为 749.6、693.3、819.1、714.4、903.0、788.7、563.4。括号内数字为 KS5 毕业生数量。[③]

五、高中类型

前面提到,英国学生义务教育完成后进入 KS5 继续学习,英格兰和威尔士地区提供这个阶段教育主要有综合中学、文法中学、城市技术学院、学园、自由中学、大学技术学院、工作室中学、独立学校(即私立中学)等不同类型的学校。此外,英格兰继续教育学院、第三级学院、中等学校第六学级(部)第六学级学院、专业学院(主要是农业、园艺、戏剧、舞蹈学院等)、成人教育学院等也提供该阶段教

---

① "Provisional destinations: key stage 4 and 5 pupils, 2013 to 2014," Department for Education, accessed April 16, 2016, https://www.gov.uk/government/statistics/provisional-destinations-key-stage-4-and-5-pupils-2013-to-2014.

② "Global education digest 2012 Opportunities lost: The impact of grade repetition and early school leaving," The UNESCO Institute for Statistics (UIS), accessed April 16, 2016, http://www.uis.unesco.org/Education/GED%20Documents%20C/GED-2012-Complete-Web3.pdf.

③ "A level and other level 3 results in England, academic year 2012 to 2013 (revised)," Department for Education, accessed April 16, 2016, https://www.gov.uk/government/uploads/system/uploads/attachment_data/file/274537/SFR02_January_2014_FINAL.pdf.

育。1965年以后英国大部分文法中学转型为私立中学和综合中学，少数公办文法中学在英格兰得以继续保留。苏格兰公办高中只有天主教中学或混合教派中学两种。2015年，英国共有4 158所中学、6所初中、1 263所特殊学校、362所学生收容所、2 437所非地方政府管理的主流学校。

（一）自由中学

自由中学是联邦政府拨款的非营利学校，没有独立的法律内涵，但比地方政府举办的学校更加自由，由家长、教师、大学、慈善机构和商业人士等管理经营，可自由决定学期和教学日、课程、经费使用等，满足所在地家庭的儿童青少年在本社区获得高质量教育的需求。自由学校是2010年保守党及自民党联合政府推出的项目，是学园项目的延伸，英国联邦政府将已批准成立的学园中获得再次认证或授权的学园称作自由学校。2011年9月，第一批自由学校开学，大约1/3是中学。自由学校校园可以灵活选址，教师无需考取联邦政府认证的合格资格，但自由学校也要接受教育标准办公室监督，在教育质量上保持同样严格的标准。①

（二）大学技术学院(UTCs)

大学技术学院是面向14～19岁学生的技术类学园，除GCSE学术课程以外还开设信息通信技术(ICT)、商业技能、工程和建筑等技术教育课程。地方商业领导者或相关大学作为主办者负责设计课程或专业领域，提供职业辅导和工作体验机会，培养学生工作技能，满足地方及雇主的需求。

（三）工作室中学

工作室中学同时提供学术资格证书和职业资格证书课程，以实践或项目方式教学，是面向14～19岁学生的创新性教育新模式。全国性或地方性各企业雇主直接参与办学，教学特点是工学结合。工作室中学特别重视实践学习和创业教育。学校课程虽然也有专业之分，但是更注重培养学生广博的可就业技能及获得若干核心学术资格证书。学生同各大中小企业雇主及个人导师一起按照特定课程学习，以掌握未来工作或继续学习需要的技能和证书。

（四）学园

学园类似于美国的特许学校。学园这个词源于1996年《教育法》第482条，是经营者(家长、学生、职员及主管除外)与国务大臣签订合同成立的学校。2000年

---

① “Education and Training Statistics for the United Kingdom：2015，” Department for Education，accessed April 16，2016，https://www.gov.uk/government/uploads/system/ uploads/attachment_data/file/473861/SR43_2015_Additional_Text.pdf.

布莱尔政府正式启动城市学园项目，2002 年第一所学园就此诞生。学园由外部发起人建立并推动，目的是提高薄弱校教育绩效。《2002 年教育法案》将城市学园项目扩展到非城区学校，同时允许城市技术学院转制为学园。2007 年，布朗政府继续推进学园项目，将其视为落后地区社会流动和社会公平的发动机。2010 年，联合政府宣称要让所有学校都成为学园，政府进一步给学校放权。2010 年 7 月，联合政府通过《学园法案》，被教育标准局（Ofsted）评为优秀级的学校可以自行改制为学园。运营良好的学校与绩效欠佳的学校合作提高教育标准，不需要发起人就可以自主变更为学园。如果能够与一所优质学校或拥有良好绩效成长记录的教育机构挂钩组合形成学园共同体，一般学校也可以转型为学园。学园类型涵盖了小学和中学、特殊学校、自由学校、技术学园（面向 14～19 岁学生）、大学技术学院和工作室中学等各种办学类型。2011 年底，英格兰地区共有 1 300 所学园开学，超过 40％的中学转制为学园。

按 2002 年《教育法》第 78 条要求，学园必须开设均衡且广博的课程，提供中等教育的学园课程必须侧重某个或几个特定的学科领域，以满足学校周边地区学生的个性化教育需求。学园是公共经费投资的公办学校，直接从联邦教育部青年学习局获得办学经费，独立于地方政府的管控，但必须在地方政府所指定的框架内独立运营；其旨在促进变革、提高标准、提高学生学业成绩，同时必须同其他学校或更大范围社区分享设施、开展教育合作。同传统公办学校相比，学园在课程设置、员工待遇、学期及教学日调整等方面拥有更多自主权，只是在招生等方面必须遵守国家法规和政府指导。

学园可分为赞助学园和转制学园。赞助学园是政府拨款学校，由优质中学、学院、大学、慈善家、商人或宗教团体等赞助者建立并管理，通常用来取代办学水平较差的公办学校，目的是提高教学标准，提高学生（特别是处境最不利的学生）抱负水平并改善其职业前景。转制学园是根据 2010 年《学园法案》通过治理机构决议并向教育大臣提出申请，由优质学校转制而来的一种学园。学园项目在英国被视作打破公私教育藩篱的最好途径，促进了公办学校、私立学校、大学、教育基金会等相互学习合作。[①]

（五）独立学校

英国约 2 500 所私立中学统称独立学校，英格兰和威尔士地区部分历史悠久、学费昂贵的贵族独立学校也叫公学。目前，独立学校在读人数约为 61.5 万，

---

① "Academies," Politics.co.uk, accessed April 16, 2016, http://www.politics.co.uk/reference/academies.

英国18%的16岁以上学生就读于独立学校。独立学校由选举产生的董事会管理，不受适用于公办中学的法规和条件限制。公办学校必须开设国家统一课程，而独立学校则可以自由选择是否开设国家统一课程。①

第二节 英国中学考试制度演变

一、中学考试类型演变

1911年，英国首次推出中学校外考试制度。政府任命的顾问委员会在调查基础上提出《阿克兰报告》，建议由大学负责中学外部评价，设立中学考试机构，举办初中毕业证书考试（16岁）和高中毕业证书考试（18岁）两个标准考试。1941年，中学考试机构所属委员会调查后建议，以普通水平、高级水平及学术水平三个等级的普通教育证书（GCE）取代初中毕业证书。1951年，英国正式启动GCE考试，分普通水平（O-level）和高级水平（A-level）两级。1965年，英国推出中等教育证书（CSE）考试，学术水平与GCE普通水平相当。1984年，《把学校办得更好》白皮书提出，以GCSE取代GCE、CSE和学生16岁时参加的统考。1985年，教育与科学部颁布《GCSE国家标准》，统一了全国考试标准，明确了考试管理机构。《1988年教育改革法》进一步明文规定，公立学校学生义务教育结束时必须参加GCSE考试。1986年起中学开设GCSE课程，并于1988年举行首次GCSE考试。GCSE课程的一般学习时间为两年，考试机构还为考生提供宗教研究、公民研究、体育及信息通信技术等科目的短期课程，短期课程单独设计评价标准和办法。除了苏格兰，其他三个地区统一规定学生在16岁参加GCSE考试，18岁参加A-level考试。

此外，1944—1967年间在英国实行23年之久的学生11岁考试，最终退出了历史舞台。《1944年教育法》规定，要根据学生年龄、能力和性向把学生分流到不同学校，国家强制性规定以11岁考试作为分流依据，考试成绩优异者进偏重学术的文法中学，成绩稍次者进入偏重技能的技术中学。这种过早的教育分流受学生个人家庭及社会阶级、文化背景的影响极大，强化了社会经济分层和阶层固化。1967年工党政府为避免两极分化取消了11岁考试，大多数学生得以

① "Independent school (United Kingdom)," Wikimedia Foundation, accessed April 16, 2016, http://en.wikipedia.org/wiki/Independent_school_(UK).

进入综合中学。[①]

二、中学考试监管机构演变

（一）中等教育考试理事会(SEC)

1964年，按照洛克伍德委员会的建议，中小学课程与考试委员会(SCCE)成立，承担课程开发与考试监管职能。1984年，分别设置中等教育考试理事会(SEC)和学校课程发展委员会(SCDC)，课程开发与考试监管职能得以分离。SEC负责制订国家考试标准，呈交教育科学大臣批准；审核、批准考试机构拟订的考试大纲和考试计划；每年审查考试机构部分学科的考试结果，监督考试机构执行国家考试标准。SEC直接对教育科学大臣负责，但不隶属于教育科学部。SEC下属19个学科委员会，每个学科委员会由大约51名委员组成，分别代表考试机构、中学教师训练机构、高等院校及有关行业，所有委员均由教育科学大臣任命。

（二）学校考试与评估委员会(SEAC)

1988年，学校课程发展委员会(SCDC)被国家课程委员会(NCC)取代，中等教育考试理事会(SEC)被学校考试与评估理事会(SEAC)取代。SEAC是英国政府在颁布《1988年教育改革法》之后建立的统一国家考试制度的管理机构，直接对教育科学部及国务大臣负责，负责审查所有中小学考试与评价工作，包括协助国务大臣审查学校课程，负责制定和解释《GCSE国家标准》，审核、批准地方考试机构制订的各学科考试大纲和考试计划，审查部分学科考试结果以及监督考试的实施，等等。1993年，英国又设置学校课程评估局(SCAA)，课程开发和考试监管职能分而复合。

（三）证书与课程管理局(QCA)

证书与课程管理局(QCA)是1997年通过合并国家职业证书委员会(NCVQ)和学校课程与评价局(SCAA)成立的非官方公共机构，由儿童、学校与家庭部(即前教育部)拨款，对其部长负责并向其定期汇报，旨在制定课程标准、协调考试标准、对考试作出评价、对各考试机构的均衡性和一致性进行调查。2004年QCA成立国家评价局(NAA)接管国家课程评价管理和服务工作，2008年NAA被撤销，其职能重归QCA管理框架。2008年QCA部分职能转给证书

---

① "The National Archives," Government Digital Service, accessed April 16, 2016, http://www.nationalarchives.gov.uk/records/research-guides/secondary-education.htm.

与课程发展局(QCDA)。2010 年 QCDA 和证书及考试监管办公室(Ofqual)双双获得法定地位,QCA 的考试监管职能被移交给新成立的 Ofqual,后者的工作内容侧重于监控和确保受控评价的有效性问题。

(四) 证书与课程发展局(QCDA)

证书与课程发展局(QCDA)2010 年正式获得法定地位,是隶属于联邦教育部的非政府执行公共机构、免税慈善团体,负责在英格兰和北爱尔兰地区维护和开发国家课程及相关评估、测验和考试,并就这些问题向联邦教育部国务大臣提出建议。2011 年新设的标准和考试局(STA)取代了 QCDA 的职能,2012 年 QCDA 在国务大臣提议下被正式撤销,对考试评估机构的监管职能全部移交给了 Ofqual。

第三节 英国现行高中学校考试制度

英国为完成义务教育的学生安排不同类型的资格证书考试,常见的有中等教育普通证书(GCSE)、国家职业证书(NVQ)、职业相关证书(VRQ)、商业技术教育证书(BTEC)等考试,这些证书都属于英国国家证书与学分框架(QCF)第二级证书。

1986 年,英国首次推出 GCSE 制度。GCSE 考试是英国在义务教育阶段的最后一次全国性考试,是证明学生学习了有难度且完整的科目内容的重要凭证,是继续学术或职业学习的重要基础,是继续基于工作的学习或毕业后参加就业的准备。很多大学也将 GCSE 资格证书作为录取的参考和依据,在英格兰地区 GCSE 资格证书也被作为学校问责指标和依据。在英格兰、威尔士、北爱尔兰地区,学生通常在 16 岁时参加 GCSE 资格证书考试,苏格兰地区则实行另外一套苏格兰学分及资格证书框架(SCQF)。

一、中间机构监管

2008 年,Ofqual 成为英格兰地区考试及测验的独立监管机构。Ofqual 是联邦教育部设立的非政府公共机构,直接对威斯敏斯特议会和北爱尔兰议会负责,不对政府内阁负责,是独立的考试监管机构,负责认证并监管资格证书颁发机构及评估组织;监管整个证书与考试体系,调查研究并确保考试体系符合要求;制定战略目标和标准,提供必要指导。其具体工作内容包括监管英格兰地区 GCSE 和 A-level 考试、英格兰和北爱尔兰多个职业资格证书考试、英格兰国家课程评估，最后还要根据研究结论就资格证书和评估问题向联邦政府提出建议。[①] Ofqual 聘请两类外部顾问改进工作：一类是标准顾问组，就如何最大限度维护证书标准提出建议；一类是科目专家，负责复审证书和课程内容。考试机构有权界定考试等级的划定标准，与 Ofqual 通过对话，在免于任何政治压力的情况下确保考试的公平性和可比性。[②] 当然也有例外，苏格兰和威尔士地方政府及代理机构就负责监管本地区教育和证书事务，例如苏格兰是由苏格兰证书管理委员会负责的。

二、专业机构实施

目前，英国主要有评价与证书联盟（AQA）、牛津剑桥考试中心（OCR）、培生爱德思委员会（Edexcel）、威尔士联合教育委员会（WJEC）、北爱尔兰课程、考试及评价理事会（CCEA）、北英格兰继续教育委员会（NCFE）、苏格兰资格认证局（SQA）、城市与行会（City & Guilds）等 8 个考试机构提供 GCSE 或其他同级考试服务。英国过去有很多地区性考试机构，在允许学校自由选择考试机构的立法通过后，很多考试机构合并或关闭，最终保留了上述 8 家。

AQA 是英国最大的 GSCE 考试机构，全国 45%的 GSCE 资格证书由其授予。AQA、OCR、Edexcel 及 WJEC 的主要功能是组织 GCSE 等公共考试和相关课程。CCEA 是北爱尔兰地区唯一提供 GCSE 资格证书的考试机构，目前北爱尔兰地区 70%的 GCSE 考试及 66%的 GCE 考试由 CCEA 组织，也有少数英格兰和威尔士的中学选择 CCEA 的考试；当然北爱尔兰学校也可以安排学生参加其他考试机构组织的考试。2011—2012 年，英格兰地区 GCSE 证书 AQA 承办 47%，Edexcel 26%，OCR 20%，WJEC 7%，CCEA 则不足 1%。不同考试机构在不同科目考试中各自占有优势，每个科目大都被其中两家考试机构瓜分垄断。学校可以自主选择考试机构，甚至可以为每门课选择考试机构。例如，一所学校可能历史考试选择 AQA，数学和地理考试选择 Edexcel，生物考试选择 OCR，等等。考试虽不是强迫性的，但所有学校都要求大部分学生必须参加。

考试机构都是非官方机构，提供试卷、评分服务并反馈考试结果，自筹经费，

① "About Us," Ofqual, accessed April 16, 2016, http://ofqual.gov.uk/about-us.

② "Department for Education comment on GCSE results, Government Digital Service," accessed April 16, 2016, https://www.gov.uk/government/news/department-for-education-comment-on-gcse-results.

自负盈亏，经费来源主要靠学校和考生交纳的考试费用。考试机构的职责是：经Ofqual审定批准按国家标准开设考试科目；经Ofqual批准成立学科组，根据国家标准制订学科组的考试大纲和考试计划；将考试大纲和计划印发给中学，开放接受各地学校和个人参加考试的申请；组织考试、阅卷、评定等级，发放GCSE证书。所有考试服务都是收费的，每门GCSE科目每个学生每份考卷的发放和批改收费20英镑。GCSE考试通常集中在每年夏季举行，各家考试机构的各科考试时间大体相同。考试机构可自行决定是否举行冬季考试，以照顾下列几种考试对象：夏季考试没能通过的再考考生，16岁以下知识能力水平较高、经校长批准提前参加考试的考生，因病或其他原因未能如期参加夏季考试的考生。考试机构也为海外考生和残障考生（一般为校外考生）另行单独设计大纲和考试内容，因为这些考生不可能有课程作业（coursework），经Ofqual审核批准。

三、国家标准

国家标准是GCSE考试的实施依据，它可以避免考试机构间的工作出现过大的差异，便于政府对考试加以控制。GCSE考试的组织、程序、科目设置、大纲制订等都必须依照由Ofqual制定并经教育科学大臣批准的国家标准，该标准可细分为一般标准和学科特殊标准两部分。一般标准的主要内容分五个部分。第一部分是基本原则和要求，包括GCSE考试的组织原则、Ofqual的作用以及GCSE等第的评定体系。第二部分为设置考试科目、制订各科大纲规定了总的标准，这部分又分四个方面：A、等级评定标准及参加考试的资格，B、考试科目设置标准，C、大纲的形式、内容及发布标准，D、某些特殊类型学科的标准。第三部分是对校内课程作业成绩进行审核、平衡的标准。第四部分是依照国家课程开展考试的要求。第五部分是考试机构相互协作的范围及要求。学科特殊标准是对一般标准第二部分C条中的考试大纲内容特别提出的详尽具体的学科特殊规范和指导意见。目前，Ofqual已为美术与设计、生物、商学、化学、古典学、计算机、设计与技术、经济学、英语、法语、地理、历史、家政、数学、音乐、物理、宗教学、综合理科、社会科学、威尔士语等20个学科制订了学科特殊标准。除上述学科外，考试机构还可根据一般标准第二部分B条之规定开设其他考试科目，但其考试大纲须经Ofqual审核批准。

四、考试科目

英国GCSE实质上是针对英国16岁学生设置的学校外部考试，考试科目是KS4的国家统一课程，包括英语（威尔士地区为威尔士语、北爱尔兰地区为爱尔兰语)、数学、科学、设计与技术、信息技术、1门现代外语、体育、宗教教育、生涯教育和性教育以及公民课。GCSE考试为学生提供40余门课程考核,学生通常根据自身的学习能力用两年时间学习8～12门课程,这些科目分为必修课和选修课两种,大多数学生都会学习学校规定的必修课。学生在16岁之前必须学习的必修课有英语、数学、科学、信息通信技术(ICT)、公民研究、宗教和体育等,16岁以后可以选修的课程有艺术与设计、商学、戏剧、经济学、地理和历史等。2006年起,数学课程从基础等级、中级和高级三个等级简化为两个等级。很多大学及院系要求选修学生必须通过GCSE相关科目考试,这也是学生选择GCSE科目的重要原因之一。

GCSE考试有三种实施模式:第一种由校外考试机构制定各种考试大纲,学校按大纲组织教学,并由考试机构命题,组织考试、阅卷、评定等,是英国大多数学校所采用的主流模式;第二种模式是学校可根据教学需要自行制定某些学科考试大纲,由校外考试机构按照这些大纲编制试题并组织考试、阅卷、报告成绩;第三种模式是应特殊需要而设置,某些教学内容与众不同的学科由学校自行制定考试大纲、编制试题、组织考试,这种类型的大纲必须经考试机构审核,并由考试机构与学校合作加以修订,学校所命试题还须经外校人士审定。

五、内部评价

内部评价是GCSE科目评价的重要特色,GCSE考试很重视内部评价和校外评价互补,校内评价早期以课程作业的形式实施,按一定比例计入学科总成绩。1988年GCSE推出课程作业,课程作业是考生在校学习期间由学校教师测试并经考试机构审核的平时作业,通常在结束单元教学时以各种形式进行,如实验报告、录音磁带、论文、作文、调查报告、评论、小测验等,目的是弥补笔试的缺陷,既有利于考试机构全面了解学生的知识和能力,对考生作出更为实事求是的评价,又有利于提高学校日常教学质量。它重点考核学生的研究能力(包括收集、整理、分析、判断各种资料和信息的能力),集体工作能力(包括组织、协调和与人商洽的能力),影响感染他人的能力,观察事物变化并作准确记录的能力(包括理科实验和野外操作的能力),操作仪表和机械的能力,口头表达能力,调查、计划和设计能力,等等。按一般标准规定,几乎所有学科的考试大纲中都设有课程作业要求和实施标准。课程作业由任课教师布置并评定成绩,由学校存档。GCSE考试前两个月,学校会将各考生的课程作业成绩报送考试机构,考试机构对各校考生的课程作业进行抽查、审核,并根据审核结果对该校所有考生的课程作业加以平衡。课程作业的评价内容、题目设置和评分标准由考试机构确定,成绩由考试机构纳入总评分,占总评分的比例在20%～40%之间浮动。

2009年以后GCSE课程考试以受控评价替换了课程作业。受控评价是受授课教师监管的内部评价，目的是解决课程作业成绩的可信度和真实性受到质疑的问题，是推动教学和评价更好融合的途径，使授课教师能够确认学生是否自己独立完成作业任务。受控评价比例有三种——25%、60%和0%，相应地在任务布置、任务完成和任务评分三个步骤中有三个层次的控制或监管(低级、中级和高级)。高级控制条件下任务布置由考试机构负责，任务完成过程有人监督，考试机构的审核官可以修改教师评分以符合国家标准。绝大多数GCSE证书包括授课教师评分的受控评价。学生在学校规定的时间和地点完成考试机构或教师设定的书面评价任务，由教师根据评分样本进行评分，样本事先要通过考试机构审核官审核，以保证评分与全国标准一致。其他受控评价，如科学科目的实验室操作、英语及现代外语的听说之类的考查，有时候无法提供考试证据供审核官审核，单凭教师评分。

六、评分方式

根据一般标准规定，各学科都要设难度不同的试卷或在同一试卷上设不同难度的试题，以便让不同能力、水平的考生都能在考试中有机会显示自己的水平。GCSE考试的成绩共分为A*、A、B、C、D、E、F、G八个等级，还有一个U是不分级的结果，在科目标准里各等级都有具体的分数等级描述加以限定。考生若有某门课成绩低于最低等级G，则拿不到这门课的GCSE证书。虽然GCSE考试将达到G等作为最低合格等级，但企业和教育机构往往把C定为最低通过等级。大部分科目的考卷有两种：一种是A*～E等级的高级卷，一种是C～G等级的基础卷。如果选A*～E等级的试卷又没有通过，则要重新考，并不会自动落到F和G等级；如果选C～G等级的试卷，则最好成绩是拿到C，而不会自动上升到A*、A或B等级。换言之，两种试卷存在重叠：C～E在两种试卷评分体系中都有，但基础卷的最高分不能高于C，高级卷的低分不能是F或G。学校通常在教学开始的时候就决定某个教学组应该定位于哪种试卷的教学。选怎么样的考卷最终由教师根据学生的平时测验、以前的学业成绩和学生的日常表现决定，但如果家长不满教师的决定，有权向校长提出异议，学校酌情考虑是否满足家长的要求。艺术、音乐、体育、历史等科目只有一种考卷。

能够得到5个A～C结果的学生通常会在单设的第六学级学院或继续教育学院接受两年第六学级教育，然后参加A-level考试，或选择商业及技术教育委员会考试、国际文凭组织考试及剑桥大学考试等。A-level课程要求学生学习3门或4门主科并参加毕业考试，合格者即可进入大学就读。2013—2014学年，英格兰地区53.4%的学生在KS4结束时获得5个以上成绩在A* ~C之间的GCSE资格证书。选考最多的科目是英语和数学，获得A* ~C分数比例最高的科目分别是物理(92%)、生物科学(91%)和化学(91%)；威尔士地区有55.4%的学生获得5个以上成绩在A* ~C之间的GCSE资格证书，学生选考最多的科目是数学、英语(English)和英语文学(English Literature)，获得A* ~C分数比例最高的是生物科学(92%)、物理(92%)和化学(92%)；北爱尔兰地区有65.2%的学生获得5个以上成绩在A* ~C之间的GCSE资格证书，学生选考最多的科目同样是数学和英语，获得A* ~C分数比例最高的是生物科学(95%)和物理(95%)。①

七、申诉渠道

Ofqual的职责之一是确保考生所获分数公平准确，如果考生对考分不满意，可以复查或申诉。如果考试和评估出了问题，Ofqual是申诉的最终判决者，也是最终申诉渠道。GCSE、A-level、职业证书、文凭(Diploma)考试分数的申诉渠道及申诉程序略有差异。如果考生对考试成绩不满意，可以向本校考试官申请重新评分，所在学校考试官向考试机构提出复评请求，考试机构在30天内安排资深考官复评后通知学校复审结果(如果评分无误，需缴费23.2英镑)。如果对复审结果仍不满意，可以在两周内促请学校相关人员向Ofqual投诉。如果穷尽所有考试机构的申诉程序仍不满意，所在学校可以在三周内向Ofqual考试程序复审服务处提出申诉。学校申诉分两个阶段：纸质复审和申诉听证。Ofqual将在两个月内举行听证会，申诉人、相关学校(学院)、考试机构出席，Ofqual可能要求考试机构复审，两天后告知结果。如果对Ofqual的处理不满意，可以同国会议员联系，让他们同监察专员一起处理。考生或学校申诉初期不用缴纳费用，Ofqual负责为申诉各方代表支付旅费。如果申诉失败，考生或学校则需要支付费用。② 2016年约2.0%的GCSE、AS-level、A-level证书被复评，427 100名考生提出复评申请，最终67 900份证书的等级分获得更改，约占总数的0.9%，

---

① "Education and training statistics for the United Kingdom 2015 edition," Department for Education, accessed April 16, 2016, https://www.gov.uk/government/uploads/system/uploads/attachment_data/file/473858/SR43_2015_Main_Text.pdf.

② "Appeal an exam result," GOV.UK, accessed April 16, 2016, https://www.gov.uk/appeal-exam-result/overview.

这是 2013 年以来等级分更改比例最低的一年。①

第四节 英国现行高中学校招生制度

英国大批量招生仅限于政府拨款主流学校，包括学园、社区学校、接受政府津贴的私立中学、受监管津贴学校、依靠基金运营学校、城市技术学院、继续教育学院、第六学级学院等。城市技术学院接受私人部门赞助商支持，免费招收各类学生，提供工作导向的课程。受监管津贴学校通常都是教会学校，校舍与校园由某个慈善团体拥有，但由地方教育当局负责员工聘用和招生录取工作。全国安排统一的日期作为高中学校录取通知书发放日，当天将录取情况通知学生家长，学生于当年 9 月入学。

一、招生机构

高中阶段学校有权自设招生标准，自主决定招收什么类型的学生。具体负责招生录取的部门因学校类型不同而不同，大致有以下四种情况：学校治理机构、自由学校信托、学园信托、地方政府。如南格洛斯特郡学园及基金会信托学校自身就是招生录取机构，自主确定录取标准。招生录取机构必须提前发布拟定的招生录取手册，公开所有决定录取结果的全部程序、步骤、标准及补充信息，如招生名额如何分配、学术门槛如何设定。高中学校招生以两年为周期，比如 2014 年 9 月招生，2013 年 4 月 15 日前招生录取机构必须完成招生手册。各地市政委员会都会散发有关学校招生标准和如何报考的小册子。考生和家长报考第六学级应该直接联系相关学校。

二、录取标准

最低录取标准通常由学校或市政委员会制定，具体的不同高中学校录取标准并不一样，但最低学术标准基本一致：参加 GCSE 证书考试或其他同级考试获得 5 个 A* ～C 等级的学生可以到第六学级学院或继续教育学院接受两年第六学级教育，完成相应课程后参加 3～4 门 A-level 考试或选择商业及技术教育委员会考试、国际文凭组织考试或剑桥大学考试等，合格者可进入大学学习。高中

① "Ofqual publishes reports relating to 2016 GCSE, AS and A levels," Department for Education, accessed April 16, 2016, https://www.gov.uk/government/news/ofqual-publishes-reports-relating-to-2016-gcse-as-and-A-levels.

学校校长有责任让所有考生及家长熟悉招生政策及相关材料。[①] 招生学校将公布最低学术成绩要求，这些标准对于校内外申请者都是平等的。如果报考者人数超过招生计划，学校通常会根据考生情况设定优先录取顺序，如部分学校会赋予满足以下情形的考生优先录取资格：被收养的或福利院的（所有中学必须赋予他们最优先录取资格），有兄弟姐妹在该校就读的，住家距离学校很近的，属于某个宗教派别的（特别是教会学校），入学考试成绩优异的（文法中学及戏剧中学），特定初中毕业的（直属学校）等。[②] 一般而言，文法中学、优质私立中学招生竞争激烈，全部或主要以学业能力为标准招收学生；综合中学、城市技术学院、学园等招收各类学生，不论学生能力、性向和天赋，只要符合条件就可以入学。例如，以表演艺术教育见长的里帕第六学级入学要求最低获得 5 个 C 以上 GCSE 等级成绩，填写入学申请表，符合基本条件的考生将参加面试、试唱（practical audition）或提交档案袋，通过所有考核后获得预录取资格。[③] 科尔切斯特（Colchester）第六学级学院按照《1992 年继续教育和高等教育法》相关条款的规定，教育部及相关机构出台的立法修订、政策和程序，结合学校自己的招生政策和办学使命录取新生。除了要求满足 GCSE 证书等级标准外，还会参考中学推荐信、为期 1 天的入门课程表现、经费支持证明、政府经费支持等信息。考生必须在规定时间内填写申请表，符合条件者会被邀请参加面试。学院会安排 1～2 天的开放日，由在校学生及职员接待考生，以增进彼此了解，提高招生效率和生源质量。[④]

三、申诉复议渠道

任何个人或组织认为任何公办学校的招生录取方案非法，或违反联邦教育部出台的《学校招生准则》强制条款，可以向学校审判员提出申诉（当年 6 月 30 日前）。学校审判员根据证据依法作出独立裁决，裁决公布后三个月内，只有通过高等法院行政法庭的司法审查才有可能被推翻，司法审查结论必须按照裁决

---

① "Admission to Secondary Schoolsin South Gloucestershire September 2014-August 2015A Guide for Parents / Carers," South Gloucestershire Council, accessed April 16, 2016, http://www.southglos.gov.uk/Documents/CYP130076.pdf.

② "Schools admissions," Government Digital Service, accessed April 16, 2016, https://www.gov.uk/schools-admissions/admissions-criteria.

③ "How to apply," Sixth Form College, accessed April 16, 2016, http://www.lipasixthformcollege.org/page/? title=How+to+apply&pid=33.

④ "How to apply," The Sixth Form College (Colchester), accessed April 16, 2016, https://www.colchsfc.ac.uk/documents/index.php#prospectus.

同样的程序作出。①

任何落选者都可以对自己报考却未被录取的学校提出申诉，科拉姆儿童法律中心负责提供申诉援助。在听证会日期确认前，至少会预留 10 个教学日让招生录取机构（通常是学校自身或市政委员会）作准备。申诉必须在申诉截止日前 40 个教学日内进行听证，由独立的 3 人陪审团参加听证会。招生录取部门必须先对录取结果作出解释，申诉方接着提出应该被录取的理由。陪审团必须就学校录取标准是否违法作出裁决，如果录取标准合法适当，陪审团必须裁决学校招生是否公平彻底地遵循录取标准；如果录取标准不合法、不适当，则申诉成功。如果考生申诉没有得到支持，陪审团必须权衡录取申诉者的理由以及学校不录取其他学生的理由，并在 5 个教学日内向申诉者及学校招生部门通报裁决。陪审团的裁决只能被法院推翻，如果出现对裁决有重要影响的变化，申诉者可以再次提出申诉。申诉者还可以对申诉被处理的方式提出投诉，对于公办学校可以向地方政府监察专员提出投诉，对于自由学校、学园、大学技术学院、工作室中学等可以向教育拨款机构投诉。地方市政委员会法律和民主服务部接受针对社区学校和地方政府控制学校的申诉，学园信托或治理机构负责针对学园、受津贴私立学校、基金会学校的申诉。残疾学生没有被报考学校录取可以至第一级特殊教育需求及残疾（SEND）法庭申诉。② 报考社区学校、受监管津贴学校被淘汰的考生及家长，可以依据《学校招生申诉规范》向独立申诉陪审团提出申诉。报考学园及基金会信托学校被淘汰的考生，可以依据《1998 年学校标准及框架法案》提出申诉。③

第五节　英国 GCSE 改革主要内容及基本特点

1986 年 GCSE 推出以来，英国教育发展步入新阶段，政府推出了新的国家课程方案，学校绩效考核制度调整了，与 GCSE 密切相关的 A-level 也改革了。

① "How to raise an objection to school admission arrangements," Office of the Schools Adjudicator, accessed April 16, 2016, http://www.education.gov.uk/schoolsadjudicator/howwecanhelp/a0076144/how-to-raise-an-objection-to-school-admission-arrangements.

② "School admissions appeals," South Gloucestershire Council, accessed April 16, 2016, http://www.southglos.gov.uk/Pages/Article%20Pages/Children%20Young%20People/School%20admissions/School-admission-appeals.aspx.

③ "Admission to Secondary Schoolsin South Gloucestershire September 2014-August 2015A Guide for Parents / Carers," South Gloucestershire Council, accessed April 16, 2016, http://www.southglos.gov.uk/Documents/CYP130076.pdf.

其次，由于考试机构之间的无序竞争，GCSE评价变得更加公式化且更容易预测。为了争夺市场份额、获得更高收益，外加行业道德意识淡漠，考试机构开始违规为教师举办讲座，在考前辅导中提供考题信息，圈定考试范围，帮助学生获得高分。虽然近年来年轻人得到好分数等级的比例不断上升，但雇主、大学经常抱怨中学毕业生的读写算能力。

GCSE必须改革以适应国家课程的新要求，增强社会公众对GCSE证书的信心，与新的A-level实现更好的衔接，成为学校绩效考核制度改革的重要组成部分。2013年2月，教育大臣戈夫（Michael Gove）宣布GCSE全面综合改革计划。2013年11月，教育部公布了英语语言（English Language）、英语文学、数学3门科目的新内容要求，学校应准备在2015年9月开始实施。2014年4月以来，陆续有15门课程的新内容公布，2016年9月开始实施。其他科目也随后公布新内容，将于2017年全面实施。改革将促使学生更好地为离校后的生活做好准备，为学生继续学术及职业学习打下更坚实的基础，为学校及教师提供更多教学自由选择，确保所有学生掌握英语、数学及科学的核心知识。2015首批和2016年第二批开设的GCSE新科目清单以外的所有科目必须自2017年停止教学，或者通过改革进入2017年新科目清单。改革后将保留多家考试机构竞争的格局，不倾向于只保留一家考试机构提供所有科目的考试评价。

一、英国GCSE改革基本内容

（一）重考次数将大幅减少

针对2009年9月以来开设的GCSE考试，考试机构可以选择让所有科目模块化，并提供多次评价机会。在两年的学习期间，学生可以选择不同时间参加考试，学生在最终获得GCSE证书的过程中每个模块都安排考试评分并获得统一量表分数（UMS）及等级分，这无疑给考试机构确保资格证书年度标准一致性增加了难度，难免干扰学校正常教学计划。学生何时参加考试、学生拥有多少重考机会等因素都会影响到最终结果。越来越多的学生重复参加英语和数学考试，对设定评价标准构成挑战，同时对学生造成潜在影响。

2016年5月，Ofqual出台《关于正式规则的决定》。除了英语语言和数学外，其他GCSE科目不再有分期分批重考机会。对于尚未改革的GCSE科目，考生不再被允许重考GCSE某个模块考试以获得更好分数，但是可以选择整体重考，重新提交的受控评价材料（课程作业）则因科目不同要求不同。自2013年起大部分科目重考要等1年之后，重考机会主要是为尚未改革的GCSE科目考试而安排的。2016年11月和2017年夏季英语语言、英语、数学3科有两次重考，所有科学GCSE科目在2018年前只有一次重考机会，考试机构也可以安排生物、化学、物理重考。Ofqual要求所有笔试必须在5—6月间举行，此时正是考生完成两年课程学习的时刻。这样安排能够减少多次评价对教学的干扰，有利于保证标准公平性和一致性。Ofqual以往允许在每年11月重考GCSE英语语言和数学，因为这两科证书对于学生升学或工作至关重要，再等一年重考对学生很不利。改革后参加11月份英语语言和数学考试（无论是重考还是首考）的考生必须在当年8月底年满16周岁。笔试＋附加评价的GCSE科目将不限制评价的时间和次数，但最终得分需要考试机构在全部结果都公布出来后加以审核。

（二）考试难度将有所提高

2012年3月Ofqual调查发现，GCSE科学和地理试题过于简单且要求太低，多项选择题太多；GCSE生物短篇论文、多项选择题和简答试题在增多；考试标准在逐步降低，试题没有很好地对学生知识深度和广度进行检验；GCSE课程教学倾向于应试教育，不利于学生真正学习和掌握知识，不能为学生成功提供最佳机会，难以甄别拔尖人才。为选拔真正优秀的学生，很多大学专业自主组织入学考试，特别是医学、法律等热门专业。很多雇主反馈说，考前系统复习、应对压力及临场应变等都是实际工作必须具备的能力，GCSE成绩不应过多地同日常表现挂钩。

GCSE改革后2015—2017年新开设35门科目，Ofqual规定所有新开设GCSE科目必须以核心内容要求为基础。新的GCSE科目内容更具挑战性，考试评价结构更加严谨，部分科目教学时间相比以往有所延长。Ofqual提出，应该重新设计GCSE英语文学、数学、历史和地理等科目教学内容，增加课程深度和广度；取消GCSE职业教育课程；增加主要科目考试难度，覆盖完整课程内容。例如，英语语言科目要求更高的阅读技能和更好的写作能力，英语文学科目鼓励学生批判性阅读、写作和思考，英语和历史等科目在减少碎片化和过于结构化问题的同时增加扩写题，数学和科学等科目更加重视量化问题处理，数学科目覆盖比率、比例和变率等知识点，科学科目增加人类基因、生命周期分析和太空物理等知识点，获得最高等级分难度变大。

（三）更多模块考试将改为线性考试

大多数GCSE科目考试有模块考试和线性考试两种选择，2009年以来绝大多数GCSE科目都采取模块考试，允许某一科目的不同模块分散在不同时间段教学和评价。例如，GCSE数学B由3个模块组成——统计及概率占30%，算术、代数及几何Ⅰ占30%，算术、代数及几何Ⅱ占40%，在中学3～5年级分3次完成，每考一个模块获得统一量表分数及等级分，如果某一单元成绩达不到及格等级将不计分，完成全部课程后综合三个模块得分算出最终等级分，学生可以重复参加考试以提高最终等级分。模块考试的统一量表分数由原始分转换而来，用于表示考生模块测试成绩。因为考生参加各模块考试的时间不同，每年试题和受控评价的难度有细微差别，不同模块相同原始分所代表的成就水平并不等值，统一量表分数能够确保原始分折算为最终等级分时等值。但GCSE考试模块化设计会阻碍学生完整深刻理解一门课程，增加考试评价难度，从而最终给所有考生带来不公平。

2013—2014年度起，所有GCSE考试改在两年课程学完之后进行，所有GCSE考试都安排在夏季学期(5—6月)。改革后的GCSE考试包含综观评价，要求学生融合主题的不同方面，在两年时间里对一门课程形成整体认识。两年期课程不再分模块，在课程结束后举行考试以减少对正常教学的干扰。

（四）笔试将是首选评价方式

除了笔试以外，很多GCSE科目考试还有一定比例的内部评价，二者成绩按一定比例综合为最终等级分。内部评价存在很多问题：很多时候内部评价并没有评价本应评价的课程内容，还有可能干扰正常教学，很难保持评价连贯性和一致性；最终成果并不代表学生可再现的真实水平；有时候分数膨胀对其他学生造成不公。很多考试机构的评价指导让教师困惑且存在一致性缺陷，不可能完全精确地覆盖所有可能性。部分科目受控评价比例太高；部分受控评价剥夺了考生反思和改进的机会；考试机构设定任务、评价时间也限制了考生的创造性；不同学校对考试机构评价指导的使用方式不同；部分受控评价不能很好地对学生的不同能力水平作出区分；提高师生一致性的具体控制措施往往没有发挥作用。

联邦教育部明确要减少内部评价，笔试是默认的评价手段，除非考试无法对技能作出有效评价；其他辅助形式用于测试关键技能，将根据具体科目评价的需要而定。Ofqual提出新GCSE证书适用的受控评价原则：必须是评价科目关键部分的唯一有效途径，必须在效度、信度、可控性和合理评价实践之间求得平衡，必须符合特定科目的要求，必须确保资格证书不会因外部压力被歪曲。

改革后，绝大多数GCSE科目单纯采取笔试，实践知识和技能为主的科目保留内部评价，要求内部评价改进任务设定的控制、学生完成作业的方式、授课教师评分和考试机构审核等。绝大多数科目评分由考试机构聘用的考官进行，不再由授课教师进行。如此，有效减少了受控评价对教学的干扰，减轻了授课教师为自己学生评分的压力，特别当评分还与自己及所在学校绩效考核密切相关时。例如，英语语言 GCSE 证书是学校绩效考核的重要内容，因此由授课教师自评的口语技能部分不计入总分。但科学科目的实践技能部分可以由教师评分并算入总分，因为科学成绩不在学校绩效考核范围内。

商务、公民、古典研究、英语语言、英语、英语文学、历史、人文、卫生与社会保障、信息通信技术、统计学等科目的受控评价部分要么取消，要么独立呈现，不计入总分。艺术设计、舞蹈、设计与技术、戏剧、工程学、表演艺术、地理、家庭经济学、媒体研究、现代外语、音乐、体育、科学等科目继续保留受控评价部分，但调整在总分中的占比。古希腊语、经济学、拉丁语、法学、数学、心理学、宗教研究、社会学采取单一笔试。Ofqual 不再对每科考试最低时间限制作出具体规定，考试机构根据特定科目特点制定评价策略、选择试题类型、决定考评时间、确定笔试比重，保证评价的信度、效度、可比性和可控性。

（五）成绩呈现将改进现行等级制

研究发现，GCSE 不同科目的等级分难易程度相差甚远，英语和宗教研究科目更容易获得较高等级分，很有必要量化并处理不同科目之间等级分可比性的显著差异。现行等级制评分制度没有有效区分所有科目中的全部成绩序列，学生得分过于集中在 A～D 等级，即便导入了 A*，高等级部分区分度仍显不足，C 等级以下又设置了太多等级，显得区分过度，A 等级内部的考生成绩差距比 E 与 F 等级之间的差距还要大。2012 年所有参加 GCSE 考试获得 D 等级的学生占 16%，比所有获得 E～G 等级的考生合起来的比例(14%)都高，获得 B～D 等级的考生高度集中(63%)(参表 10-1)。选择不同科目考试获得较高等级的概率不同，选择化学的学生中有 21%被授予 A* 等级，选择英语文学的学生被授予 A* 等级的则只有 6%而已。因此，很有必要进一步改进评价制度，让优等生能够更好地表现他们某个科目的知识、技能和理解。

表 10-1　2012 年夏季授予的所有 GCSE 科目等级分布表

等级	A*	A	B	C	D	E	F	G	U
学生占比	7%	15%	22%	25%	16%	8%	4%	2%	1%

部分考试机构将考生每部分试题的得分反馈给学校，但是提供更具细节的信息有很多困难，例如 GCSE 数学科目中要得知考生在代数、三角函数、百分比和计算等方面更详细的掌握程度需要相当多的额外评价。好的评价设计应尽可能准确地展示学生的表现，同时便于学生和学校控制。等级制易于理解且用户

熟悉，只要等级间区分度足够就可以用于筛选，可以避免无法确保的准确度影响。不足之处是总会出现部分学生在不同时间、面对不同试卷和不同评分者时获得不同等级，特别是那些靠近等级边界的考生。等级跨度过大，则会让很多成绩不一的学生获得同一等级；等级跨度过小，不同等级所代表的成绩差异就缺乏区分度。

改革后将继续采用等级制，既能提供充足信息，满足使用者筛选学生的需要，同时能避免提供不现实的精确度，还便于考试机构间进行比较。同时，探索使用标准分作为等级制的补充，特别是在报告学校绩效考核结果的时候。新GCSE 科目评价将推出新的分级量表，使用 1～9 的数字而不是字母标明不同等级，9 是最高等级。新科目用数字等级表示，以便于与尚未改革的科目相区别，同时让成绩较弱的考生也有机会展示进步并得到认可。数字等级制与字母等级制不必一一对应，甚至无须大体一致。英格兰借此可以与北爱尔兰和威尔士地区授予的 GCSE 证书相区别。

（六）更多分卷考试将被统一卷替代

长期以来多数 GCSE 科目考试分基础卷和高级卷，C～E 等级在两卷中重合。分卷模式下为不同知识水平的考生设计不同试卷，不会让考生觉得太难或太易。如果分卷为考生提供了适当的评价边界，可以提高评价信度和效度。在学习某些科目(例如历史)时，所有 14 岁以上的学生都学习相同的课程内容，但是他们并不拥有同等的理解能力和技能。对于这些科目，通过采用所有学生都参加的评估，在同一套评估任务中评价所有学生成就，评估并区分不同等级的表现是完全可能的。但对有些科目而言，期望所有学生在两年内完成完全一样的课程学习路径是不现实的，不可能通过统一试卷对所有学生进行充分、有效、可靠的评估。分卷考试科目需要明确究竟如何把握选择不同试卷考试的学生比例，分界点不一定是成绩的中位数，在各自考卷中要确保每个考生群体的成绩范围能够得到有效评估。如何保证不同途径获得的同一等级分等值是分卷模式面临的难点，目前主要依据统计信息进行专业判断，而暂且没有一劳永逸的解决之道。改革必须思考如何在分卷考试科目中为具有不同能力的学生提供有区别的评价，尽可能降低分卷考试对考生及整个教育体系的负面后果。研究发现，分卷评价会导致不公平且有可能限制基础卷考生的发展潜力，考生可能因为选择错误导致零分(地板效应)，也可能导致被低评(天花板效应)。如果与学校绩效考核绑在一起，分卷模式也会存在负面效应，因为安全等级 C 是学校绩效考核问责的主导性门槛，基础卷获得 C 等级更容易，因此学校会更倾向于安排中等生参加基础卷的课程学习。

改革后，只要有可能就采用统一卷，让所有考生参加同样的考试，都拥有获得最高等级的机会，分卷考试的科目大幅度减少。部分科目继续实行分卷考试，这些科目具有以下特征：一张试卷原则上不能让所有学生有机会展示他们的知识和能力；专为高级卷考生准备的课程内容能够清楚地加以识别。2015 年推出的新国家课程中英语语言、英语文学、历史和地理科目不再分卷评价，要求所有学生完成完整科目学习，数学继续则采取分卷模式。评估专家和科目专家认为，数学和科学课程无法设计出统一考卷为所有学生提供有效评估，这类考试中有些题目难免过于简单，有些题目对于相当数量的学生来说又过于困难了。如果所有学生参加统一考试，考试时间要么显著延长，要么就必须接受更低的可靠性。因此，如果某个科目一张卷子无法让所有考生都充分展示他们的知识和技能，可以采取分卷评价。数学高级卷含有挑战最优秀考生的试题，基础卷则聚焦所有考生都应该掌握的基本知识和技能。

（七）分卷考试将增加重叠制的弹性

一般而言，分卷考试可以有 3 种设计：

1. 重叠型

关键是重叠点及重叠幅度，这两点都是可以改变的。重叠点及重叠幅度设计的目的是鼓励适当比例的学生进入分卷所代表的课程选修路径，减少天花板效应的影响。同时，还要考虑这些决定对学校绩效考核的影响。如果基础卷最高分设得太高，大量学生可能只能学到基础卷匹配的知识，限制了他们获得更高等级的可能性；如果基础卷最高分设得太低，学校会相应地组织教学及调整期望值，将导致学生抱负水平及进步机会受到影响。如果重叠幅度太小，则不能取得反映他们真实水平分数的考生比例或完全不能获得任何分数的考生比例将会增加；如果重叠幅度过大，设计有效试题的机会将会降低。此外，考官倾向于对高级卷评分更严格，对基础卷评分更宽松。

2. 主卷+附加卷型

所有学生都参加主卷考试，同时提供一个或多个附加卷作为更高要求，要获得更高分数必须参加附加卷答题。参加附加卷答题可以设计为大众常规选择，也可以设计为少数学生的选项。但这种模式同样存在学生真实潜力得不到发挥的风险，绝大多数科目学生仍然可能存在不同路径的选择。学生通常只能准备并参加主卷答题，不能像其他模式一样获得更高等级分。对于某些科目，这种模式能够为能力强并希望充分展示自己能力的学生提供更多机会，同时又避免了为能力强弱不同的学生提供统一试卷的不足。这种试卷类型的信度和效度比使用统一试卷更高，但标准设定会带来一些潜在不公及复杂性——只参加主卷答题的考生分数只来自主卷，参与主卷及附加卷答题的考生分数来自所有答卷得分的综合；部分考生附加卷做得好但主卷做得一般，部分考生总分因附加卷做得很差受到影响；所有学生都参加主卷答题，评估成本和负担因参加附加卷学生数量增加而增加。

3. 非重叠型或连续型

这种模式通常有3个层级，考生通常参加高中低3个层级中的某个考试，也可以自由选择同时选择参加1～3个层级考试，学校也可以要求考生必须参加至少两个层级考试。每个层级需要提供独立、完整、可靠的评价。如果考生参加1个层级以上的考试，就会增加完整评估时间和成本；如果只参加1个层级考试，就无法体现这种模式的优越性。过于乐观的考生仅选择中级或高级水平考试，有得零分的风险；但如果不准备参加中级或高级水平考试，考生潜力很可能得不到发挥。连续型模式的管控性要看如何实行，但无论如何都会增加负担和风险。

总体而言，Ofqual给出了不同设计的选择标准：是否影响学生抱负水平，是否能够有效管控，技术上是否可行，是否透明且易于理解。所有分卷模式都有共同的缺陷：学校可以决定某个教学组参加某个层级试卷考试，相应地为学生限制或定制课程；都有可能对学生抱负水平有所影响，特别是当没有设计好或利用好的时候。重叠型评估相比其他评估而言负担更轻，教师能理解他们需要作出的选择，能够吸取其他人的经验修正他们的选择。如果采用新的体系，教师将要花费时间学习如何为学生作出最佳选择，同时他们也可能作出不科学的选择。连续型和主卷＋附加卷型评估都要求综合不同层级水平考卷的成绩计算总分，这会让资格证书的授予过程更加复杂和不透明。连续型的评估设计更具挑战性，因为每个水平都需要评估表现的准确宽度。Ofqual认为，重叠型评估具有易控性，技术要求更低，易于理解，最终得分不需要综合不同层级的评价表现。新GCSE评价将继续采取重叠型模式，但重叠位置和重叠范围可以更加灵活，要求考试机构提高不同试卷之间的可比性。改革后数学的基础卷覆盖1～5等级，高级卷覆盖4～9等级，其他科目也可以根据需要采取适当的重叠设计。

二、英国GCSE改革的特点

（一）强调分工合作，科学决策

此次英国GCSE改革强调相关部门的分工合作，共同完成改革的设计和落实工作。联邦教育部与监管机构 Ofqual、考试机构密切合作推进改革。联邦教育部全面负责 GCSE 改革，提出改革主要框架设想，对改革提出主导性建议和意见，包括改革时间表和路线图、提高科目内容难度、考试评价结构更严谨、改革评分方式、丰富试题类型、确定命题重点、成绩报告更详细等等。联邦教育部还向社会公众征求关于 GCSE 核心科目内容改革和评价目标改革的意见，随后向社会公布最终达成共识的相关科目内容改革决定。第一批是英语文学、英语语言和数学，第二批是化学、生物、物理、综合双授科学、地理、历史、现代语言和古代语言，也有一些科目内容联邦教育部没有作出具体规定。

Ofqual 负责监督这些课程要求在改革后的资格证书中得到贯彻，确保这些内容对于学生具有适当挑战性，资格证书的设计应该保证学生学业成就得到有效的评价。该机构同时还负责改革 GCSE 监管要求，确保国家标准正确，并决定新 GCSE 的具体设计特色，制定 GCSE 考试机构的认证标准，决定设置和保持资格证书标准的途径，确保考试机构设计、实施和授予证书时契合目标。Ofqual 还就以下改革内容提出建议并征求社会意见：新 GCSE 资格证书的基本设计（2013 年），考试机构开发、实施和授予 GCSE 证书的技术规则（2013 年），新 GCSE 资格证书其他科目的结构和评价（2014 年），如何结束改革、何时结束改革（2014 年 7 月），如何制定新 GCSE 证书标准并确保其得到落实（2014 年 12 月），科目纳入 GCSE 证书的原则（2015 年），等等。2014 年起，Ofqual 对考试机构开发证书进行认证，2015 年底完成所有资格证书认证工作。Ofqual 还研究制定了 5 条原则，用以判断某一科目是否可以纳入 GCSE 改革清单：是否符合《认可基本条件》的首要目的，是否可以保证与其他科目的难易程度具有可比性，是否可以确保评价信度、效度和可控性，是否可以评价并在全部等级序列里具有区分度，是否以与其他科目相区别的内容为基础。

考试机构负责制定改进措施，确保资格证书成为高质量的有效评价。考试机构吸收自身、全国及国际的评价研究成果及现有评价的优秀实践，提升评价信度、效度、可控性和可比性，确保资格证书的效力和公信力；在某些考试科目增加试题形式为扩写和问题解决型的试题，减少不必要的过于结构化或琐碎的试题。考试机构负责开发每个科目的核心内容，教育部对开发过程负有全面责任。考试机构还要向 Ofqual 提交 2017 年新开设科目提议，Ofqual 根据上述 5 条原则加以审核。

（二）重视社会参与，民主决策

英国教育改革民主公开透明，建立了完善的信息公开及意见反馈机制，每一次改革甚至改革的每一项举措都会由相关责任部门提出改革框架建议，面向社会公开征集反馈意见，并组织专门人员对社会反馈进行分析整理，再向社会公布反馈意见的采纳吸收明细。改革框架通常是教育大臣任命的专家组在深入调查研究基础上完成的。据不完全统计，GCSE 改革 60 余次公开征求社会意见，其中教育部安排 7 次，Ofqual 安排 53 次。[①] 例如，Ofqual 在研究改革风险防控的时候，专门组织与学校面对面的讨论，与考试机构召开一对一座谈会，面向就业和学习提供者协会、学院学会、考官协会、学院和学校财务高管代表等发放问卷，广泛收集社会意见和建议。任何社会机构或个人都可以通过教育部或 Ofqual 开发的在线反馈表格和电子信箱提出问题或以其他方式反馈意见。反馈者不被预设立场，不被看作任何利益集团或普通公众的代表；相反，他们被假定为强有力观点的持有者，对改革主题有特别体验或利益相关。政府以意见本身为导向，不以言废人，亦不以人废言；对这些反馈意见必须作出公正公开的反馈，公开对意见和建议的采纳吸收情况。Ofqual 还委托独立的市场调查公司通过电话访谈、在线问答、面对面座谈等途径收集社会反馈意见并对其进行深度分析，公开发表调研报告。例如，2013 年 9 月，Ofqual 委托 BMG 研究公司面向 1 400 余名雇主开展调查，收集雇主对新 GCSE 评分制度的建议；同年 12 月，Ofqual 就改革对利益相关者的风险控制发布独立报告。Ofqual 也会关注与改革相关的学术研究成果，召开与改革主题相关的研讨会等。通过征求社会反馈，教育改革措施更加完善可行。例如，Ofqual 最初对 GCSE 科目考试时间提出建议，收到社会反馈后，Ofqual 最后决定由考试机构自行决定考试评价时间限制。又比如，Ofqual 最初建议在中高等级间增加一个等级以提高区分度，同时在低端等级序列减少一个等级，但最后接受社会反馈意见，决定将 8 个等级改为 9 个等级。

（三）回应实践问题，改革从不停步

长期以来，英国被认为是保守主义思想主导的国家，是老牌民主国家中罕见的君主立宪制国家。但是最近几十年里，英国教育改革却异常活跃，无论是联邦教育行政部门改名重组，还是中小学办学体制不断变革，还是考试招生制度反复调整，都一反保守常态，令世界刮目相看。为了回应教育实践中出现的难题，英国政府坚持改革不停步。自 1911 年设立中学考试监管机构到 2010 年 Ofqual

① "Publications: all consultations," Department for Education, accessed April 16, 2017, https://www.gov.uk/government/publications?departments%5B%5D=all&from_date=&keywords=GCSE&official_document_status=all&page=2&publication_filter_option=consultations&to_date=&topics%5B%5D=all.

获得法律地位,一个世纪里中学考试监管机构共有11次重组易名,中学考试组织方式和名称变更5次,课程开发与考试监管职能也是分分合合。以GCSE科目考试为例,考试机构组织的外部评价与学校组织的内部评价相结合,这种安排在短短几十年经历了多次大的调整。1988年,英国推出课程作业作为GCSE内部评价的主导方式,但信度、效度和可控性不断受到质疑。2009年开课的GCSE课程以受控评价替换课程作业成绩,但依然没有彻底赢得证书使用者的信心。2011年,Ofqual专门组织研究利益相关者在受控评价实施过程中的体验,探索改进措施,回应社会关切。2012年9月JCQ出台《受控评价操作指南》。2012年,Ofqual回应学校表达的实践困惑,决定更加综合全面地调查受控评价相关问题。Ofqual综合考虑教师、学科专家和考试机构的意见,结合对评价体系压力的认识和优秀评价实践进行平衡。2013年6月,Ofqual出台GCSE科目受控评价专题调查报告,提出了更科学合理的改革措施。

虽然GCSE是英国十分成熟且广受尊重的资格证书,但围绕GCSE的改革动议仍时时出现。2010年底,英国政府推出英国文凭(EBacc)考试,目的是认证学生核心科目学业成就,主要涉及GCSE或管制国际中等教育普通证书(iGCSE)考试的下辖科目:英语、数学、科学、1门语言科目(拉丁语、古希腊语或古希伯来语)、1门人文科目(历史或地理)。EBacc是和GCSEs密切相关的成绩衡量指标,但不是一种自成体系的新证书制度,目的是促成更多学生选修科学和外语。2012年英国教育大臣戈夫宣布在英格兰地区推出英国文凭证书(EBC)取代GCSE,新证书考试更加严格,两年中学课程结束时考试,但遭到教师协会和议员的批评和抵制,很快就宣布取消。[①] 虽然英国文凭证书的提议失败了,但全面深化GCSE改革最终被提上议事日程。

① "English Baccalaureate," Wikimedia Foundation, accessed April 16, 2017, http://en.wikipedia.org/wiki/English_Baccalaureate.

第十一章　国外高中学校考试招生制度经验总结

概括起来，如果一个国家高中教育普及水平高、高中教育发展均衡、高中学校类型单一、高中教育属于义务教育、实行初高中教育一贯制，那么这个国家更倾向于取消统一高中学校入学考试。相反，如果一个国家高中教育普及水平低、高中教育发展显著不均衡、高中学校类型多样、高中教育不属于义务教育、初高中教育分段，那么这个国家更倾向于组织统一的高中学校入学考试，安排高中学校以竞争性方式招生。中等教育管理体制对高中学校考试招生制度具有重要影响，中央集权管理为主的更倾向于组织全国统一的高中入学考试并制定相对统一的招生录取标准，地方放权管理为主的更倾向于以省级行政区为单位组织统一的高中入学考试并制定省级通用的招生录取标准。高中教育普及水平高低、高中教育发展是否均衡、高中学校类型是否多样、高中教育是否属于义务教育，都不是高中学校考试招生制度选择的充要条件，但初高中教育分段是高中学校考试招生制度存在的必要条件。另外，各制约因素不仅单独发挥作用，还会以不同因素组合的形式对高中学校考试招生制度产生影响。例如，日本、德国、英国高中教育普及程度相当高，但是存在公立高中和私立高中、职业高中和普通高中、高竞争性高中和低竞争性高中等多种类型，统一入学考试成为高中学校招生的基本依据。美国高中学校类型多样，高中教育发展不均衡，但高中教育属于义务教育，公立高中不组织统一入学考试，招生以就近入学为主。

第一节　国外高中学校入学考试的基本经验

一、社会化考试机构负责组织实施

英美印等国高中入学考试由经费自筹的非官方社会化专业机构组织实施，考试机构享有独立非营利性法人地位，没有财政性拨款或政府补贴，在市场竞争中以专业化服务立足，考试机构之间相互竞争，考试安全责任自负，并不存在国内部分官员及学者担忧的考试安全政治责任问题。美国有一些非营利性机构专为私立学校考试招生提供服务，例如美国教育档案局（ERB）举办 ISEE、中学招生考试委员会（SSATB）组织 SSAT，两者都是非营利性教育服务组织，经费来自报考费、投资收益和会员费等。英国由 6 个相互竞争的考试委员会负责组织 GCSE，它们都是非官方机构，经费自筹，学校和考生可不受地域限制自主选择。印度有 3 个中央教育委员会、40 个邦级教育委员会、7 个开放教育委员会负责附属会员学校的 10 年级学生毕业考试，它们都是自筹经费的非官方机构，没有任何财政补贴或政府拨款，不仅为印度国内学校提供考试服务，还为东南亚及非洲等数十个国家学校服务。日本是个例外，地方教育委员会与地方政府保持相对独立性，公立高中考试招生由都道府县教育委员会负责组织实施，通常是全县（相当我国的省）统考。

二、考试评价内容综合全面

研究发现，除了考查学生基本知识和基本能力外，各国还对学生学习态度和目的、品行、个性、兴趣、特长、职业适应性等方面进行综合评价。除了纸笔考试之外，还辅之以口试、面试、小论文、平时作业、模拟课、档案袋等多种评价方法，以便全面反映学生成长的过程性及阶段性特征。各国高中入学考试科目以国语、数学、外语、自然科学、社会科学等为主，部分国家设部分选考科目，覆盖初中教育必修课程及选修课程。

美国公办初中升学基本依据是学生阅读、英语语言艺术（English Language Arts）和数学的熟练程度，各州各学区或特许学校自主设定最低表现水平。1998 年以来，加州要求公办初中在校生参加加州标准化考试（CST），测试成绩是学生升学的重要依据。CST 考试重点考查学生英语语言艺术、数学、科学、历史、社会科学等科目达到课程标准的程度。私立学校考试招生主要依据 ISEE 和 SSAT 成绩，ISEE 考试包括文字推理、定量推理、阅读理解、数学四部分，还有短篇命题作文，但作文不记分；SSAT 考试包括语言、定量和阅读理解三部分，作文也不计分。

英国 GCSE 的考试科目是 KS4 的国家统一课程，包括英语、数学、科学、设计与技术、信息技术、1 门现代外语、体育、宗教教育、生涯教育和性教育以及公民课，分必修课和选修课两种。考试委员会提供 40 多门科目考试，大多数学生选择 11 门参加考试即可，平时作业按比例计入考试总分。

印度中央级和邦级教育委员会考试科目基本相同，有印地语、英语、数学、科学、社会科学，还有两门选考科目（含 1 门第二外语）。印度 10 年级毕业考试是在中央政府设置的相关机构指导下，由中央或邦级政府认可的考试机构举办的公共考试，考试科目和初中课程基本一致，其中科学、社会科学考试并非单一科目考试，而是一组科目组合，组合内科目单独计分，同我国高考“理化生”和“史地政”的文理综合有所不同。此外，选考科目还赋予学生一定选择权。成绩为 D 级以下的考生随后有 1～5 次补考机会。

日本高中入学考试采用学力检查、适应性检查、追加检查、调查书、面试、作文、小论文等多元尺度对学生多方面能力、个性、适应性、兴趣和爱好等进行综合评价，高中学校招生录取主要依据学力检查和调查书(但竞争性很强的公立高中通常不参考调查书，很多私立高中一般入试也不参考调查书)，适应性检查则是获得某些学科报考资格的前提条件。日本公立初中学力检查有数学、国语、英语、理科、社会 5 科，私立初中学力检查只考数学、国语、英语 3 科。

三、考生及学校拥有多种选择机会

研究发现，部分国家为不同能力性向、不同兴趣爱好、不同志向的考生提供多次考试、多种考试方式、多种考试科目等不同选择机会。英国 GCSE 证书考试是标准参照性的能力区分考试，无论是在校生还是社会人士都可以自由参加，学生可根据自身学习进度选择考试时间。专业考试机构提供 40 余门 GCSE 证书考试，考生通常选择 8～12 门参加考试，选择余地很大。学校可以自主选择 GCSE 证书考试委员会，甚至可以为每门课程选择考试委员会。大部分科目提供 A* ～D 等和 C～G 等两种试卷，还提供模块考试和线性考试两种方式供学生选择。采用模块考试的还可以重复参加单元考试以提高科目等级分。印度也为成绩为 D 级以下的考生安排 1～5 次补考机会，美国和日本同样为考试成绩不合格的学生提供补考或补习教育机会。值得我们关注的是，英国最新 GCSE 考试改革将减少学生重考次数、取消模块考试、减少能力分层科目、增加挑战性等，避免一年多考干扰学校正常教学计划。在不同时期、不同发展阶段，一个国家考试制度调整的侧重点不同，不能脱离背景简单评判选择本身的优劣。

四、考试评价结果呈现方式丰富且以等级分为主

研究表明，国外高中入学考试评价结果多以等级分呈现。英国 GCSE 证书考试成绩分 A* ～G 八个等级，只要成绩达到 G 等，就可以获得证书。印度 10 年级毕业考试成绩报告单有 A1～E2 等级分、9 分制得分和累计平均分，单科及格线为总分的 33%(即 D 级 4 分以上)，5 门成绩都是 A 级以上可以获得优秀证书；艺术教育、体育卫生、工作经历等由学校自评，以 A～E 五等级评分。美国

SSAT 标准分 1 800 分，ISEE 标准分 940 分，成绩报告单上二者都有原始分、标准分、百分比、9 分制得分。CST 成绩分高级、精通、合格、低于合格、远低于合格五个等级；德克萨斯州公办学校学术准备评估（STAAR）的评分方式分三个等级：高级学术表现（高度准备）、合格级学术表现（充分准备但不是最好）、不合格学术表现（准备不充分）。日本初中学力检查原始分则采用百分制，招生录取时则按一定配点（即权重）计入综合分。

五、初中毕业考试和高中入学考试合二为一

一般来说，初中毕业考试是以国家课程标准或教学大纲为参照，判定考生是否具备初中毕业所需知识能力水平的标准参照考试，考生达到标准即为合格，与参加考试人数多少无关。高中入学考试是以区分好坏优劣为目的的选拔性、分级性、竞争性常模参照考试。研究发现，英国、印度等国初中毕业考试和高中入学考试合二为一，同国内部分专家“两考合一”的主张不谋而合。英国 GCSE 证书考试是学业水平考试，结果同时兼有毕业鉴定、升学选拔和教育质量考核等多种功能；印度初中毕业考试成绩既用于学生获得毕业证书，也用于高中学校选拔录取新生。英国、印度之所以能够将两种性质、目的完全不同的考试合并，让一次性考试实现多种功能，关键在于用于实现不同目的时采用的标准不同：用于毕业或获得证书时合格标准可调低，用于招生录取时则根据需要制定更高标准或设定其他辅助性甄别条件。

六、社会中间机构负责监督管理

研究发现，部分国家依据相关法律指定非官方公共机构，承担国家教育考试监管职能，这些机构往往直接对议会负责，既同教育行政部门保持联系又不受其直接牵制，能够更客观公正地开展工作。早在 1917 年，英国就成立中等学校考试理事会，监管主要由大学举办的中等学校外部考试。此后，虽历经 8 次变革重组，但作为独立的中央级考试监管机构的职责一脉相承：审核并批准专业考试机构拟订的考试大纲和计划，审查部分学科的考试结果，监督考试机构执行国家考试标准，等等。这些机构的法律地位实现了质的转变：从直接对政府内阁负责到只对议会负责，从隶属教育行政部门的官方机构到非政府公共机构。与此相似，NCERT 是根据《印度社团注册法》批准设立的非官方社团，负责制定 1～12 年级国家课程框架，印度考试机构必须在国家课程框架范围内组织 10 年级毕业考试。日本虽然是地方教育委员会直接参与高中考试招生工作，但日本地方教育委员会和我国地方教育行政部门有本质性区别，通常由 3～6 名委员组成（其中

1 名是学生家长)，所有委员都是兼职，具有教师经历者占 20%～30%左右，委员长多是 60 周岁以上有教育行政经验者(占 75%)。日本教育委员会负责大政方针政策，具体教育政策由所属事务局负责执行和落实。日本教育委员会强调合议制、外行控制和居民参与，避免了长官意志集中和专家偏见，保持了教育工作的中立性和独立性，实现了当地居民的有效监督。

第二节　国外高中学校招生的基本经验

一、高中学校拥有招生自主权

研究发现，国外高中学校普遍享有较大招生自主权，能够自主确定招生标准、选择招生方式、决定录取结果，承担招生公平公正的最终责任，政府很少直接参与或干预。英国高中学校有权自主决定招收什么类型的学生，具体负责招生录取的部门随学校类型不同而异，大致有四种情况——学校治理机构、自由学校信托、学园信托、地方政府，招生录取机构负责拟定并发布招生录取手册。印度初中学校可以自主选择中央或邦级中等教育委员会，附属会员学校按照委员会制定的教学大纲和考试标准组织教学，并参加委员会组织的 10 年级毕业考试。印度高中学校都设有由 4 名资深高中教师、1 名高中 IT 协调员组成的招生委员会，校长作为召集人对招生委员会有效运作以及招生过程规范化负责，拥有招生录取最终裁定权，有权对录取结果不作解释。日本初中学校必须安排学生参加初中学力检查，高中学校有权确定招生方案、选择招生方式及决定各种招生方式在招生计划中的权重，还有权决定考试成绩及各种书面材料在综合录取标准中的权重。美国公办学校依法必须参加州级统考、学区考试等，州级统考成绩是学生能否升学最重要的依据。私立高中自主决定考试招生方式，一些非营利机构专门为私立高中提供社会化招生考试服务。部分学区设置 1～2 所重点公办高中让全学区的优秀学生报考，入学选拔考试和私立高中一样由校方自行规定。

二、招生录取标准以考试成绩为基本依据

招生录取标准包括考试成绩及其他反映综合素质的材料，但考试成绩是被普遍采用的基本依据。英国不同高中学校录取标准不同，但必须满足的最低学术标准基本一致：GCSE 考试或其他同级考试获得 5 个 A^*～C 等级。达到要求的学生可以到第六学级学院或继续教育学院接受两年第六学级教育。日本高中

学校招生以初中学力检查和调查书平时成绩按一定配点计算的综合分为基本依据，还会采用适应性检查(判断入学后学习的适应性)、追加检查、面试、作文、小论文等方式对学生进行综合评价。美国公办高中招生主流是就近入学，但很多州政府通过立法要求初中升高中必须达到一定标准，决定学生升学的考试主要是州级统考和学区考试，学生的平时成绩也是重要参考。州级统考成绩是学生能否升学最重要的依据，比如德克萨斯州的STAAR、密歇根州的MME、加州的STAR等。除了SSAT、ISEE成绩外，私立高中招生还会审查考生的在校成绩、课外活动、教师推荐信、作文和面试等综合情况。可见，英国、美国和日本把对升学起重要作用的考试成绩都纳入了平时表现，不单看一次性统一考试成绩。

印度初中毕业生报考高中学校的基本前提是通过SSLC，获得毕业证书的最低标准是：印度10年级考试5门科目达到总分的33%，即考生5门必考科目考试成绩必须达到D级4分以上，其他科目成绩符合教学计划的相关规定。除了10年级毕业证书以外，考生还要满足年龄、品行、资格等条件要求，部分高中学校招生还增加口试、面试和笔试等环节，考生监护人类别、先前就读学校、先前表现、住家距离、家庭背景、入学考试成绩等也都是重要依据。喀拉拉邦高中学校招生时，加权平均分是决定录取与否最重要的依据，具体算法参第九章第三节。

三、招生录取过程公开透明

公开透明是招生录取公平公正的根本保证，是高中招生制度良性运行的重要法宝。英国高中学校新生通常9月份入学，招生录取机构必须在4月15日前发布招生手册，公开所有决定录取结果的全部程序、实践、标准及补充信息，如招生名额如何分配、学术门槛如何设定。高中学校校长有责任让所有考生及家长熟悉招生政策及相关材料，各地市政委员会也负责散发有关学校招生标准和报考程序的小册子。又比如2008年印度喀拉拉邦推出“单一窗口招生系统”，凡是择优录取的公开招生计划都要通过该系统完成，所有申请者都可通过招生门户网站浏览自己的录取细节，确保招生过程的便捷性、透明度和公平性。各校组织高中教师及PTA代表组成咨询台，向考生或家长提供有关招生政策的咨询，各税区、地区、邦政府也设有咨询台，分别由税区高中教育协调人、地区副主任和负责学术的联合主任负责。所有招生录取信息包括申请者等级分都要在学校布告栏公布，喀拉拉邦高中教育主任有权审核及取消录取结果。日本也是提前一年在政府官方网站、学校网页上公布本地来年高中学校的考试招生信息，包括考试科目、考试方式、录取标准、招生计划、报考程序等。

四、招生录取方式多元化

研究发现，招生录取方式多元是普遍现象和发展趋势。日本高中招生有一般入试、推荐入试、特别入试、特色选拔等多元录取方式，一般入试和推荐入试是最常用的两种主流方式。公立高中招生，有的地方以多所高中组合进行综合选拔、学校群选拔、复合选拔，有的地方以学校为单位进行单独选拔考试。日本私立高中接受单一志愿和并列志愿，有的私立高中对合格线以下的第一志愿者给予优待，也有私立高中在入学考试之前对考生进行面谈决定录取与否。美国各州情况不统一，有的州初中升高中没有门槛，有的州则要满足一些基本条件。公办学校通常是就近入学，不同类型学校初中升高中方式有所不同。美国大城市通常设有磁石学校为规定数量的外地学生提供入学机会，这种入学机会一般按照男女各半的比例以抽签方式决定，有的磁石学校专门为天才学生或有特殊兴趣的学生服务。学区举办的磁石学校通常只招收本学区的学生，州政府举办的磁石学校则招收多个学区的学生。部分磁石学校不设门槛，申请者都可入学；部分磁石学校是先到先得，招满为止；部分磁石学校采取摇号入学；也有磁石学校结合摇号和竞争性入学两种方式招生；约 1/3 的磁石学校以参加竞争性入学考试、面试和试听等方式招生。特许学校如果报考者超过招生计划，则采取随机抽取方式录取学生。印度高中学校招生方式由各邦自行规定，大多数邦采取多批次分阶段方式录取。

五、提供多层级多主体的便捷申诉渠道

实践证明，即便在法治健全、各项权立分立制衡的英国，考试招生权力仍有遭受侵蚀和腐败的现象。英国、印度等国都为考试招生制订了专门的申诉制度，对考试招生政策、过程、结果等不满的考生及家长可以向有关机构提出申诉，由独立于教育系统之外的相关机构根据国家制定的相关法规作出裁决，申诉的提出、接收、处理都有严格的程序，控辩双方都有表达意见的机会和平台，整个过程都向社会公开，保证了考试招生工作的公平公正，最大限度地杜绝了招生单位或主管部门徇私舞弊。

就考试而言，英国为考生安排了四个层级的申诉渠道，考生可以请本校考试官员向考试委员会提出复评申请，如果不满复评结果可以促请考试中心代为上诉。如果考生穷尽所有考试委员会的申诉程序仍不满意，其所在学校可以在三周内向 Ofqual 考试程序复审服务处提出申诉。Ofqual 是考试评价申诉的最终判决者和最终申诉渠道，直接对联邦议会及北爱议会负责，能够在没有任何政治

压力的情况下确保考试公平性和可比性。如果对 Ofqual 处理结果不满意,还可以联系联邦议员,敦请他们同监察专员共同处理。

在招生方面,英国制定多部法律法规保证招生公平,如《学校招生准则》《1998 年学校标准及框架法案》《学校招生申诉规范》等。任何个人或组织一旦发现公办学校或学园的招生方案有违规违法之嫌,均可在规定时间内向学校审判员提出申诉。学校审判员的独立裁决只有通过高等法院行政法庭的司法审查才可被推翻。科拉姆儿童法律中心专门负责援助任何有需要的落选者向志愿学校提出申诉。申诉必须在规定时间内举行由至少 3 人组成的独立陪审团参加的听证会,陪审团的裁决只能被法院推翻。英国还为不同类型学校专门安排了不同的申诉渠道,对于社区学校、受监管津贴学校,落榜者可以依据《学校招生申诉规范》提出申诉;对于学园及基金会信托学校,落榜者可以依据《1998 年学校标准及框架法案》提出申诉。

第十二章　我国部分省市中考改革方案

第一节　北京市中考改革方案

北京市是全国政治、经济和文化中心，教育发展水平也是全国领先，每年参加中考的考生约为7万人左右。北京市中考采取全市统一考试科目、统一考试时间、统一组织考试、分区县网上评卷的方式。2016年5月北京市教委公布《北京市深化考试招生制度改革实施方案》，提出中考改革的具体设想。2018年8月北京市教委发布《关于进一步推进高中阶段学校考试招生制度改革的实施意见》，提出到2021年初步形成基于初中学业水平考试成绩、结合综合素质评价的高中阶段学校考试招生录取模式，健全促进公平、规范有序、监督有力的体制机制。北京市2018年中考改革方案在“两考合一”、考试科目及分值等方面作出了较大调整，并没有完全延续2016年《北京市深化考试招生制度改革实施方案》提出的改革措施，特别是废弃了其中被誉为突出亮点的选考科目原始分按不同系数折算计入总分的设想(9种组合、54种折算方式)。

一、考试评价制度改革

(一) 初中学业水平考试

2018年开始北京市将初中毕业考试和高中招生考试“两考合一”，实行初中学业水平考试，考试成绩是学生毕业和升学的基本依据。北京是全国最后采用“两考合一”的三个省(区、市)之一(另外两个是河北和西藏)。

1. 考试科目与内容

坚持全开全学、全科开考、全科赋分，引导学生扎实学习每门科目。考试设置语文、数学、外语、道德与法治、历史、地理、物理、化学、生物、体育与健康、艺术(音乐、美术)、综合实践活动中的信息技术和劳动技术12个科目。严格按照义务教育课程标准确定考试内容，重视发挥考试的教育功能，贴近生活，注重实践，突出首都特色，在各科考试内容中融入对社会主义核心价值观和中国传统文化内容的考查。语文、数学、外语、道德与法治、历史、地理、物理、化学、生物9门科目由全市统一命题、统一考试、分区评卷；体育与健康、艺术(音乐、美术)、综合实践活动中的信息技术和劳动技术3门科目由各区按照市级有关要求组织实施。实行随教、随考、随清，地理、生物考试安排在初二第二学期末，语文、数学、外语、道德与法治、历史、物理、化学考试安排在初三第二学期末。

2. 成绩呈现与应用

考试成绩以原始成绩和等级成绩呈现。等级成绩依据原始成绩划定，分为A、B、C、D四个等级。其中C等及以上为合格，D等为不合格。语文、数学、外语3门科目分值均为100分，其中外语卷面考试60分，听力和口语考试40分(与统考笔试分离，学生有两次考试机会)。道德与法治、历史、地理、物理、化学、生物6门科目分值均为80分(6门均含10分开放性科学实践活动或综合社会实践活动成绩)，体育与健康分值40分，艺术(音乐、美术)、综合实践活动中的信息技术和劳动技术考试以等级成绩呈现。考试不合格由各区按市级有关要求组织补考，补考成绩只计合格/不合格。最终采取“6+2”模式，从12门考试科目中确定8门按原始成绩计入中招录取总成绩，满分为660分。语文、数学、外语、体育与健康、道德与法治、物理6门成绩必须计入，另外在历史、地理、化学、生物4门成绩中择优确定两门成绩计入(按照文理兼顾原则，在历史、地理中择优确定1门，在化学、生物中择优确定1门)。

(二) 综合素质评价

综合素质评价是对学生全面发展状况的观察、记录和分析，其评价结果是学生毕业和升学的重要参考。评价内容包括学生的思想道德、学业水平、身心健康、艺术素养、社会实践等方面，依托学生综合素质评价电子平台进行管理、记录和评价，以客观记录反映学生综合素质的代表性、关键性事实为主要方式。评价结果以《北京市初中学生综合素质评价报告册(试行)》的形式呈现，设A、B、C、D四个等级，学生的评价报告册及等级经公示后供高中阶段学校招生使用。各校制定评价方案和实施细则，报区教委备案后实施，评价结果最终由学校确认。

二、招生录取制度改革

探索基于初中学业水平考试成绩、结合综合素质评价的招生录取模式，改革录取计分科目构成，适当给予学生自主选择和高中阶段学校自主招生机会。

(一) 统一招生

依据6门必考科目+2门选考科目总成绩择优录取。控制示范高中跨区投放招生计划，遏制名校跨区"掐尖"，既有利于远郊区留住考生，也有利于高中自身的提升。考试内容的变化和选择的丰富（改革前理科分值总分占比超过50%，改革后占比不足40%）也会给予具有文科优势的考生及学校更多机会和空间。

（二）名额分配

2011年起北京市开始探索优质高中校部分招生计划分配到初中校制度，2015年通过市级统筹对名额分配进行优化，分配比例从最初的10%增加到50%，名额分配从区域内拓展到跨区域，加大了推进义务教育均衡发展的力度。部分示范高中可适当编制并逐年减少跨区招生计划，跨区招生计划重点向优质高中教育资源比较短缺的区和一般初中学校倾斜。城乡一体化学校可申请在资源输出区适当编制跨区招生计划。民办高中、普通中等专业学校、技工学校和获得"国家级、省部级重点中等职业学校"称号的职业高中可在全市范围招生。中考改革继续坚持和完善优质高中"校额到校"招生政策，将全市优质高中50%以上的招生名额分配到一般初中学校，实现每所初中校学生升入优质高中机会基本均等。"校额到校"招生采用校内选拔方式，依据初中学业水平考试成绩和综合素质评价录取，其中综合素质评价至少需要达到B等以上。

（三）自主招生

部分具备条件的高中阶段学校可申报开展自主招生改革试点。试点学校可根据办学定位、传统特色、学科优势等情况，开展人文、科学、艺术、体育、中外合作课程班等特色招生、校内或集团内直升、"1+3"培养试验、职业教育人才培养试验等改革探索。自主招生依据初中学业水平考试成绩、综合素质评价以及面试情况录取，试点学校提前确定报考条件、录取规则以及监督机制等，报市教委备案后在规定时间向社会公布。北京市2016年开始探索"1+3"人才培养模式改革，部分优质高中学制延长为4年，面向本区或跨区招收初二学生，这些被选中的初二学生中考将免试。跨区招生的对象包括本校初中部及其位于其他区县的分校初中部学生，本区招生指区县内特色高中或区级示范高中面向本区内各校初中部学生招生，但现实情况是各高中多以本校初中部学生为主。

（四）加分照顾政策

严格控制考试招生加分项目和分值，健全考生加分资格审核公示制度。2018年北京市中考有8类中考生可获得5分至20分不等的加分，还有部分考生可享受优先录取照顾政策。烈士子女、符合特定条件的军人子女可以享受加分20分的优待；符合特定条件的人民警察子女、见义勇为人员本人或子女、符合特定条件的军人的子女可以享受加分10分的优待；归侨(华侨)子女、台湾省籍考生、符合特定条件的少数民族考生享受加分5分的优待；现役军人子女、现任驻外使领馆工作人员随任子女，在总分相同情况下优先录取。以上多种加分条件不累加享受，相关考生信息将在北京教育考试院网站公示。

第二节　上海市中考改革方案

2018年3月，上海市教委发布《上海市进一步推进高中阶段学校考试招生制度改革实施意见》，正式启动中考改革。目标是到2022年，初步建成具有上海特点、体现科学教育质量观、以初中学业水平考试为依据、结合初中学生综合素质评价的初中毕业和高中阶段学校招生录取制度，健全程序规范、结果公正、保障有力的考试招生管理机制。

一、考试评价制度改革

上海市全学、全考、全用，引导学生认真学习每一门课程。新增道德与法制、历史，增强学生家国情怀和历史使命感。综合测试的实验操作、英语考试的听说测试等，体现对学生综合素质的重视。

(一) 初中学业水平考试改革

自2017年入学的六年级学生起，全面实施初中学业水平考试制度。

1. 科目设置

考试设置语文、数学、外语、道德与法治、历史、地理、物理、化学、生命科学、信息科技、体育与健身、科学、社会、艺术(包括音乐和美术)和劳动技术15门科目，引导学生认真学习每一门课程，考试内容以初中各科课程标准为依据。计入总成绩的科目从6门增加到8门：语文、数学、外语、综合测试(含物理、化学，但涉及跨学科案例分析[①]的内容不计分)、道德与法治、历史、体育与健身。

2. 组织实施

语文、数学、外语(含听说测试)、物理、化学5门科目考试由市统一命题、统一组织、统一评卷，其中物理和化学(含实验操作)两科学生可参加两次，并择优计入总成绩。道德与法治、历史采用统一考试和日常考核相结合的方式评分，统

① 跨学科案例分析主要涉及地理、生命科学等学科，侧重考核综合运用各学科知识分析和解决实际问题的能力。

一考试由市统一命题、统一开卷考试、统一评卷。综合测试中的物理和化学(含实验操作)、地理、信息科技、生命科学、科学和社会 5 门由市统一命题、统一评分标准,由各区在统一时间组织开卷考试和评卷。体育与健身亦采用统一测试和日常考核相结合的方式评分。艺术和劳动技术 2 门由学校根据课程标准和学生平时表现综合评定成绩。

3. 考试时间

各科目考试分散在整个初中阶段,随教、随考、随清,在相应基础型课程学习结束后进行考试,学生只能参加一次(物理和化学实验操作考试除外),保障初中课程计划的有效实施。

4. 成绩呈现方式

成绩分别以等第和分数呈现。语文、数学、外语、道德与法治、历史、物理、化学和体育与健身 8 门为计分科目,成绩在以分数呈现的同时,还划分为合格、不合格两个等第;其他科目为非计分科目,考试成绩仅以等第呈现,分优秀、良好、合格、不合格四个等第。计分科目的分值分配如下:语文、数学和外语各 150 分;道德与法治和历史各 60 分(日常考核、开卷考试各 30 分);体育与健身 30 分(日常考核、统一测试各 15 分);综合测试 150 分(物理 70 分、化学 50 分、跨学科案例分析 15 分、物理和化学实验操作 15 分)。

5. 考试结果应用

上海市初中在籍学生均需参加初中学业水平考试,各科目初中学业水平考试成绩合格是初中学生毕业的必要条件。2021 年起,高中阶段学校招生以语文、数学、外语、道德与法治、历史、体育与健身 6 门科目初中学业水平考试成绩和综合测试成绩计分,总分 750 分,作为录取的基本依据。

(二)初中学生综合素质评价改革

改革自 2018 年入学的六年级学生起实施,综合素质评价突出对学生成长过程的客观记录,整体反映学生德智体美全面发展情况和个性特长,重点关注初中学生社会考察、探究学习、职业体验等综合实践活动的情况记录。综合素质评价内容包括:品德发展与公民素养、修习课程与学业成绩、身心健康与艺术素养、创新精神与实践能力等。在《上海市学生成长记录册》的基础上,建设初中学生综合素质评价信息管理系统,建立客观、真实、准确记录信息的管理和监督机制。

改革还将综合素质评价结果作为初中学生毕业的必要条件。在高中阶段学校自主招生和高中名额分配综合评价录取过程中,将综合素质评价和高中阶段学校综合考查结果相结合作为重要依据。初中综合素质评价与高中阶段综合素质评价相衔接，为学生生涯发展规划提供参考。

二、高中招生录取制度改革

为完善初中学业水平考试与综合素质评价相结合的多元招生录取机制，各高中采用自主招生、名额分配综合评价和统一招生三种招生办法，为学生提供多次选择机会。

（一）自主招生

市实验性示范性高中和市特色普通高中将部分招生计划用于自主招收全市范围内有个性特长和创新潜质的初中毕业生，其中普通高中的自招人数不得超过招生计划总数的6%。招生学校对学生综合能力、个性特长等进行自主选拔，中考达线后正式录取。体育、艺术特长生是自主招生的特殊对象，招生学校和招生计划单列。中职校自主招生包括航空服务类招生、艺术类招生和自荐生招生，招生学校可以将面试或专业考试成绩作为报考资格和录取依据。

（二）名额分配

推行名额分配综合评价录取招生办法，市实验性示范性高中65%以内的招生计划由市分配到有关区，区分配到具体的初中学校，其中70%分配到不择生源的初中学校并逐步扩大比例。招生机构根据学业水平考试计分科目总成绩和政策加分按1∶2比例投档，高中学校结合综合素质评价对考生进行综合考查(50分)，按考生计分科目总成绩、政策加分和综合考查成绩总分录取。

（三）统一招生

高中阶段学校根据考生志愿、计分科目总成绩和政策加分投档录取。中等职业学校实行招生计划不分区、全市投档录取，促进学校内涵和特色发展。

（四）中高职贯通

推进中本贯通、中高职贯通试点，逐步扩大专业范围和招生规模。

第三节　浙江省中考改革方案

2017年12月27日，浙江省教育厅发布《关于进一步推进高中阶段学校考试招生制度改革的实施意见》，正式启动中考改革。

一、考试评价制度改革

（一）初中学业水平考试改革

浙江省2004年建立初中学业水平考试制度，将初中毕业考试和高中招生考试“两考合一”。初中阶段国家课程方案设定的所有科目全覆盖，取消原保送生和直升生可以不参加学业水平考试的规定，引导学生用心学习每一门课程。语文、数学、外语、科学、社会（包括道德与法治、历史与社会，简称社会）和体育与健康等6科是统一考试科目。音乐、美术、综合实践活动等学科由各市、区教育行政部门制定考试标准和要求，由各地学校组织实施，成绩记入学生综合素质评价。

省教育厅制定政策和考试说明，中考命题权、施考权、阅卷权等下放给设区市。语文、数学、外语、科学、社会等考试科目，以学生发展核心素养为命题重点，加强试题与社会实际及学生生活的联系，加强对学科思维能力的考查，加强对解决问题能力和实践能力的考查。学业考试试卷难度系数控制在0.70至0.75之间，可采取闭卷、开卷、开闭卷结合和机考等不同考试形式，2020年浙江各地全面开展外语听说能力人机对话和科学实验测试。体育与健康考试分值不低于总分的5%，设区市自行组织命题，也可合作命题和委托省教育厅教研室命题。考试成绩采用分数、等级等多种形式呈现，鼓励有条件的地区实行等级呈现。

（二）综合素质档案

建立规范的学生综合素质档案，客观记录学生成长过程中的突出表现，侧重学生的社会责任感、创新精神和实践能力，主要包括品德表现、运动健康、艺术素养、创新实践等内容。综合素质评价结果在高中各类招生录取中真正发挥作用，采取综合等第或折分方式计入总分，或采取品德表现加学生最优秀的其他1～2个维度的等第折算分数计入总分。以嘉兴市为例，把学生初中三年6个学期的分数加总折算为20分。学生品德表现采用写实描述的方式呈现，运动健康、艺术素养、创新实践的评价结果分三个等第，用A、B、C表示，分别代表“优秀”“合格”“需努力”。采用学生自评、互评和教师评议相结合，学生互评权重不低于50%。各维度评价等第比例由设区市教育局确定，学校根据要求实行总量控制。到2020年，初中学生综合素质评价结果成为学生毕业和各类招生的基本依据，注意发挥综合素质评价各个维度的独立意义。

二、招生录取制度改革

建立基于初中学业水平考试成绩、结合综合素质评价的高中阶段学校招生录取模式，逐步形成全面考查、综合评价、多元录取的招生制度。公办普通高中学校未经上一级教育行政部门核准，不得跨区域招生，民办普通高中学校继续实行跨区统筹招生。严禁挂靠学籍，做到“人籍一致”，所有初中生都要参加中考，取消保送生、直升生不参加中考的特权。

（一）名额分配招生

普通高中招生名额以初中毕业生人数为主要依据按比例分配到区域内初中学校，招生名额要向农村初中倾斜。优质示范普通高中学校分配名额比例自2018级学生开始不低于60%，有条件的地方可以提高分配比例。

（二）自主招生

自主招生包括特长招生和特色招生两种方式，招生计划原则上不超过学校招生总数的20%，其中特长招生控制在5%以内。经省级教育行政部门审批的特长项目，可以跨设区市实施招生。新增特色招生方式，高中学校根据办学定位和特色选择一至两门学业水平考试成绩等作为前置要求，再结合中考成绩和综合素质评价结果择优录取。

（三）中职统一招生平台

按属地管理原则，把各类中职学校统一纳入市县统一招生平台有序招生，将普通高中与中职学校列入同一批次志愿同步录取。

（四）取消奖励类加分

严格控制加分项目和加分分值，取消体育、艺术、科技等奖励类学生加分项目，相关特长和表现全部计入学生个人综合素质评价档案。有这些特长的同学可以参加高中的自主招生，比如体育、艺术等门类的特长招生。

第四节　广东省中考改革方案

2017年12月14日，广东省教育厅发布《关于进一步推进高中阶段学校考试招生制度改革的实施意见》，正式启动中考改革。广东省中考由省级统筹管理，地级市负责组织实施。目标是到2020年左右初步形成基于初中学业水平考试成绩、结合初中学生综合素质评价的高中阶段学校考试招生录取模式和公平科学、规范有序、监督有力的管理机制。

一、考试评价制度改革

（一）初中学业水平考试制度

各市自2017年起，从当年初中新生开始实施初中学业水平考试和综合素质评价改革。

1. 考试科目

涵盖国家《义务教育课程设置实验方案》规定的全部科目，包括语文、数学、外语、道德与法治、历史、地理、物理、化学、生物、体育与健康、音乐、美术、信息技术等13个科目，引导学生认真学习每门课程，确保初中教育的基本质量。

2. 考试内容

严格按照国家《义务教育课程标准》确定各学科考试内容，着重考核学生掌握学科基础知识与基本技能的宽度和广度，试题试卷的整体难度适当，减少机械记忆、简单重复训练性质的内容，杜绝偏题、怪题；注重与学生生活、社会实际和科技发展等的联系，侧重考核学生在真实情境中发现问题、运用所学知识分析和解决问题的能力，增加创新性、探究性和开放性试题的比例。将物理、化学和生物中的实验操作纳入考试范围。

3. 考试方式

各科考试以笔试为主，探索面试、口试、实践考察、实验操作和技能测试等多种考评方式。物理、化学和生物科目考试分为笔试和实验操作，实验操作分值不低于每门总成绩的10%。语文、数学、外语、道德与法治、历史、地理、物理、化学、生物这9门科目考试逐步由各市委托命题过渡到省教育考试院统一组织命题，各市组织实施。理、化、生实验操作，体育与健康，音乐，美术和信息技术科目考试由各市命题并组织实施。

4. 考试时间

各科考试时间依据课程方案和学完即考的原则确定，其中委托或由省教育考试院统一命题科目的考试时间由省教育考试院确定。

5. 成绩呈现

考试成绩可以采用分数、等级等多种形式呈现，鼓励有条件的市仅以等级形式呈现。语文、数学、外语、体育与健康以分数形式呈现，其他科目可以分数或等级形式呈现，等级划分及细化具体办法由各市确定。

（二）初中学生综合素质评价制度

1. 评价内容

综合素质评价主要包括学生的思想品德、学业水平、身心健康、艺术素养和社会实践等 5 个方面。初中学校要将综合实践活动中的研究性学习、社区服务与社会实践、劳动与技术教育以及理化生实验操作和没有作为录取计分科目的学科，在综合素质评价中予以体现。各市可以突出学生某方面的发展情况作为录取依据，高中学校可以直接采用初中学校综合素质评价结果，也可以另行组织专业人员对综合素质评价档案材料进行客观评价。

2. 评价程序

建立省级和市级学生综合素质评价信息管理平台，省教育厅制订统一要求，市制订科学规范的评价体系，学校明确具体要求和措施。初中学校要为每位学生建立综合素质评价档案，指导学生及时做好写实记录。建立由年级组长、班主任和相关教师组成的班级综合素质评价工作小组，具体负责所在班级综合素质评价工作。每学期末，初中学校要及时将公示审核后的事实材料统一导入信息管理平台。学生毕业时，学校要综合学生三年表现对上述 5 个方面分别作出写实性评价。

二、招生录取制度改革

全省自 2020 年起对初中一年级新生开始实施基于初中学业水平考试成绩、结合综合素质评价的招生录取办法改革。

（一）计分科目

各市根据文理兼顾、学科课程与活动课程平衡、负担适度的原则，确定纳入高中阶段学校招生录取科目及其计分比例。除语文、数学、外语、体育与健康 4 门科目外，至少将道德与法治、历史、物理和化学 4 门作为高中阶段学校招生录取科目，鼓励将地理和生物作为高中阶段学校招生录取科目。体育与健康分值不低于录取总分的 8%。鼓励有条件的市探索给予学生自主选择录取科目的机会，促进学生发展兴趣爱好。

（二）中职学校招生

完善中等职业学校招生注册入学机制，优质中等职业学校可实行综合评价、择优录取。合理引导初中毕业生有序分流，鼓励和引导动手能力强、职业倾向明显的学生接受职业教育，确保普通高中和职业高中（以下简称普职）招生比例大体相当。进一步扩大中高职贯通试点院校的招生规模，提升中等职业教育吸引力。

（三）指标分配

完善优质高中招生名额按比例合理分配到区域内初中学校的办法，名额分配比例不低于50%，适当向农村初中倾斜。名额分配招生采用单独批次、单独录取的招生办法，试点市从2017或2018年、其他市从2020年入学的初中一年级新生起，名额分配招生一律不得设限制性分数线。

（四）自主招生

各市可给予普通高中一定数量的自主招生名额，公办学校自主招生比例控制在年度招生计划的10%以内，选拔具有学科特长或创新潜质的优秀学生。高中学校在自主招生时可将综合素质评价作为主要依据。

（五）加分项目

从2017年入学的初中一年级新生开始，取消国家规定以外的所有加分项目，体育、艺术和科技类等相关特长和表现记入学生综合素质评价档案。规范执行国家规定的特殊群体等加分政策，实行加分项目、分值、资格和名单公示制度。

第五节　深圳市中考改革方案

2018年11月27日，深圳市教育局发布《关于进一步推进高中阶段学校考试招生制度改革的实施意见》，目标是到2021年左右初步形成基于初中学业水平考试成绩、结合综合素质表现评价的高中阶段学校考试招生录取模式，以及规范有序、监督有力的管理机制。

一、考试评价制度改革

（一）初中学业水平考试

继续实行初中毕业、高中招生“两考合一”，减轻学生备考负担。

1. 考试科目

涵盖国家《义务教育课程设置实验方案》规定的全部科目，包括语文、数学、外语、道德与法治、历史、地理、物理、化学、生物、体育与健康、信息技术、音乐、美术13科，引导学生认真学习每门课程。将物理、化学、生物的实验操作纳入考试范围。计分科目为语文、数学、外语、道德与法治、历史、物理、化学、体育与健康8科。考试实行全市统一命题、统一考试时间、统一评卷和统一公布成绩。生物、地理合卷考试和物理、化学、生物实验操作考试成绩不计入录取总分，以等级呈现成绩；其中生物、地理合卷考试等级划定比例与其他学业水平考试科目一致，物理、化学、生物实验操作考试成绩分“合格”和“待合格”两个等级。各高中学校可以根据办学特色申请设定生物、地理考试和实验操作考试录取等级要求。

2. 考试内容

严格按照国家《义务教育课程标准》，增强基础性和综合性，着重考核学生掌握学科基础知识的宽度和广度，控制试题的整体难度适当；注重试题与学生生活、社会实际的联系，注重考查学生综合运用所学知识分析问题、解决问题的能力；增加探究性和开放性试题的比例，培养学生的创新精神和实践能力。

3. 考试方式

以笔试为主，探索面试、口试、实践考察、实验操作和技能测试等多种方式。积极探索应用计算机进行考试。

4. 考试组织

八年级下学期，全市统一组织生物、地理两门科目的文化考试和生物实验操作考试。九年级下学期，全市统一组织语文、数学、外语、道德与法治、历史、物理、化学 7 门科目的文化考试，以及物理、化学两门科目的实验操作考试和体育考试。物理、化学、生物三门科目的实验操作考试，外语听说考试，体育考试在同一学期另设时间单独组织实施。信息技术、音乐和美术科目由全市统一组织命题，各区（新区，下同）教育行政部门组织实施。

5. 成绩呈现

考试成绩采用分数、等级两种方式呈现。单科等级根据单科原始分确定，等级设定以及各等级划定比例为：A^{+}（5%）、A（20%）、B^{+}（25%）、B（25%）、C^{+}（20%）、C（5%）。中考满分 610 分：语文 120 分，数学 100 分，外语 100 分，物理、化学（合卷）120 分，历史、道德与法治（合卷）120 分，体育与健康 50 分。

（二）综合素质表现评价

客观记录初中学生在成长过程中德智体美劳全面发展情况、个性特长和突出表现，为学生毕业和升学提供重要参考依据。

1. 评价内容

依托深圳市学生综合素质表现评价信息管理平台，建立完善的《深圳市初中学生综合素质表现评价档案》，从思想品德、学业水平、身心健康、艺术素养和实践创新五个重要观测点对学生的综合素质表现进行评价。将综合实践活动、信息技术、音乐和美术等没有作为录取计分科目的学科，并入到综合素质表现评价中予以体现。

2. 评价程序

依据深圳市初中学生综合素质表现评价指标体系，完善涵盖写实记录、评语评价和重要观测点计分评价的学生综合素质表现等级评价模式。在学生个人重要或者典型活动的写实记录、经过审核的事实证明材料的基础上，结合五个重要观测点，每学期末对学生综合素质表现进行计分评价。评语评价包括学生自我陈述、家长和教师综合性评语。毕业时综合学生初中阶段的过程性评价，形成围绕这五个方面的评价等级。

3. 结果运用

形成初中学生综合素质表现评价电子档案，为高中阶段学校招生录取工作服务。市、区教育行政部门要督促检查学校使用信息平台的情况，学校应当为每个学生建立综合素质表现评价档案（含电子档案），实现信息化管理。综合素质表现评价等级纳入划定招生学校录取标准；学业水平考试成绩相同的情况下，综合素质表现评价等级高者优先录取；自主招生学校应当将综合素质表现评价作为录取的重要参考条件。

二、招生录取制度改革

积极探索基于初中学业水平考试成绩、结合综合素质表现评价的招生录取模式，自 2018 年秋季入学的七年级新生开始实施。

（一）中职招生

完善中等职业学校招生注册入学机制，优质中等职业学校可实行综合评价、择优录取。合理引导初中毕业生有序分流，鼓励和引导动手能力强、职业倾向明显的学生接受职业教育，努力促进普职招生比例大体相当。积极面向初中毕业生做好中高职贯通试点院校招生工作，打通职业教育“中职升本科”成长通道，提升中等职业教育吸引力。

（二）指标到校

完善优质高中招生名额合理分配到初中学校的招生办法，优质高中指标到校比例不低于 50％，指标生安排单独批次录取，指标生名额的分配范围与各高中学校招生范围一致，分配原则为：以各初中学校报名参加中考的考生数占全市中考考生数的比例确定各初中学校的指标生名额。各初中学校所获指标生计划没有完成的自动失效，自动转为普通生计划进行录取。

（三）自主招生

公办普高自主招生名额原则上不超过招生计划的10%，用于招收具有学科特长、创新潜质的学生。建立自主招生考生培养跟踪机制，学校每年10月向市教育局报告自主招生学生的培养情况。对自主招生培养工作成效差，出现弄虚作假行为的学校，市教育局将取消其自主招生资格并予以通报批评。

（四）直升生招生

自2018年起用三年时间逐步控制直升招生方式直至彻底取消，当年控制直升生比例不超过10%，2019年直升生比例不超过5%，2020年全面取消直升生。

（五）加分项目

根据国家有关规定设置中考加分，本市不另行增加任何加分项目，严格控制加分分值，健全考生加分资格审核公示制度。

（六）招生管理

进一步明确招生范围、招生规模，严禁违规跨区域和擅自提前招生，严禁无计划、超计划招生，严禁利用中介机构非法招生，严禁招生乱收费和有偿招生，严禁"生源保护"和恶性竞争，严禁以中考成绩对各初中学校进行排名，严禁以任何形式向初中学校下达升学指标，不得以中考成绩为标准奖惩校长、教师。

第六节　四川省中考改革方案

2017年11月27日，四川省教育厅下发《关于进一步推进高中阶段学校考试招生制度改革的实施意见》，目标是2020年左右基本形成基于初中学业水平考试成绩、结合综合素质评价的高中阶段学校考试招生录取模式和规范有序、监督有力的管理机制。

一、考试评价制度改革

（一）初中学业水平考试

2017年秋季起实行初中学业水平考试，考试成绩是学生毕业和升学的基本依据，将初中毕业考试和高中招生考试合二为一，能够实现一考多用，避免多次考试，减轻学生重复备考负担。

1. 考试科目

覆盖《国家义务教育课程设置实验方案》规定的所有科目，包括语文、数学、外语、物理、化学、生物、道德与法治、历史、地理、体育与健康、音乐、美术、综合实践活动中的信息技术和地方课程等。综合实践活动的其他相关情况(包括研究性学习、社区服务与社会劳动实践、劳动与技术教育)作为综合素质评价内容。高中阶段学校录取计分科目的构成和数量,主要由市(州)根据当地实际进行设计,一般仍采取“4(语文、数学、外语、体育与健康)＋6(道德与法治、历史、地理、生物、物理、化学)”模式录取计分,没有被纳入计分的科目只要考试成绩合格即可。

2. 成绩呈现

考试科目分值以《国家义务教育课程设置实验方案》、课程标准设定的课时、课程容量等为主要依据,避免个别科目分值过低、科目之间分值差距过大。考试成绩可以采用分数、等级等形式呈现,鼓励有条件的地区实行等级呈现,音乐、美术用等级或采用合格、不合格呈现。体育与健康纳入高中阶段学校招生录取计分科目,分值权重不低于总分的8％。

3. 组织实施

语文、数学、外语实行笔试闭卷考试,有条件的市(州)外语考试可增加听力、口试。语文、数学、外语命题由省教科所组织,其他科目考试命题由各市(州)组织实施,各地也可根据需要进行联合命题。物理、化学、生物三科的考核由笔试和实验操作技能考试两项相结合计算总成绩。道德与法治、历史、地理实行纸笔考试,信息技术考试上机操作,体育与健康考试由体能和技能项目组成,鼓励多项目抽考选考,由市(州)统一组织实施。音乐、美术成绩由艺术素质测评和技能测试成绩组成,由市(州)确定具体要求。地方课程由各市(州)确定考试方式,其中文化类学科可以采取各科分卷或相近科目合卷的方式考试。

4. 考试时间

语文、数学、外语每年6月中旬进行,物理、化学、道德与法治、历史、生物、地理、信息技术7科考试和物理、化学、生物实验操作考试则实行学完即考。体育与健康考试、音乐和美术技能测试在九年级下学期进行。

(二) 综合素质评价

综合素质评价重点记录学生思想品德、学业水平、身心健康、艺术素养和社会实践等五个方面的成长记录。例如,参加专题教育、社会实践、班级活动及社团活动的记录;个性特长、艺术特长和获得奖励的记载等。评价程序先后为写实记录、整理遴选、公示审核、形成档案。每学期末,教师指导学生依据写实记录材料整理、遴选出代表性重要活动记录和典型事实材料记入综合素质评价档案,在教室、公示栏、校园网等显著位置公示。初中学校和教师要对学生成长过程进行科学分析，引导学生发现自我。初中学校要将学生综合素质档案提供给高中阶段学校作为择优选拔新生、自主招生的重要参考或依据。高中学校要在招生章程中明确提出综合素质评价结果的具体使用办法并提前公布。试点地区要将综合素质评价明确纳入招生录取的参考或依据。

二、招生录取制度改革

全省逐步建立基于初中学业水平考试成绩、结合综合素质评价的高中阶段学校考试招生录取模式。现已采取“4＋6”模式录取计分的，不再减少计分科目。绵阳市、宜宾市、眉山市作为改革试点，从 2017 年秋季起启动改革，计划至 2021 年全面实行基于初中学业水平考试成绩、结合综合素质评价的高中招生录取办法。

（一）加分项目

2017 年秋季开始全面取消体育类、艺术类、科技类、比赛类、过程评价类等加分项目，各地同步取消地方规定的各类加分项目，相关特长和表现等计入学生综合素质评价档案。

（二）中职招生

各市（州）科学合理制定招生计划，创新中职招生考核方式，鼓励和引导动手能力强、职业倾向明显的学生接受职业教育，确保普职招生规模大体相当。建立普通高中和中等职业学校合作机制，探索课程互选、学分互认、资源互通，为高中阶段学生提供选择机会。

（三）名额分配

实行优质学校指标到校。省级示范性公办普通高中统招生计划 50％以上合理分配到区域内的初中学校，国家级重点（示范）优质中等职业学校也可将一定比例的招生名额分配到区域内初中，适当向农村教育资源、贫瘠的初中倾斜。

（四）自主招生

省级示范性公办普通高中可开展自主招生，招收具有学科特长、创新潜质的学生，推动高中阶段学校多样化特色化发展。市（州）域范围内的自主招生资格和方案由市（州）教育行政部门审批，招生比例一般不超过各校当年招生计划的 5％。跨市（州）自主招生资格和方案经市（州）教育行政部门审核后报教育厅审批。各地要严格控制自主招生计划，将招生时间、招生办法和招生程序等各个环节和录取结果向社会公开。

（五）招生监管

高中阶段学校招生由市（州）教育行政部门组织实施，各地要完善招生计划编制办法，根据区域内学校布局、学校规模的大小、规定班额的多寡以及普职招生规模大体相当的原则核定招生计划并严格执行。无论公办、民办学校均须严格执行年度招生计划，不得无计划招生和超计划招生。公办普通高中学校应当严格按照教育行政部门核定的招生范围招生，严禁未经教育厅批准擅自跨市（州）招生。中职学校可面向全省范围自主招生。严禁各地各校违规跨区域招生、超计划招生、提前招生和恶性争抢生源等。禁止公办学校以民办学校名义招生或民办学校以公办学校名义招生。禁止把以公办学校名义招收的学生安排在民办学校或社会培训机构就读。

第七节　成都市中考改革方案

2018 年 12 月 27 日，成都市教育局发布《关于进一步推进高中阶段学校考试招生制度改革的实施方案》，目标是到 2022 年形成基于初中学业水平考试成绩，结合综合素质评价的高中阶段学校考试招生录取模式和规范有序、监督有力的管理机制。

一、考试评价制度改革

（一）初中学业水平考试

建立市级统筹、以县为主的初中学业水平考试管理体制。坚持初中毕业、高中招生“两考合一、一考多用”，统一全市初中学业水平考试标准、科目和时间。完善全市统一的考试评卷信息化平台，统一网上评卷，实现同考等值。

1. 考试科目

覆盖《国家义务教育课程设置实验方案》规定的所有科目，2019 年秋季起考试科目定为：语文、数学、外语、物理、化学、生物、道德与法治、历史、地理、体育与健康、音乐、美术、综合实践活动中的信息技术和地方课程。

2. 考核方式

语文、数学、外语实行纸笔闭卷考试，由四川省教科院组织命题。物理、化学、生物采取纸笔闭卷考试和实验操作技能考试相结合的方式，每个科目的两项考试成绩合并计算作为该学科总成绩，实验操作技能考试按省教育厅相关要求执行。道德与法治、历史实行开卷考试，地理采取纸笔闭卷考试，信息技术实行上机操作考试。体育与健康考试由统一考试和体育素质综合评价考核组成，其中统一考试由体能和技能项目组成，实行必考加选考的模式。音乐、美术成绩由艺术素质测评成绩和技能测试成绩确定，由初中学校根据市教育局要求实施。综合实践活动中的地方课程测试由各学校自行组织。

3. 命题要求

根据《国家义务教育课程设置实验方案》，确定考试内容范围，研制考试试题，兼顾毕业考试和招生考试的不同功能。增强考试内容的基础性、综合性，增强与学生生活、社会实际的联系，增强对学生独立思考和综合运用所学知识分析、解决问题能力的考查。以促进学生全面发展为根本，注重对学生科学素养、人文素养、实践能力和创新精神等综合素质的基础考查。

4. 考试时间

语文、数学、外语、物理、化学考试在初中生毕业当年6月中旬进行。道德与法治、历史、生物、地理、信息技术考试和物理、化学、生物实验操作考试实行学完即考。体育与健康统一考试、音乐和美术技能测试安排在九年级下学期进行。

5. 成绩呈现

语文、数学、外语、体育与健康、道德与法治、历史、物理、化学、地理、生物10个科目纳入高中阶段学校招生录取计分科目，总分为710分。实行全市统一命题、统一考试、统一评卷。语文、数学、外语三科满分各150分，直接计入总分；物理、化学卷面各100分(含实验操作考试15分)，物理成绩按70%计入，化学成绩按50%计入；体育与健康60分(含体育素质综合评价考核10分)，直接计入总分；生物(含实验操作考试15分)、历史、地理、道德与法治卷面各100分，按20%计入。

(二) 综合素质评价

1. 评价内容

具体包括思想品德、学业水平、身心健康、艺术素养、社会实践五个方面。市教育局制定实施方案，初中学校要进一步细化和完善这五个方面的评价内容和要求，充分反映学生的全面发展情况和个性特长，注重考查学生的日常行为规范养成和突出表现，坚持客观性评价与发展性评价相结合、定性与定量相结合。

2. 评价程序

由各县(市、区)教育行政部门负责，学校具体组织实施。基本程序先后为写实记录、整理遴选、公示审核、形成档案。市教育局研发“成都市中学生综合素质评价记录管理系统”，县(市、区)教育行政部门要督促指导学校使用好记录管理系统，初中学校要为每个学生建立综合素质表现评价档案，实现信息化管理，并将用于招生的重要活动记录和典型事实材料进行公示、审核，九年级下学期(毕业当年4月底以前)完成。

3. 结果运用

初中学校和教师要充分利用写实记录材料，对学生成长过程进行科学分析，引导学生发现自我，明确努力方向。初中学校要将学生综合素质档案提供给高中阶段学校，作为高中学校选拔新生、自主招生的参考或依据。各高中学校要在招生章程中明确提出综合素质评价结果的具体使用办法并提前公布。

二、招生录取制度改革

(一) 普职融通

初中毕业生就读中职类学校实行免试注册入学制度，推动普职融通育人模式改革，探索普通高中与中职学校资源共享、课程互选、学分互认、学籍互转，建立普通高中教育与中等职业教育融合衔接的人才培养机制，为高中阶段学生提供二次选择的机会。

(二) 指标到校

合理分配优质高中招生名额，省级示范性公办普通高中要把50%以上统招计划均衡分配到区域内的初中学校，并适当向农村薄弱初中倾斜；国家级重点(示范)等优质中等职业学校也可将一定的招生名额分配到区域内初中。指标到校生录取依据学生初中各阶段学业考试成绩，并结合综合素质评价情况。

(三) 自主招生

省级示范性公办普通高中可面向全市自主招收具有学科特长、创新潜质的学生，促进普通高中优质特色发展。自主招生一般安排在中考后进行，人数一般不超过当年学校招生计划总数的5%。普通高中学校将招生时间、招生办法和招生程序等自主招生的各个环节和录取结果向社会公开，接受社会监督。

(四) 招生管理

完善普通高中招生计划编制，适当提高普通高中招生比例，合理确定普通高中招生总体规模。根据各校办学条件、核定的办学规模确定每所普通高中学校的具体招生计划并严格执行。各县(市、区)要办好各类高中阶段学校，提供充足学位。中心城区高中阶段学校招生计划经市教育局审核后由市招考办统一公布，其他县（市、区）由当地教育行政部门负责编制并公布。

（五）招生监管

严禁普通高中学校无计划、超计划和违规跨区域招生，不得擅自招收已被其他学校录取的学生。严禁出现人籍分离、空挂学籍、学籍造假等现象，学校不得为违规跨区域招收的学生和违规转学学生办理学籍转接。禁止公办学校以民办学校名义招生或民办学校以公办学校名义招生。禁止把以公办学校名义招收的学生安排在民办学校或社会培训机构就读。

（六）严控加分

落实成都市教育局等八部门《关于进一步减少和规范普通高中录取加分政策的意见》(2015)，大幅减少、严格控制加分项目。学生相关特长和表现等在综合素质评价档案中呈现。健全考生加分资格审核公示制度，接受社会监督。

第八节　山东省中考改革方案

2014年《国务院关于考试招生制度改革的实施意见》出台后，山东省陆续制定了《山东省教育厅关于普通中小学招生入学工作的指导意见》(2015)、《山东省教育厅关于完善初中学业水平考试和综合素质评价制度的指导意见》(2015)、《山东省人民政府关于印发山东省深化考试招生制度改革实施方案的通知》(2016)、《山东省教育厅关于进一步推进高中阶段学校考试招生制度改革有关工作的通知》(2017)，逐步启动中考改革。

一、考试评价制度改革

（一）初中学业水平考试

考试范围覆盖国家义务教育课程方案规定的所有科目，其中语文、数学、外语、物理、化学、生物、思想品德、历史、地理、体育与健康、信息技术为考试科目；音乐、美术、综合实践等为考查科目，根据学科特点采取不同的考核方式。语文（地方课程传统文化纳入语文科目考试）、数学、外语、历史、地理等科目实行纸笔考试（外语可采取听力测试、口试等方式）；物理、化学、生物等科目实行纸笔考试和实验操作技能考试两项结合，每个科目两项考试成绩可合并计算作为学科总成绩，也可把三个学科的实验操作技能单独组合为一门实验考试科目；思想品德实行纸笔考试和综合素质评价；体育与健康根据国家课程方案和《国家学生体质健康标准》要求实施测试。音乐、美术、综合实践活动、信息技术等科目的具体考试方式由各市自行确定。初中学业水平考试一般安排在学年末举行，按照"学完即考"的原则，及时安排学生参加学业水平考试，不得提前结束课程安排考试。有条件的市可以为学生提供两次考试机会，取最好成绩作为最终成绩。考试科目成绩采取等级呈现方式，一般可以分为 A、B、C、D、E 等若干等级；考查科目成绩简单地分为合格、不合格。体育科目采用"过程性评价＋运动技能测试"方式，重点考查学生的运动参与、体质健康和运动技能，按分数或等级计入中考成绩。音乐、美术科目采用"过程性评价＋专业性测试"方式，重点考查学生的艺术素养和艺术特长，按分数或等级计入中考成绩。

（二）综合素质评价

评价内容包括思想品德、学业水平、身心健康、艺术素养、社会实践五个方面。各门课程中难以在学业水平考试纸笔测试或实操测试中展示的内容和山东省地方课程中的安全教育、环境教育、人生规划均被纳入综合素质评价范围。综合素质评价工作由各初中学校具体组织实施，合理确定指标权重，内容设计避免重复交叉。评价结果可采取"等级＋描述性评价"的方式呈现。坚持"谁了解谁评价"的原则，由班主任、任课教师、同学等作为评价主体，评价结果由学生和家长签字确认。各评价主体的评价活动相对独立，注重客观事实，要对评价结果负责。坚持过程性评价与终结性评价相结合，以日常评价为基础，开展日常评价、学期评价和毕业评价。日常评价结合学校常规管理和教育教学活动进行，重点关注学生各方面的日常表现和习惯养成；学期评价综合评估学生学期发展情况，重点关注学生素养和能力的提升；毕业评价则将学生 6 个或 8 个学期的评价结果按照一定权重计算得出结果。

二、招生录取制度改革

改革提出把初中学业水平考试成绩和综合素质评价结果作为高中阶段学校招生录取的依据。各市要实行多元评价、全等级录取或"语数外分数＋等级"录取。各市要制定具体使用办法，强化综合素质评价结果在招生录取中的比重。

（一）自主招生

各市要合理确定高中阶段学校自主招生比例，招收具有学科特长、创新潜质的学生，推动高中阶段学校多样化特色化发展，满足不同潜质学生的发展需要。严格规范自主招生办法和程序，将自主招生的各个环节及时向社会公开，接受社会监督。

（二）指标分配

要完善指标生分配办法，公办优质普通高中招生计划指标的分配比例不低于学校年度招生计划的60%。

三、加强招生过程管理

严格招生计划编制程序，根据区域内学校布局、适宜规模、标准班额、社会需求、普职比例科学核定招生计划。严禁高中阶段学校违规跨区域和擅自提前招生，公办高中严禁跨市招生；民办高中应向所在市教育行政部门递交学校招生计划、招生区域（可跨市招生）、招生方式等信息后报送省教育厅，省教育厅汇总后分送各生源地市教育行政部门，纳入当地招生工作总体安排。取消国家明确规定以外的所有加分项目。严禁高中阶段学校以特长培训、委托培养、合作办学等方式，将录取的高中学生委托社会培训机构培养教育等空挂行为和买卖学籍行为。

各市要建立完善高中阶段考试招生信息公开制度，每年6月15日前向社会公布招生计划、考试方式、招生政策、招生计划、录取结果等信息，接受学校、考生、家长和社会的监督。对于违规招生、扰乱招生工作秩序、提供虚假材料的学校和个人，取消评先树优资格，依法依规严肃处理。完善举报、申诉相关机制，加强对初中学业水平考试、综合素质评价和招生录取等各个环节的监督检查，严肃查处违规违纪行为。各市建立高中阶段学校统一招生平台和综合素质评价信息管理系统，省级建立跨市招生工作平台，实现互联互通、数据共享。

第九节　青岛市中考改革方案

2018年6月20日，青岛市出台《初中学业水平考试与普通高中招生改革实施方案》，正式启动中考改革。目标是到2020年，形成基于初中学业水平考试成绩、结合综合素质评价的普通高中招生录取模式，建立规范有序、监督有力的管理机制。

一、考试评价制度改革

（一）学业水平考试

1. 考试科目

推进初中学业水平考试与高中招生考试“两考合一”，考试科目包括语文（120分）、数学（120分）、英语（120分，含口语和听力30分）、物理（100分）、化学

(80 分)、历史(80 分)、道德与法治(80 分)、体育与健康(60 分,过程管理和目标效果测试各 30 分)、地理(80 分)、生物(80 分)等科目,由市教育局统一组织考试。艺术(音乐和美术)、信息技术、实验操作(物理、化学、生物)等科目,由市教育局统一制定考试办法,各区(市)教育主管部门组织,初中学校负责实施。综合实践活动、地方课程、学校课程作为考查科目,由初中学校组织考查。

2. 成绩呈现

语文、数学、英语科目成绩以分数形式呈现,其他科目成绩以等级形式呈现。物理、化学、历史、道德与法治、体育与健康科目为第一组合,总分 400 分;地理、生物科目为第二组合,总分 160 分。两个组合均划分为 A、B、C、D 四个等级,等级划分标准为:以普通高中招生区域为单位,将参考学生的总分从高到低排序,根据参考学生人数划分占比确定等级,A 等占 15%、B 等占 30%、C 等占 30%、D 等占 25%。艺术(音乐和美术)、信息技术、实验操作(物理、化学、生物)科目成绩仅划分为合格、不合格两个等级。综合实践活动、地方课程、学校课程成绩以等级形式呈现,同样划分为合格、不合格两个等级。

(二) 综合素质评价

综合素质评价内容包括思想品德、学业水平、身心健康、艺术素养、社会实践和突出表现 6 个方面。市教育局负责制定科学规范的综合素质评价体系,由初中学校具体组织实施。初中学校要科学制定学生综合素质评价办法,为每位学生建立综合素质评价档案。综合素质评价结果是学生评优评先的依据、学生初中毕业的依据和普通高中学校招生录取的重要参考。

二、招生录取制度改革

青岛市辖下各高中学校以初中学业水平考试成绩作为录取依据,参考综合素质评价,实行统一招生与自主招生相结合的普通高中招生录取方式。市教育行政和监管部门明令严禁违规跨区域和擅自提前招生,接受考生、学校和社会的监督,完善违纪举报和申诉受理机制,严肃查处违规违纪行为。

(一) 统一招生

凡第一组合达到 B 等及以上等级且第二组合达到 C 等及以上等级的考生有资格参加优质公办普通高中学校统招生录取;凡第一组合和第二组合均达到 C 等及以上等级的考生有资格参加其他公办普通高中学校统招生录取。普通高中学校录取统招生时,从达到第一组合和第二组合等级要求的考生中,按照其语文、数学、英语 3 科总分从高到低进行排序择优录取。

（二）自主招生

合理确定普通高中学校自主招生比例，主要选拔具有学科特长、创新潜质的优秀学生，满足不同潜质学生的发展需要。严格规范自主招生办法和程序，采取笔试、面试（或专业测试）和综合素质评价相结合的录取方式；同时淡化笔试，笔试科目不超过2科。加强对综合素质评价结果的使用，要在自主招生方案中明确将综合素质评价相关内容纳入招生录取工作。

（三）名额到校

根据初中毕业生人数，将各优质公办普通高中的指标生名额均衡分配到各初中学校。在进行录取工作时，以初中学校为单位，将各校第一志愿报考各优质公办普通高中学校普通班的考生，按照语文、数学、英语3科总分从高到低排序，根据指标生名额分别确定指标生人选。被确定为指标生的考生，在语文、数学、英语3科总分基础上加15分后参加统招生录取。

青岛市的中考改革方案提出了一些具有创新性的改革措施，改革成效值得期待。在学业水平考试方面，将义务教育阶段所有科目分为考试科目和考查科目，考试成绩采用“分数＋等级”相结合的呈现方式，既能有效减轻学生过重的课业负担，又有利于学生全面而有个性地发展。在招生录取方面，实行统一招生、自主招生、指标生分配多元录取；统一招生将第一组合和第二组合的等级作为门槛，再以语文、数学、英语3科总分排序，参考综合素质评价结果录取，突出了综合评价，突破了“唯分数论”；指标生招生名额均衡分配到所有初中，获得指标生资格的考生加15分参加统一招生，既体现了引导义务教育均衡发展的价值取向，又确保了指标生录取学生的基本质量。

第十节　我国新中考改革综述

20世纪和21世纪的世纪之交，在国家全面推进素质教育、基础教育新课程改革、义务教育均衡发展、高中阶段教育加快普及等多重因素影响下，全国各地陆续启动中考改革。1998年4月教育部在江苏省苏州市、湖北省荆门市等7个地区率先启动中考语文考试命题改革试点工作，拉开了新世纪中考改革的帷幕。到2008年6月，全国几乎所有地区都实行了新课程中考，标志着中考改革已经进入全面推广阶段。无论是国家层面的顶层设计，还是地方层面的实践创新，在考试评价、招生录取和监督管理等诸多方面都取得了积极进展。2016年9月，教育部出台《关于进一步推进高中阶段学校考试招生制度改革的指导意见》，随后各省（区、市）纷纷出台中考改革实施方案报教育部备案，中考改革迈入第二阶段。

一、第一个阶段中考改革综述（1998—2016）

这个阶段中考改革比高考改革的步子迈得更大更快，实现了四个重要突破：一是引入综合素质评价并作为录取依据或参考，改变了以考试科目分数简单相加作为唯一录取标准的做法，突破了“唯分数论”的痼疾；二是改分数评价为等级评价，避免考生分分计较；三是开辟了名额分配、自主招生等多元高中招生录取通道，初步缓解了“千军万马过独木桥”的局面。四是建立公示、诚信、监督等制度，中考工作更加制度化、科学化和规范化。

（一）考试评价内容更加综合全面

部分地区在传统中考计分科目即语文、数学、外语、政治、物理、化学 6 科的基础上，从体育与健康、历史、理化实验操作技能等科目中选择 1～2 门纳入考试科目。除考试科目外，地理、生物、音乐、美术、信息技术、综合实践活动等考查科目的成绩也被列为报考资格要求。

1979 年上海市崇明中学最早尝试初中毕业升学体育考试。1981 年，上海、北京、山东、河南、辽宁、湖南等 6 省市开展体育考试试点。1990 年，国家教委颁布《学校体育工作条例》和《初中毕业升学考试体育试点工作意见》，北京、天津、辽宁、江苏、山东、浙江、湖南、广东、陕西等 9 省市被列为全国体育中考试点。1993 年，国家教委颁布《初中毕业生升学考试体育试点工作方案》，全国中考体育试点增至 26 个省（区、市），但多数地区体育成绩没有计入中考总分。1999 年，教育部印发《关于初中毕业、升学考试改革的指导意见》，建议体育成绩占中考总分的 5%，试行将体育课成绩和平时参加体育锻炼情况计入体育考试总分（40%～60%）。2007 年 5 月，中共中央、国务院颁发《关于加强青少年体育增强青少年体质的意见》，体育中考全面实施，在中考总分中的比重也逐步加大。2007 年 9 月，教育部将唐山市、锦州市、常州市等 7 个城市列为体育中考试点。2008 年广州初中毕业生体育考试总分从 40 分调整为 60 分，体育考试成绩占学业考试文化课成绩总分的比例也增至 8%。2015 年黑龙江省大庆市体育中考成绩从 80 分提高到 100 分（语数外各 120 分，理化各 100 分），2020 年初云南省把中考体育成绩分数从 80 分上调至 100 分（语数外各 100 分）。2020 年 10 月，中共中央办公厅、国务院办公厅印发《关于全面加强和改进新时代学校体育工作的意见》,体育中考分值将进一步提高,测试内容、方式和计分方式将更加科学规范。目前,全国绝大部分地区将体育与健康列为中考必考科目,分值由平时成绩与现场测试相加组成,总分多在 30～60 分之间。考试内容由指定项目与自选项目组成,各省(区、市)在项目选取、标准设定、时间安排等方面存在差异。例如,湖北是必考＋抽签,北京是必考＋选考＋随机,广州是必考＋选考,哈尔滨是体育课＋体育锻炼＋体质测试,贵阳是平时成绩＋终结性评价。

湖北省武汉市依据《义务教育课程设置实验方案》将学业考试科目分为考试、考查和考核三类。语文、数学、英语为考试科目,科学、思想品德和历史(合卷)、地理、体育与健康为考查科目,音乐、美术(或艺术)、综合实践活动、地方课程和学校开设的选修课程等为考核科目。考试科目以笔试为主,考查科目为合卷、开卷和闭卷相结合,考核科目采取纸笔测试、听力测试、面试、实验操作、作品展示、才艺表演、撰写小论文等多种方式,由学校在学科教学结束时随堂考核。计入中考的考试科目为语文、数学、外语、政治历史(合卷)、物理化学(合卷)、体育。①

山东省潍坊市 2002 年成为全国首批中考改革试点,并于 2006 年在全市 12 个县市区全面推行改革举措。“两考合一”全科参与,初二、初三分两次进行。初二开考政治、历史、地理、生物,初三 9 科都开考,初二考试成绩不理想初三可以再考,以最高成绩作为毕业升学依据。计入招生录取依据的科目有语文、数学、外语、综合素质(第一组合),物理、化学(第二组合),生物、政治、历史、地理(第三组合),除此之外的信息技术、体育、美术、音乐、理化生实验操作等科目考查合格即可。

(二) 考试评价方法更丰富多元

中考改革探索统一考试与校内考试相结合、考试与考查相结合的办法,从过去单一闭卷纸笔测试转变为开卷与闭卷结合、听力测试、面试答辩、学生自评、同学互评、集体认定、行为观察、情景测验、实验操作、特长考查、撰写小论文、成果展示及学生成长记录等多种方法并用,增加对学生实际操作能力、实践探究能力、创新思维能力的考查和评估,促进学生全面而有个性地发展,引导教师教学理念的转变和教学方式的改进。部分地区语数外等主干科目还采用 AB 两卷制,初步实现了中考从知识立意向能力立意转变。陕西省、山东省潍坊市中考成绩全科试行等级制,淡化了学生分分计较的恶性竞争,彰显了学生的学科优势和

① 湖北省武汉市教育局:《从实际出发寻找改革的“路线图”——湖北省武汉市中考制度改革谈》,《人民教育》2008 年第 13－14 期。

潜能。此外，山东潍坊市还积极探索多次考试，减轻了学生的心理压力。

（三）命题更强调科学性和引导性

长期以来，中考命题缺乏专业的学科素养、评价分析技术和专业反馈能力。1998 年 4 月，教育部在江苏省苏州市、湖北省荆门市等 7 个地区启动中考语文考试命题改革的试点工作，要求侧重考查学生能力，禁止出偏题、怪题，提高命题的科学性，完善命题、审题等管理制度。1999 年 4 月教育部印发《关于初中毕业、升学考试改革的指导意见》，要求命题要注重考查学生运用知识分析问题、解决问题的能力，发挥学生创造性，理科适当加强对实验操作能力的考查，建立严格的命题、审题、阅卷制度，逐步建立试题评估制度。2002 年，教育部颁布《关于积极推进中小学评价与考试制度改革的通知》，要求命题依据国家课程标准，采用形式多样的考试方式，使学生在考试中有展示特长和潜能的机会。各省级教育行政部门建立中考命题人员资格认定、命题与审题人员分离、试卷质量评价反馈等制度；采取联合命题或委托命题等多种方式，不断提高命题水平。如山东省潍坊市中考命题强调知识与应用情景相联系，解决实际问题的题目不得少于 50％，开放性题目不得少于 30％，创新性题目每年增加 1/3。

（四）考试成绩试点等级制呈现

1997 年，辽宁省大连市开始试点中考成绩等级制改革。2004 年，教育部出台《国家基础教育课程改革实验区 2004 年初中毕业考试与普通高中招生制度改革的指导意见》，要求学业考试成绩以等级制呈现。如 2009 年安徽省部分地市学业考试成绩试行等级形式呈现，2013 年贵州省综合文科（政治历史合卷）成绩按等级呈现。等级制改革因路径方法不明甚至在多地出现反复，2006 年成为试点的广州市、武汉市先后于 2007、2011 年退回分数制。目前，除陕西省、湖南省长沙市、山东省潍坊市等少数省市仍坚持全科等级制，及山东省青岛市和广东省中山市计划采用等级制之外，大多数地区则仍旧在计入总分的考试科目上保留分数制，只在综合素质评价、考查和考核科目上采取等级制。等级制优缺点很清楚：一方面能够发挥更为明显的导向作用，为参考其他方面的测评指标（如综合素质的发展状况）腾出空间，另一方面则不够直观、不易操作。

湖北省武汉市曾于 21 世纪初试验对语文、数学、英语、科学 4 科采取资源划等法，在分 A＋、A、B、C、D 五等的基础上，细分为 A＋1、A＋2、A＋3、A1、A2、A3、B1、B2、B3、C1、C2、D 共 12 级，每级对应一个位置值（例如，A＋1 的位置值为 1，D 的位置值为 12），每一等级的划分依据各批次、各类学校的招生计划确定。思想品德与历史、体育采取分数兑换法，思想品德与历史分 A、B、C、D 四等，体育分 A、B、C 三等，各等也分别对应一个位置值，等级依据考生学业考试成绩分布和学科要求划定。高中学校根据各科位置值相加得出的总位置值招生，总位置值最小为 7.5，最大为 54.9，总位置值越小排名越靠前。[①] 以位置值代替分数作为招生依据是值得肯定的创新，但位置值的区分度较低，且不够直观、不易被社会认可。武汉市等级制经过数年调整尝试宣告失败，最终于 2011 年重回分数制。

然而等级制改革亦不乏较成功的案例。山东省潍坊市语文、数学、英语、物理、化学、政治、历史、地理、生物 9 个学科均设 A、B、C、D、E 五个等级呈现考试结果，原则上准确率 90%以上为 A 等，90%～80%为 B 等，80%～70%为 C 等，70%～60%为 D 等，不足 60%为 E 等。如果 A 等不足考生总量的 15%、B 等不足考生总量的 20%、C 等不足考生总量的 30%、D 等不足考生总量的 20%，则分别按考试总人数的 15%、20%、30%、20%的比例重新划定等级。潍坊市的五等级制从十几个维度评价每一个学生，从而使每个学生的优势得以彰显。

（五）综合素质评价初见成效

2002 年 12 月，教育部办公厅印发《关于积极推进中小学评价与考试制度改革的通知》，提出综合素质评价的基本思路和雏形。2004 年，教育部出台《国家基础教育课程改革实验区 2004 年初中毕业考试与普通高中招生制度改革的指导意见》，明确了综合素质评价的内容为道德品质、公民素养、学习能力、交流与合作、运动与健康、审美与表现六个方面，评价结果包括综合性评语和等级两部分。2005 年，教育部颁布《关于基础教育课程改革实验区初中毕业考试与普通高中招生制度改革的指导意见》，细化了综合素质评价的基本依据、评价方法和评价程序等，明确要求把综合素质评价结果作为衡量学生初中毕业和升学的重要依据。2005 年，长沙市开发了综合素质评价管理软件，实现了文本证件向数字化管理的转变。各地按照易操作、可观察、以学生日常表现为主的要求，制订综合素质评价的指标体系，建立省、地、县、校学生电子档案系统。一般采用学生自评、同学互评、教师评价相结合的办法，不同评价结果赋予适当权重。到 2008 年，90%以上的地区开展了综合素质评价，70%以上的地区将综合素质评价结果作为普通高中招生投档线或入围条件。[②] 山东省潍坊市、湖北省武汉市、湖南省

---

① 湖北省武汉市教育局：《从实际出发寻找改革的“路线图”——湖北省武汉市中考制度改革谈》，《人民教育》2008 年第 13 - 14 期。

② 余慧娟：《让中考改革走上制度化、科学化道路——访教育部基础教育司巡视员朱慕菊》，《人民教育》2008 年第 13 - 14 期。

长沙市、山西省临汾市等地把综合素质评价结果作为学生毕业与高中招生录取的重要依据，综合评价等级与普通高中招生实行“硬挂钩”，减少了学生群体性偏科现象，较好地体现了素质教育全面发展、培养学生创新精神和实践能力的内涵要求。同时，海南省、安徽省等更多地区仅将综合素质评价结果作为普通高中招生入围条件或优先录取条件，实际作用很有限。

湖北省武汉市综合素质评价包括五个维度：道德品质与公民素养、学习能力与实践能力、交流与合作、运动与健康、审美与表现。按照“学生自评、学生互评、班级小组评价、学校领导小组审批”的程序，实行公开性评价，在规定时间内将全体学生综合素质评价结果在各自班级公示，每所初中五个维度获全 A 的学生比例一般控制在 30%左右，评价结果以五个维度分别表述。2007 年武汉全市近 11 万考生中有 91 人因为综合素质评价不符合省级示范高中的录取要求而被降等录取。①

山东省潍坊市综合素质评价包括道德素养、学习能力、交流与合作、运动健康与审美表现、创新意识与实践能力五个维度，结果分为 A、B、C、D、E 五个等级。2009 年综合素质评价被纳入高中录取并与语数外等值对待。自此学校社团活动、社会实践课程、志愿者活动等由冷变热，2014 年市教育局将初中学生综合素质评价权全部下放给初中学校。②

（六）招生录取更加多元

2002 年以来，各地按照综合评价、择优录取的原则，以学业考试成绩和综合素质评价结果为主要依据，采取统一招生、综合录取、提前单招、名额分配、破格（特长生）、推荐入学、免试保送、择校、直升、补录等多样化招生录取方式，突破了以考试科目分数简单相加作为唯一录取标准的做法，逐步扩大了普通高中学校招生自主权，提高了学校与考生之间的匹配度。

山东省潍坊市主要采取组合录取（85%）、推荐录取（5%）、特长录取（10%）三种录取方式，教育局制定统一要求，把权力下放给高中学校。以潍坊市第三中学为例，组合录取分步进行，第一步以政治、历史、地理、生物和实验操作的等级为依据按招生计划的 160%初步筛选，第二步以物理、化学、体育等级为依据按招生计划的 130%二次筛选，第三步以语文、数学、英语和综合素质等级

---

① 湖北省武汉市教育局：《从实际出发寻找改革的“路线图”——湖北省武汉市中考制度改革谈》，《人民教育》2008 年第 13－14 期。

② 王水玉：《高中招生不论分数论等级——山东潍坊市中考招生改革的实践与探索》，《中小学管理》2007 年第 1 期。

为依据按招生计划的100%完成招生。

2002年，教育部提出积极探索建立招生名额分配制度，各地以区域内各初级中学的应届毕业生数、学校办学水平和前一年毕业生去向等为主要依据，将优质高中招生名额按一定比例分配到区域内初中，有力地推动了义务教育均衡发展，缓解了义务教育阶段择校热，增加了薄弱学校考分稍低但潜力较大学生进入重点中学的机会。2008年，武汉市将省级示范高中学校指令性招生计划的20%用来招录分配生，分配生通过高中学校综合测试后，不再参加全市统一中考。① 2010年起，潍坊市将普通高中特别是优质高中60%的招生指标分配到服务区内初中学校。② 2013年分配生比例北京市为12%，上海市为15%，新疆、广东和昆明等地为30%，陕西省为40%，贵州省为50%，安徽省为52.5%、湖北省和济南市为80%。③

（七）监督管理更加规范高效

各地确立了“政事分开、分级管理”的监督管理体制，由省级教育行政部门提出指导性意见，初步建立了考试招生审批制度、诚信制度、公示制度、申诉制度、评估监控制度和责任追究制度等，部分地区还成立了招生监察小组、班级师生民主推荐委员会、综合素质评价小组、高中录取认定委员会等组织，有力地保障了考试招生过程的公平公正。全国各地逐年降低择校生比例，择校热问题在部分地区得到有效缓解，例如2014年起北京市等部分地区开始全面取消普通高中招收择校生。④ 此外，很多地区还利用现代信息技术为中考服务，报名、阅卷、录取等重要环节均实现远程网上进行，提高了考试招生工作的安全性、透明度和规范性。如上海市建设中招管理信息服务平台，北京市采用中小学信息管理系统(CMIS)，武汉市利用考生电子档案实行远程网上录取等。

我国没有全国统一中考，各地中考存在以省、地级市、县为单位三种组织形式。北京市曾在新课程改革之初将中考命题和组织权限下放到区县，但很快又恢复为全市统一命题和组织实施。上海市也曾经在全市统考和区县自主之间摇

① 湖北省武汉市教育局：《从实际出发寻找改革的“路线图”——湖北省武汉市中考制度改革谈》，《人民教育》2008年第13-14期。

② 王水玉：《高中招生不论分数论等级——山东潍坊市中考招生改革的实践与探索》，《中小学管理》2007年第1期。

③ 赵茜等：《普通高中招生政策对于教育公平的回应——2013年各省〈中考招生工作实施意见〉分析》，《上海教育科研》2014年第3期。

④ 北京教育考试院：《关于做好2014年北京市高级中等学校考试招生工作的通知》，http://www.bjeea.cn/html/zkzz/zkzc/2014/0319/52317.html，访问日期：2017年12月6日。

摆过，2000 年由全市统考改为各区县组织，现在改为全市统一命题和市区县共同组织实施。1999 年教育部要求中考命题应由地级以上（含地级）教育部门组织进行，目前中考多为全省统一命题，省会城市、计划单列市和副省级城市则多是单独命题，阅卷则多以区县为单位进行集中评阅，吉林、甘肃、河南、河北、辽宁等省会城市也采取全省统一命题。

二、第二阶段中考改革综述(2016—　)

在新高考改革综合试点的背景下，2016 年 9 月教育部出台《关于进一步推进高中阶段学校考试招生制度改革的指导意见》，对第二阶段中考改革作出顶层设计，目标是到 2020 年左右初步形成基于学业水平考试成绩、结合综合素质评价的高中阶段学校考试招生录取模式和规范有序、监督有力的管理机制。

2017 年以来，全国 31 个省（区、市）陆续制定地方中考改革实施方案，报教育部备案审核；各地区结合当地实际，制定本地区的实施方案并报省级教育行政部门备案。全国共确定 46 个试点地市，开展"一基于一结合"的招生录取改革，探索将学生综合素质评价作为录取的重要依据或者参考，在招生录取中切实发挥作用。

（一）学业水平考试改革取得新突破

1. 群体性偏科得到有效遏制

"两考合一"成为各地普遍选择，学业水平考试一考多用，避免多次考试加重学生备考负担，考试成绩是学生毕业和升学的基本依据。各地实施方案以《义务教育课程设置实验方案》为依据，全学全考全用，随教随考随清，选择部分核心科目作为计分科目，引导学生认真学习每一门课程，确保初中教育的基本质量。教育部统一要求全国各地计分科目实行"4＋4"模式（语数外体＋理化史政），鼓励试点"4＋6"模式（语数外体＋理化史政生地）。各省市地区结合本地特点，参考以往改革经验，纷纷启动了新规定、新做法。

浙江省语文、数学、外语、科学、社会（含道德与法治、历史与社会）和体育与健康等 6 门是统一考试科目；音乐、美术、综合实践活动等学科由设区市教育行政部门制定考试标准，由学校组织实施，成绩记入学生综合素质评价。学业水平考试试卷难度系数控制在 0.70 至 0.75 之间，采取闭卷、开卷、开闭卷结合和机考等不同考试形式，2020 年全面开展外语听说能力人机对话和科学实验测试。

上海市学业水平考试共计 15 门，除了艺术和劳动技术两门由各初中学校自主综合评定成绩外，其余 13 门均由全市统一命题，道德与法治、历史、地理、信息科技、生命科学、科学和社会开卷考试，其余科目为闭卷考试或实际操作测试。广东省学业水平考试共计13门，各科考试以笔试为主，探索面试、口试、实践考察、实验操作和技能测试等多种考评方式。物理、化学和生物3门分笔试和实验操作两部分，实验操作分值不低于10%。山东省将语文、数学、外语、物理、化学、生物、思想品德、历史、地理、体育与健康、信息技术11门作为考试科目，将音乐、美术、综合实践等3门作为考查科目。

2. 成绩呈现方式更多样化

各地根据不同学科考试考查的实际需要，成绩分别采用分数、等级多种形式呈现，不再分分计较，避免过度竞争。北京市中考成绩以原始成绩+等级成绩呈现，语文、数学、外语3门均为100分，道德与法治、历史、地理、物理、化学、生物6门均为80分，体育与健康40分；艺术（音乐、美术）、综合实践活动的信息技术和劳动技术以等级成绩呈现，等级成绩依据原始成绩划定。上海市中考成绩以等第+分数呈现，语文、数学、外语、道德与法治、历史、物理、化学、体育与健身8门为计分科目，成绩以分数呈现的同时，还分合格、不合格两个等第。另外7门非计分科目成绩仅以等第呈现，分为优秀、良好、合格、不合格四个等第。

山东省采用纸笔考试、实验操作技能测试、听力测试、口试、运动技能测试、专业性测试等多种考试考查方式，考试科目成绩采取等级呈现方式，一般可以分为A、B、C、D、E等若干等级；考查科目成绩分为合格、不合格两个等级；体育、音乐、美术科目按分数或等级记入中考。青岛市语文、数学、英语3门成绩以分数呈现，其他科目成绩以等级呈现。

广东省中考成绩可以采用分数、等级等多种形式呈现，鼓励有条件的市仅以等级形式呈现。语文、数学、外语、体育与健康4门以分数形式呈现，其他科目以分数或等级形式呈现，等级划分及细化具体办法由各市确定。深圳市积极探索应用计算机进行考试，采用分数、等级两种方式，各等级划定比例为A^+(5%)、A(20%)、B^+(25%)、B(25%)、C^+(20%)、C(5%)。中考满分610分：语文120分，数学和外语各100分，物理、化学（合卷）120分，历史、道德与法治（合卷）120分，体育与健康50分。

四川省中考成绩采用分数、等级等形式呈现，鼓励有条件的地区实行等级形式呈现，音乐、美术以等级或合格、不合格形式呈现，体育与健康分值不低于总分的8%。成都市依旧保留分数制，有语文、数学、外语、体育与健康、道德与法治、历史、物理、化学、地理、生物10个科目纳入计分科目，总分为710分。

（二）综合素质评价制度更加完善

各地实施方案进一步细化和完善了综合素质评价的评价内容、评价程序、评价方式和监管制度，已出台中考改革方案的14个试点地市中，7个地市将综合素质评价结果折算为分数纳入高中招生录取依据，2个地市将综合素质评价结果用于指标生、自主招生，有些地市的综合素质评价取得了积极进展并积累了一定经验。

北京市综合素质评价结果以《北京市初中学生综合素质评价报告册（试行）》的形式呈现，设A、B、C、D四个等级，招生高中负责制定评价方案和实施细则，指标生综合素质评价等级必须达到B以上，自主招生也要求发挥综合素质评价的作用。上海市将综合素质评价结果作为初中学生毕业的必要条件和自主招生和名额分配录取的重要依据，为学生生涯发展规划提供参考。名额分配招生时，招生学校结合综合素质评价对考生进行综合考查，按考生计分科目总成绩、政策加分和综合考查成绩总分录取。

浙江省重视发挥综合素质评价各维度的独到作用，到2020年要使其成为学生毕业和各类招生的基本依据。学生品德表现采用写实描述的方式呈现，运动健康、艺术素养、创新实践的评价结果分三个等第。综合素质评价采用学生自评、互评和教师评议相结合，学生互评的权重不低于50%。各维度评价等第比例由设区市教育局确定，学校根据要求实行总量控制。综合素质评价结果采取综合等第方式或折分计入总分，或采取品德表现＋最优秀的1～2个维度等第或折分方式计分。嘉兴市的做法是将综合素质评价结果折算为相应分值（满分20分）计入中考总分，实现“硬挂钩”。

山东省综合素质评价结果以“等级＋描述性评价”加以呈现。班主任、任课教师、同学等是评价主体，进行日常评价、学期评价和毕业评价。山东省潍坊市综合素质评价结果在招生录取中的权重与语数外这类必考主科中任一门的权重相当。深圳市高中学校招生则是在学业水平考试成绩相同的情况下，综合素质表现评价等级高者优先录取；自主招生学校将综合素质表现评价作为重要参考。成都市研发“中学生综合素质评价记录管理系统”，作为高中阶段学校选拔新生、自主招生的依据或参考。

（三）招生录取改革取得新进展

1. 录取标准强调文理兼顾

北京市从12门考试科目中确定8门按原始成绩计入中招录取总成绩，满分为660分。语文、数学、外语、体育与健康、道德与法治、物理6门成绩必须计入，另外在历史、地理、化学、生物4门中择优确定2门成绩计入（按照文理兼顾原则，在历史、地理中择优确定1门，在化学、生物中择优确定1门）。很显然，北京市没有延续2016年确定的改革措施，放弃了选考科目原始分按不同系数折算计入总分的设想(9种组合、54种折算方式)。

上海市计划自2021年起高中阶段学校招生以语文、数学、外语、道德与法治、历史、体育与健身6门初中学业水平考试成绩和综合测试成绩为基本依据，共计总分750分。四川省计分科目由各市(州)决定，一般采取“4(语文、数学、外语、体育与健康)＋6(道德与法治、历史、地理、生物、物理、化学)”模式。

山东省把初中学业水平考试成绩和综合素质评价结果作为高中阶段学校招生录取的依据，各市实行多元评价、全等级录取或“语数外分数＋等级”录取。青岛市区域内高中的自主招生采取笔试、面试(或专业测试)和综合素质评价相结合的录取方式，笔试科目不超过2科；指标生招生时根据语文、数学、英语3科总分确定指标生人选，指标生可在语文、数学、英语3科总分基础上加15分后参加统招生录取。

广东省要求各市根据文理兼顾、学科课程与活动课程平衡、负担适度的原则，确定纳入高中阶段学校招生录取科目及其计分比例。除语文、数学、外语、体育与健康4门外，至少将道德与法治、历史、物理和化学4门作为计分科目，鼓励将地理和生物纳入计分科目。体育与健康分值不低于总分的8%。例如，深圳市计分科目为语文、数学、外语、道德与法治、历史、物理、化学、体育与健康。

2. 录取方式更加多元

除统一招生主渠道外，各地实施方案还在自主招生、普职融通、名额分配等方面作出新的探索。下面试就上述三种方式加以举例概括介绍。

自主招生。北京市自主招生用于开展人文、科学、艺术、体育、中外合作课程班等特色招生、校内或集团内直升、“1＋3”培养试验、职业教育人才培养试验等改革探索。上海市普通高中自主招生计划人数不超过招生计划总数的6%，中职校自主招生包括航空服务类招生、艺术类招生和自荐生招生。浙江省自主招生包括特长招生和特色招生两种方式，可以跨设区市实施招生，招生计划限定的人数原则上不超过学校招生总数的20%，其中特长招生控制在5%以内；特色招生选择1～2门学业水平考试成绩等作为前置要求，再结合中考成绩和综合素质评价结果择优录取。山东省由各市确定自主招生比例，招收具有学科特长、创新潜质的学生。广东省自主招生比例控制在年度招生计划的10%以内，将综合素质评价作为主要依据。四川省级示范性普通高中的自主招生比例一般不超过招生计划的5%。

指标分配。北京市公办优质高中的分配比例为50%以上，名额分配通过市级统筹从区域内拓展到跨区域。上海市实验性示范性高中65%以内的招生计划实行名额分配，按学业水平考试成绩结合综合评价录取，其中70%分配到不选择生源的各所初中学校。浙江省优质示范普通高中学校每年招生计划的分配比例不低于60%。山东省优质普通高中分配比例同样不低于学校年度招生计划的60%。广东省名额分配比例不低于50%,采用单独批次、单独录取的招生办法,不设限制性分数线。四川省级示范性公办普通高中统招生计划50%以上用于招收指标生。

普职融通。成都市建立普职融通人才培养机制,课程互选、学分互认、学籍互转,为高中阶段学生提供二次选择的机会。

(四) 监督管理改革呈现新气象

北京市语文、数学、外语、道德与法治、历史、地理、物理、化学、生物9门科目全市统一命题、统一考试、分区县网上评卷。广东省语文、数学、外语、道德与法治、历史、地理、物理、化学和生物9门科目考试由地级市组织命题为主,逐步过渡到省教育考试院统一组织命题;理化生实验操作、体育与健康、音乐、美术和信息技术科目考试由各市命题并组织实施。浙江省中考命题权、施考权、阅卷权等下放给各设区市,省教育厅专注于制定政策和考试说明。四川省中考语文、数学、外语命题由省教科所组织,其他科目考试命题由各市(州)组织实施,各地也可联合命题。成都市建立市级统筹、以县为主的初中学业水平考试管理体制,语文、数学、外语三科并入省级统考,即参加四川省教科院组织命题的考试。

北京市控制示范高中跨区投放招生计划,遏制名校跨区"掐尖"。广东省建立省级和市级学生综合素质评价信息管理平台,取消国家规定以外的所有加分项目。四川省严禁违规跨区域招生、超计划招生、提前招生和恶性争抢生源等,禁止把以公办学校名义招收的学生安排在民办学校或社会培训机构就读。成都市完善全市统一的考试评卷信息化平台,统一网上评卷实现同考等值,严禁出现人籍分离、空挂学籍、学籍造假等现象。山东省严禁高中阶段学校违规跨区域和擅自提前招生,取消国家明确规定以外的所有加分项目;各市建立统一招生平台和综合素质评价信息管理系统,并合作建立省级跨市招生工作平台,实现省内地市的互联互通、数据共享。

三、中考改革的深层次矛盾

我国中考改革依然面临诸多难题,理论研究相对滞后、改革进展迟缓甚至反复、改革风险性和复杂性增大、各种社会诉求碰撞激烈,需要进一步深化改革。

(一) 理论研究滞后与现实问题倒逼之间的矛盾

多年来,我国各地基础教育所呈现的现状是:学生学习负担过重,应试教育如火如荼，择校热愈演愈烈，学生身心健康存在隐患，学生创新精神和实践能力不足，考试评价过于强调甄别与选拔功能，过于注重考试成绩，忽视改进与激励的功能，忽视学生全面发展和个体差异。此等局面积重难返，日益演变为民族之痛，社会迫切呼唤改革。若不改革，家长和学生等不起，国家也等不起。但是，改革过程中面临的难点之一是中考相关理论研究薄弱，边改边研究成为我国中考改革的重要特征，相关理论研究滞后是常态，实践遭遇难题时理论界往往难以给出切实可行的指导。

（二）目标任务明确与路径方法不清之间的矛盾

我国中考改革是典型的问题导向改革，目标任务十分明确，就是改变以升学考试科目分数简单相加作为唯一录取标准的做法，淡化学生分分必争的极端追求，引导学生全面健康而有个性地发展。为此，中央和地方出台了很多改革具体举措，如综合素质评价、等级制置换分数制、招生名额分配等。但是，面对中国教育错综复杂的社会制度环境和千丝万缕的利益纠葛，改革举措究竟采取什么样的路径方法，可总结、有成效的改革试点不多，需要在实践中上下求索，这不仅需要勇气和魄力，更需要智慧和耐心。否则，改革进展必然缓慢，甚至会出现反复。

（三）政府监管升级与社会治理趋弱之间的矛盾

为了应对信息时代更加严峻的考试招生安全问题，政府部门健全了监管体制机制，出台了系列规章制度，强化了对关键环节的监管，有效打击了各类违规违纪行为，基本保证了考试招生的公平公正和正常秩序。但是，政府监管强化并没有突破传统招考不分的体制，依然存在政府职能定位不清、行政权力僭越专业职能、治理主体间合作协商不足、考试机构政府依附性强、考生及家长救济渠道不畅等问题，特别是学校考试招生自主权和考生选择权没有得到有效保障。政府监管强化，政府这只“看得见的手”更加难以停下来了，社会治理有走弱的趋势和风险，不利于推进教育治理体系和治理能力现代化。

四、需要继续攻坚的瓶颈问题

（一）“两考合一”需要权威解释

1999 年教育部在《关于初中毕业、升学考试改革的指导意见》中提出初中学业水平考试和高中招生考试“两考合一”的改革选项。2004 年，教育部出台《国家基础教育课程改革实验区 2004 年初中毕业考试与普通高中招生制度改革的指导意见》，明确要求“两考合一”。1999 年，重庆、长春、成都、昆明、广州、南京、西宁等市“两考合一”采取 AB 卷（或ⅠⅡ卷），毕业考试完成 A 卷（Ⅰ卷）即可，升学考试则需要两卷都考。[①] 目前,全国已出台中考改革实施方案的省(市、区)均提出“两考合一”。按理论分析,初中学业水平考试属于标准参照评价,重点考查学生是否达到毕业要求;高中入学考试则属于常模参照评价,重点在于排名选才,二者性质、功能、目的完全不同,推行“两考合一”究竟需要什么样的制度环境和前提条件,并没有令人信服的全面深入研究。一般认为,“两考合一”在西方高中教育普及程度高、教育发展相对均衡的发达国家是行得通的。但我国高中学校序列化严重、优质教育资源短缺、教育资源配置不均衡、应试教育大行其道,“两考合一”政策落地生根就会面临更多困难,单是承载双重功能的命题技术就仍需探索。

(二) 中考命题质量亟待提高

全国中考命题主要是由各省统一命题和地市自主命题相结合,受命题人员专业素养、考试机构管理水平等所限,命题质量有待提高。2018 年教育部对全国 13 个省 19 个命题单位的中考命题进行质量评估时发现,大部分地区的命题没有体现学业水平考试本应具备的性质,过于重视选拔功能,科目设置、分值比例不合理,随意缩减考试范围,试题难度系数差异很大,部分地区简单识记题、客观题比例过大,考试内容和考试时间不匹配,命题队伍专业素质不高,命题组织与管理体系不健全。

(三) 综合素质评价依然是短板

综合素质评价是培育学生良好品行、发展个性特长的重要手段,也是破解“唯分数论”的杀手锏。但是,综合素质评价标准如何把握,评价信息如何做到真实有效,评价结果如何做到客观可量化,在高中招生录取中如何恰当使用,需要在实践中逐一探索。至今,只有山东省潍坊市等少数地区将综合素质评价结果等同于学科考试成绩与高中招生录取硬挂钩,绝大多数地区处于“软挂钩”或“假挂钩”的状态。

(四) 学校招生自主权仍显不足

2005 年教育部印发《关于基础教育课程改革实验区初中毕业考试与普通高中招生制度改革的指导意见》明确,高中学校有权确定学校招生标准并进行录取,必要时可组织专门委员会加试。除山东省潍坊市等少数改革试点赋予学校更多考试招生权力外,其他大部分地区招生仍然以地市为单位组织,政府部门制定招生计划、录取标准及录取方式,确定学校招生范围和招生名额分配比例等,

---

① 张东红:《我国当前中考基本模式利弊分析及改革设想》,《教育科学》1999 年第 4 期。

招生办划出分数线并将考生资料按分数派发给相应学校，学校只能在指定时间和地点被动接收新生，很难实现学校与学生之间的双向多次选择。学校没有自主评价筛选考生的权力，特色化办学和多样化发展的积极性和主动性在很大程度上受到压抑。

第十三章　新中考改革的总体思路和政策建议

高中学校考试招生制度(简称中考)是考试招生制度体系的重要组成部分,是衔接初中教育和高中教育的通道枢纽,是沟通义务教育和非义务教育的阶梯桥梁,是衡量初中阶段学校办学水平和评价学生学习成果的重要手段,对学校办学和学生成长具有重要导向作用。中考改革的紧迫性、敏感性和关注度仅次于高考。中考与高考既保持一定的延续性、同构性和衔接性,也会因作用功能不同保持自身特点。中考改革社会成本高,涉及社会利益格局调整,复杂敏感,必须审慎操作。中考改革既要改革考试评价制度,也要改革招生录取制度,更要改革考试招生监管制度。

第一节　建立社会化考试评价制度

服务于招生录取的考试评价核心价值在于为招生学校提供全面充足、准确可靠、区分度高的学生信息,减轻学生过重的学习负担,引导教育回归健康生态,为学校和学生之间双向选择、合理匹配提供科学依据。高中考试评价制度改革要进一步明晰考试评价主旨定位,完善考试评价内容,赋予学生和学校更多选择权。

一、考试评价主体要多元化

考试机构是考试评价的主导力量,加强考试机构建设是提高考试评价质量的必要之举。当前,考试机构深度依附于政府行政体制,被动遵从政府指令举办各类教育考试,管理意识强而服务意识弱,主观意识强而法律意识弱,行政意识强而市场意识弱。故应赋予考试机构独立非营利性法人地位,逐步取消财政性拨款或政府补贴,加强考试机构的专业性、社会性和服务性;考试机构可以同时提供中考和高考等多种考试服务,增强中考与高考连贯性和衔接性。应该允许社会力量参与考试机构建设,鼓励全国性、地区性考试机构通过竞争提供中考服务，提高考试机构服务科学性。提倡以省为单位统一命题、以地市为单位组织考试的运行机制，这样既可提高中考的科学性和权威性，也可增强中考地区间的可比性。此外，教师、学生、家长等应被视作考试评价主体，共同在学业水平测试和学生综合素质评价过程中充分发挥作用。例如，可以考虑将学校平时作业、单元测验、期中和期末等阶段性考试成绩按照一定权重纳入相关科目最终成绩，让家长和学生共同参与综合素质评价相关记录，等等。

二、考试评价内容要综合化

改革后的中考强调全面覆盖初中语文、数学、英语、物理、化学、思想品德、历史、地理、生物、体育与健康、实验操作技能、信息技术、音乐、美术、综合实践活动及地方与学校课程全部 16 门课程。除了考查学生基本知识和基本能力外，中考还应对学生学习态度和目的、品行、个性、兴趣、特长、职业适应性等方面作出的综合评价，要结合校内评价和校外考试，以备招生学校选择性使用。考试评价综合化并不意味着所有科目采取完全相同的考试评价方法，以统一的考试标准要求所有考生，恰恰相反，是要根据学生不同志向、兴趣和潜能有所取舍：一方面确定考查侧重点，一方面确保非重点内容合格通过。推进初中、高中教育的有机衔接，注重学生在初中阶段能力素养的全面积累，为高中阶段的特色培养奠定基础，减轻学生过重的课业负担。将非计分考试科目成绩纳入综合素质评价，作为学生初中毕业的依据和升学重要参考，以防学生群体性偏科。

三、考试评价方式方法要多样化

当今新时代的学生群体异质性日益增强，高中学校特色化发展势头迅猛，传统纸笔考试明显无法满足学生和学校个性化需求，必须辅之以口试、面试、小论文、模拟课、档案袋等多种评价方法，尽可能达成定量评价与定性评价相结合、考试科目和考查科目相结合、校内形成性评价和校外终结性评价互补、合格要求和等级区分相结合，让学校既能依靠经验和观察进行评价，也可根据数据和事实进行分析判断，既强调检视学生考试最终结果，也注重考查学生发展变化，全面客观地反映学生成长的过程性及阶段性特征。即便是传统纸笔考试，结果呈现也应从方便学校招生的角度提供原始分、标准分、等级分以及考生在群体中相对位置等完整信息。

四、学生和学校要拥有更多选择权

全国各地所有中考改革方案都不约而同地增加了选择性。例如，外语听力和口语提供两次考试机会，以最高成绩为准；部分地区为学生发挥特长提供考试科目选择。但是，这种选择性还远远不够，特别是学校招生选择权体现不充分。考试机构为考生提供多次考试、多种考试方式、多门科目考试等选择机会，是教育发达国家和地区的通行做法。学校、考试机构应该尽可能全面地提供覆盖初中课程的考试评价服务，即便同一考试科目也应根据考试评价目的、功能不同采用两卷制或多卷制。初中学校应该有权自主为学生选择考试机构，甚至可以为每门课程分别选择考试机构。高中学校应根据自身的办学类型、培养目标、办学水平，对报考者提出本校特定的考试要求和录取标准，考生根据自身特长和志向自愿选择是否参加该校考试。应该统筹考虑不同地区经济社会发展和教育水平的差距，兼顾城市和农村学生不同的学习生活和体验，给考生更多发挥能力的空间和开展实践的机会，使考生可以根据报考学校要求、自身志向、兴趣爱好及潜能特长选择性参加考试。只要考生达到学校招生要求、完成国家规定教育目标、满足初中阶段素质教育基本要求，完全没有必要让所有考生参加完全一样的统一考试，也没有必要要求所有招生学校使用完全一样的考试评价信息。

第二节　建立多元化招生录取制度

归根结底，招生录取制度决定考试评价制度，考试评价要为招生服务，招生录取制度改革更为关键。

一、高中学校应成为招生真正主体

目前，全国普遍实行以地市为单位、统一时间、统一地点、分批次招录的中招模式，优点是效率高、易监管，缺点是招生学校自主权不足。高中特色化发展必然要求高中学校成为招生主体，应该赋予高中更多招生自主权，逐步取消分批次录取制度，让它们能够自主制定录取标准、招生程序、招生计划、招生周期，自主选择招生方式并决定录取结果，承担招生公平公正的最终责任。同时，应该完善学校内部招生录取制度建设，比如成立以资深教师为主要成员、校长为第一责任人的招生委员会等，尽可能消除招生权力过于集中的弊端。打造公共网络招生信息服务平台，建立政府主导、社会组织和专业机构参与的外部监督机制，健全诚信教育和管理制度，让招生人员不能腐、不敢腐乃至不想腐。现阶段，优质高中招生名额分配对于促进义务教育均衡发展、实现教育公平、构建社会主义和谐社会意义重大；但过高的名额分配比例必然削弱高中学校招生自主权，名额分配只能是权宜之计，而不能是长久之策。

二、录取标准和招生方式多元化

以更加多元的评价标准、更加多样的招生方式选拔人才，是中考改革的必由之路。2016 年教育部出台的《指导意见》提出，目标是到 2020 年左右初步形成基于初中学业水平考试成绩、结合综合素质评价的高中阶段学校考试招生录取模式，并提出了进一步完善高中阶段学校自主招生政策的计划。高中阶段学校有权获得高中统一入学考试成绩、初中学业水平考试成绩、初中综合素质评价、高中自主测试（如中职学校职业适应性测试、优质高中加试等）成绩等全面综合的考试评价信息，改变过去单纯依靠考试分数简单相加录取的做法，鼓励不同类型学校根据自身培养目标和办学特色提出适切的录取标准，以最能反映录取标准要求的相应考试评价信息作为选拔核心依据，其他方面以满足国家教育目标合格要求为入学门槛。这样既能减轻学生不必要的课业负担和考试压力，也能更有效地提高学生和学校之间的匹配度。在招生方式选择方面，应鼓励不同类型、不同水平，甚至同一高中学校根据实际需要自主选择常规招生、推荐入学、保送入学、定向招生、破格录取、注册入学、抽签录取、先到先得等多种招生方式。招生理应成为高中学校个体化行为，而不是政府主导的集体性行为。

三、以公开透明保障入学机会公平

教育公平是群众高度关注的热点问题，也是关系中考改革成败的关键问题，必须以招生全程公开透明保障入学机会公平。初中学校对学生综合素质评价的结果、推荐学生名单、教师推荐信，高中学校招生录取实施方案、综合素质评价等级认定标准和结果、推荐保送学生的名单和审核过程、最终录取结果等都要进行公示。招生学校应该提前向社会发布招生手册，招生手册应公开招生计划、招生程序、招生方式、录取标准、招生周期、申诉渠道、监督电话等重要信息，并保证利益相关者能够以便捷方式获取。教育考试机构应建立教育考试考生诚信档案，记录、保留在教育考试中作弊考生的相关信息。教育考试考生诚信档案中记录的信息未经法定程序，任何组织、个人不得删除变更。国家教育考试考生诚信档案可以依申请接受社会有关方面的查询，并应当及时向招生机构提供相关信息，作为招生参考条件。总之，完善信息公开制度，建立考试招生诚信档案，充分发挥政府管理和社会监督的作用，方能确保考试招生工作有序进行。

第三节　建立法治化监督管理制度

实践证明，无论是保留在教育行政部门，还是下放到考试机构或招生学校，不受制度约束和监督制衡的考试招生权力很容易导致腐败。客观公正、及时有效、相对独立的监管，是考试招生制度良性运行的重要保证。申诉渠道不畅、招考徇私舞弊问题难以得到有效根治，正是我国高中学校考试招生制度改革必须重点研究并加以完善的关键环节，也是老百姓对改革充满疑虑和不安的根本原因。在考生规模庞大、考试竞争激烈、家长高度重视子女教育、公共诚信制度有待完善、人情关系盛行、法制不够健全、普通百姓维权不易的当代中国，改革监督管理制度尤为必要。

一、改革监督管理体制机制

转变政府职能是改革监督管理体制机制的关键。按照"政事分开、管办分离"的原则，政府的角色应该由过于细致的考试招生微观操作者向宏观管理者过渡，成为基本规则和标准的制定者、秩序的监督者、公平的维护者、公共服务的提供者。考试招生不应是政府独揽专营的垄断事业，应该由社会化考试机构提供考试服务，让高中学校成为招生的真正主体，政府可以对考试招生提出原则性建议（如老少边穷地区的弱势群体的照顾政策），健全考试招生公平公正监督保障机制，而不是"赤膊上阵"直接参与考试招生具体工作。

外部监管是确保中考招生安全的重要保证。外部监管可以委托给非政府公共监管机构，比如设立一个中央级考试监管机构，负责制定国家考试标准、审核批准考试机构草拟的考试大纲和计划、审查部分学科考试结果、监督考试机构执行考试标准等等。监管机构可以直接对全国人大或国务院总理负责，既同教育行政部门保持必要联系，又不受教育行政部门全面控制，独立地发挥作用。另外，完善信息公开制度，建立考试招生诚信档案，由舆论监督、民主监督、当事人监督、社会监督、法律监督等形成监督网络。初中学校综合素质评价认定委员会、高中学校招生录取认定委员会、列席申诉听证会的评审团等，都应该尽量安排家长代表或教育利益相关的社会团体代表参加。

二、设置多层级独立救济渠道

考试招生公平性能否得到保证，是社会对考试招生制度改革的最大担忧。

设置便捷、有效、免费的救济渠道是公平性保障的核心内容。当前，考试招生申诉体制机制尚不够健全，制度安排往往导致申诉受理者与投诉对象重合的尴尬局面，申诉受理者很难保证办案应有的中立与超然，让申诉得到客观公正处理，实现责任追究。应该明确不同类型高中学校、考试机构和招生机构的申诉受理机构，比如私立高中的申诉对象应为学校董事会，为申诉者安排中央级、省级、地市级、区县级、学区级的申诉、复议、诉讼多层级救济机制，申诉受理机构（处理主体）应既同教育行政部门保持必要联系，又不受教育行政部门利益的干扰或权力的限制，独立地发挥作用。最高申诉受理机构直接对全国人大或国务院总理负责，作出的决定应具有终审性法律效力。此外，申诉受理机构应指定专门机构为有申诉需求的考生及家长提供免费法律援助服务和指导。行政复议、诉讼也应该充分考虑考生和家长处于相对弱势的现实，在程序设计、经济救助、执行过程等环节予以必要倾斜和帮扶。听证会的组成人员要有专业性和中立性，应由学校负责人、职能部门负责人、司法界人士、利益相关的社会团体代表、媒体代表、教师代表、学生代表等组成，人数和成员比例以公正公平为原则设定。经过多年的积累，全国法律专业人才队伍充裕，用好这个富集资源是中考改革成功的重要保证。

三、完善招生录取相关法律法规

有法可依是考试招生制度良性运行的基本前提。长期困扰司法及教育界的现实问题是，考试招生违规违法行为处理无法可依，既没有专门的法律法规，也没有系统完备的部门规章。考题泄密只能借用《治安管理处罚条例》和《中华人民共和国保密法》以非法获取国家机密罪、泄露国家秘密罪的名义判罚，而考试机密只能强行解释为相关法律所列的其他秘密事项。2014 年 7 月，教育部出台《普通高等学校招生违规行为处理暂行办法》，加上 2012 年 1 月修订的《国家教育考试违规处理办法》，高等教育领域的考试招生违规行为处理办法勉强建立起来，但结构严密性、内在协调性、处理条款针对性和可操作性有待进一步提高。至于高中考试招生违规行为处理办法，依然付之阙如。必须尽快起草规范国民教育体系所有考试招生行为的《考试招生法》，明确相关责任主体的权利和义务范围，制定考试招生必须遵守的基本规范以及各种违规违法行为的处罚措施，确保考试招生工作有序进行。

参 考 文 献

一、专著

[1] 田中耕治.教育评价[M].北京:北京师范大学出版社,2011.

[2] H.K.科尔巴奇.政策[M].张毅,韩志明,译.长春:吉林人民出版社,2005.

[3] 刘海峰.高考改革的理论思考[M].武汉:华中师范大学出版社,2007.

[4] 黄全愈.你离美国大学有多远[M].北京:中国人民大学出版社,2010.

[5] 吴刚.现代教育评价教程(第二版)[M].北京:北京大学出版社,2015.

[6] 胡中锋.教育评价学(第三版)[M].北京:中国人民大学出版社,2016.

[7] 金娣.教育评价与测量(修订版)[M].北京:教育科学出版社,2007.

[8] DILLON ERIN, ROTHERHAM ANDY. States evidence: what it means to make adequate yearly progress under NCLB[M]. Washington. District of Columbia: Education Sector, 2009.

[9] DANIEL GOLDEN. The price of admission[M]. New York: Three Rivers Press, 2006.

[10] LINDA DARLING HAMMOND. Authentic assessment in action: studies of schools and students at work[M]. New York: Teachers College Press, 1995.

[11] LINDA DARLING HAMMOND. Beyond the bubble test: how performance assessments support 21st century learning[M]. San Francisco: Jossey-Bass, 2014.

[12] DIANE RAVITCH. Debating the future of American education: do we need national standards and assessments? [M]. Washington, D.C.: THE BROOKINGS INSTITUTION, 1995.

[13] LINDA DARLING HAMMOND. Graduation by Portfolio at Central Park East Secondary School[M]. New York: Teachers College Press, 1995.

[14] KATHERINE E. RYAN. The future of test-based educational

accountability [M]. New York: Routledge Taylor & Francis Group, 2008.

[15] GOLDIN CLAUDIA. The race between education and technology [M]. Massachusetts: The Belknap Press, 2008.

[16] American Educational Research Association, American Psychological Association, and National Council on Measurement in Education. Standards for educational and psychological testing [M]. Washington D. C.: American Educational Research Association, 2014: 50 - 54.

[17] 大阪大学.平成22年度大阪大学入学者選抜要項[M].大阪:大阪大学出版社,2009.

[18] 大阪大学.大阪大学POST:第115号[M].大阪:大阪大学出版社,2009:12.

二、期刊文章

[1] 安双宏.印度高考制度探析[J].比较教育研究,2010(9):58 - 60.

[2] 曹秀娟,徐辉.试析印度高级中学证书考试制度及启示[J].外国教育研究,2010(6):54 - 57.

[3] 冯先杰.美国大学入学考试制度及对我国高考改革的启示[J].教育研究,2005(4):37 - 38.

[4] 湖北省武汉市教育局.从实际出发寻找改革的"路线图"——湖北省武汉市中考制度改革谈[J].人民教育,2008(13 - 14):31 - 39.

[5] 胡乐乐.英美高考改革最新进展研究[J].天津市教科院学报,2007(2):67 - 70.

[6] 胡国勇.竞争选拔与质量维持——大众化背景下日本大学入学考试的变革与现状[J].复旦教育论坛,2007(1):68 - 73.

[7] 侯彩颖.德国完全中学毕业证书考试述评[J].上海教育科研,2014(6):62 - 65.

[8] 牛学敏,王后雄.德国大学招生与考试制度改革述评[J].中国考试,2009(2):29 - 34.

[9] 黄晓婷,韩家勋.浅谈标准参照与常模参照相结合的高中学业水平考试设计方法[J].中国考试,2019(7):44 - 50.

[10] 姬会娟.芬兰"个性化高考"及其对我国高考改革的启示[J].考试与招生,2011(2):57 - 59.

[11] 刘燕敏.法国高考考什么[J].世界中学生文摘,2005(8):16－17.

[12] 刘敏,王苏雅.德国大学入学招生制度的基本程序及其变革与走向[J].考试与招生,2016(7):20－25.

[13] 刘彬.芬兰大学入学考试制度及对我国高考制度的启示[J].教育与考试,2009(5):85－87.

[14] 刘文权.俄罗斯国家高考改革新动态及对我国的启示[J].中国民族教育,2014(11):9－11.

[15] 刘慧颖.俄罗斯“高考”的改革[J].教育观察,2014(11):1－3.

[16] 李凌艳.从西方教育评价理论发展视角看我国学校评估研究[J].教育理论与实践,2010(2):25－29.

[17] 齐森.美国教育理事会美国教育考试与评价现状[J].中国考试,2004(1):44－47.

[18] 邵海昆,陈骁.俄罗斯高考:历史与现实[J].教育与考试,2015(2):34－39.

[19] 邵海昆.俄罗斯高考制度下的优惠招生政策[J].中国考试,2015(7):53－59.

[20] 邵海昆,柴亚红.俄罗斯高考制度的内容、特点及启示[J].考试与招生,2015(2):45－49.

[21] 任长松.打开美国大学之门的十把钥匙——兼谈美国对于高考改革与“取消高考”的争论[J].教育理论与实践,2008(8):30－35.

[22] 任长松.美国高校录取体制深度剖析[J].教育理论与实践,2009(6):30－34.

[23] 汪凌.法国高考招生制度及其启示[J].湖北招生考试,2005(4):62－65.

[24] 王烽.面向教育现代化的高考改革设计:不忘初心　完善格局[J].中小学管理,2017(7):25－28.

[25] 王烽.高校招生“综合评价”的价值导向和制度建构[J].北京大学教育评论,2013(1):157－163.

[26] 王水玉.高中招生不论分数论等级——山东潍坊市中考招生改革的实践与探索[J].中小学管理,2007(1):21－23.

[27] 武小鹏.韩国高考制度的演变及思考[J].考试与招生,2017(5):52－57.

[28] 武小鹏,张怡,张钧波.韩国高考制度的演变及思考[J].考试与招生,2017(5):52－58.

[29] 夏欣茁.英国高考制度及对中国高考改革的借鉴意义[J].辽宁教育行政学院学报,2007(3):41－42.

[30] 徐小洲.韩国高考改革的动向及启示[J].教育研究,2003(12):66-82.
[31] 杨光富.美国大学入学考试 SAT 改革述评[J].全球教育展望,2015(1):83-91.
[32] 余慧娟.让中考改革走上制度化、科学化道路——访教育部基础教育司巡视员朱慕菊[J].人民教育,2008(13-14):7-10.
[33] 俞可.德国大学招生与培养制度尊重学生个性[J].上海教育,2011(19):20.
[34] 张娜.从对教育的评价到促进教育的评价——教育评价国际研究进展综述[J].基础教育,2017(8):81-88.
[35] 张文军.英国 14—19 岁普通教育考试制度与高校入学机制的关系研究[J].比较教育研究,2004(7):47-51.
[36] 张家勇.美国标准化考试改革[J].比较教育研究,2003(2):81-85.
[37] 张家勇.异地高考政策刍议[J].北京教育,2012(11):16-18.
[38] 张家勇,朱玉华.优化教育决策需要体制机制创新——以考试招生制度改革为例[J].当代教育科学,2015(13):36-39.
[39] 张家勇.我国中考改革的现实困境及突破路径[J].中国教育学刊,2015(6):15-19.
[40] 张家勇.中考改革必须回答的几个关键问题[J].人民教育,2015(8):13-15.
[41] 张家勇.新高考改革的进展、挑战与政策建议[J].中国教育学刊,2018(8):42-46.
[42] 张家勇.建设教育强国必须突破教育评价瓶颈[J].新华文摘,2019(5):124-125.
[43] 张俊勇,张玉梅.俄罗斯国家统一考试改革历程及对中国高考改革的启示[J].考试研究,2012(4):9-15.
[44] 朱玉华.印度高中入学考试及招生制度探析[J].比较教育研究,2014(11):64-68.
[45] 赵茜,等.普通高中招生政策对于教育公平的回应——2013 年各省《中考招生工作实施意见》分析[J].上海教育科研,2014(3):5-9.
[46] 徐辉,曹秀娟.印度高级中学证书考试及启示[J].考试与招生,2010(3):47-49.
[47] DIANA BARRETT. A kickback against graduation exams [J]. USA Today, 2006, August 17:11.

三、报纸文章

[1] 汪明.从地方实践看中考改革路向何方?[N].中国教育报,2013-11-21(5).
[2] 王烽."买方市场"下的中考改革与个性化教育[N].光明日报,2016-10-25(15).
[3] 张婷,等.上海:给学生一个多选的未来[N].中国教育报,2017-09-23(1).
[4] 张雷生.韩国:动态调整中寻最佳方案[N].中国教育报,2014-09-24(1).
[5] 张家勇.多一些追问,就会添几分明智[N].中国教育报,2016-06-15(5).
[6] 张家勇.中考改革——来自世界的声音[N].中国教育报,2014-03-05(5).
[7] 张家勇.美国是如何步入应试教育的[N].中国教育报,2017-12-01(5).
[8] 张家勇.建设教育强国必须突破教育评价瓶颈[N].光明日报,2018-12-11(5).
[9] 赵婀娜.努力让十三亿人民享有更好更公平的教育——党的十八大以来中国教育改革发展取得显著成就[N].人民日报,2017-10-17(1).

四、报告

[1] 国家教育考试指导委员会.关于高考改革前期调研工作情况的汇报[R].2012.2-3.

五、网络文献

[1] 一读 EDU.法国高校招生制度详解:人人都能上大学[EB/OL].(2016-12-17)[2017-04-16].https://www.sohu.com/a/121831836_374087.
[2] 中华人民共和国教育部.教育部有关负责人就 2017 年普通高等教育招生计划管理工作答记者问[EB/OL].[2017-12-16].http://www.moe.gov.cn/jyb_xwfb/s271/201705/t20170510_304227.html.
[3] 中华人民共和国教育部.2017 年全国教育事业发展统计公报[EB/OL].[2018-12-16].http://www.moe.gov.cn/jyb_sjzl/sjzl_fztjgb/201807/t20180719_343508.html.
[4] 中华人民共和国教育部.2019 年全国教育事业发展统计公报[EB/OL].[2020-04-16].http://www.moe.gov.cn/jyb_sjzl/sjzl_fztjgb/202005/t20200520_456751.html.
[5] Central Board of Secondary Education. CBSE Annual Report 2011—2012[EB/OL].[2013-04-16]. http://cbse.nic.in/welcome.htm.

[6] Board of Secondary Education Rajasthan. Examinations Conducted by the Board[EB/OL].[2013-04-16]. http://rajeduboard.rajasthan.gov.in.

[7] CISCE. ICSE & ISC 2013 Examinations[EB/OL].[2013-04-16]. http://cisce.azurewebsites.net/examination.aspx.

[8] Department for Education. Education and training statistics for the United Kingdom 2015 edition [EB/OL]. [2018-04-16]. https://www.gov.uk/government/uploads/system/uploads/attachment_data/file/473858/SR43_2015_Main_Text.pdf.

[9] Department for Education. Ofqual publishes reports relating to 2016 GCSE, AS and A levels[EB/OL]. [2013-04-16]. https://www.gov.uk/government/news/ofqual-publishes-reports-relating-to-2016-gcse-as-and-a-levels.

[10] Department for Education. A LEVEL AND OTHER LEVEL 3 RESULTS IN ENGLAND, ACADEMIC YEAR 2012 TO 2013 (REVISED) [EB/OL]. [2017-04-16]. https://www.gov.uk/government/uploads/system/uploads/attachment_data/file/274537/SFR02_January_2014_FINAL.pdf.

[11] Department for Education. Statistical First Release 2013[EB/OL]. [2017-04-16]. https://www.gov.uk/government/uploads/system/uploads/attachment_data/file/251184/SFR40_2013_FINALv2.pdf.

[12] Department for Education. Provisional destinations: key stage 4 and 5 pupils, 2013 to 2014[EB/OL].[2016-04-16]. https://www.gov.uk/government/statistics/provisional-destinations-key-stage-4-and-5-pupils-2013-to-2014.

[13] Department for Education. A level and other level 3 results in England, academic year 2012 to 2013 (revised)[EB/OL].[2016-04-16]. https://www.gov.uk/government/uploads/system/uploads/attachment_data/file/274537/SFR02_January_2014_FINAL.pdf.

[14] Department for Education. Statistical First Release 2013 [EB/OL]. [2017-04-16]. https://www.gov.uk/government/uploads/system/uploads/attachment_data/file/251184/SFR40_2013_FINALv2.pdf.

[15] Department for Education. Publications: All Consultations[EB/OL]. [2017-04-16]. https://www.gov.uk/government/publications?departments%5B%5D=all&from_date=&keywords=GCSE&official_document_status=all&page=2&publication_filter_option=

consultations&to_date=&topics%5B%5D=all.

[16] UK Government. Appeal an exam result[EB/OL].[2013 - 04 - 16]. https://www.gov.uk/appeal-exam-result/overview.

[17] Government Digital Service. The National Archives[EB/OL].[2013 - 04 - 16]. http://www. nationalarchives. gov. uk/records/research-guides/secondary-education.htm.

[18] Government Digital Service. Department for Education comment on GCSE results [EB/OL]. [2013 - 04 - 16]. https://www. gov. uk/government/news/department-for-education-comment-on-gcse-results.

[19] Government of Kerala. Higher Secondary Admission 2012—2013[EB/OL].[2013 - 04 - 16]. http://www. hscap. kerala. gov. in/CMSControl/admin/uppdf/Prospev.pdf.

[20] Government Digital Service. Schools Admissions[EB/OL].[2013 - 04 - 16].https://www.gov.uk/schools-admissions/admissions-criteria.

[21] Ministry of Human Resource Development. Statistics of School Education 2010—2011[EB/OL].[2013 - 04 - 16].http://mhrd.gov.in/sites/upload_files/mhrd/files/SES-School_201011_0.pdf.

[22] Ministry of Human Resource Development. Results of High School and Higher Economy Examinations 2010[EB/OL].[2017 - 04 - 16]. http://mhrd.gov.in/sites/upload_files/mhrd/files/ExamResults2010_0.pdf.

[23] National Association for College Admission Counseling. 2017 State of College Admission[EB/OL].[2017 - 04 - 16]. https://www. nacacnet. org/globalassets/documents/publications/research/soca17final.pdf.

[24] National Center for Education Statistics. Digest of Education Statistics 2011[EB/OL].[2013 - 04 - 16]. http://nces. ed. gov/programs/digest/d11/index.asp.

[25] National Center for Education Statistics. Fast Facts[EB/OL].[2013 - 04 - 16].http://nces.ed.gov/fastfacts/display.asp? id=55.

[26] New Era High School. Admission Policies[EB/OL].[2013 - 04 - 16]. http://www. nehsindia. org/academic-moral-evaluation New Era High School.

[27] Nordic Recognition Information Centers. The System of Education in India [EB/OL].[2013 - 04 - 16]. http://www. nokut. no/Documents/NOKUT/

Artikkelbibliotek/Kunnskapsbasen/Konferanser/SU%20konferanser/Seminarer/Fagseminar_06/The%20System%20of%20Education%20in%20India.pdf.

[28] Ofqual. GCSE Reform: Regulations for Science[EB/OL].[2017-04-16]. https://www.gov.uk/government/consultations/gcse-reform-regulations-for-science.

[29] Ofqual. Resits for Legacy GCSE, AS and A Levels[EB/OL].[2017-04-16]. https://www.gov.uk/government/consultations/resits-for-legacy-gcse-as-and-a-levels.

[30] Ofqual. Regulating Use of Calculators in New GCSEs, AS and A levels [EB/OL]. [2017-04-16]. https://www.gov.uk/government/consultations/regulating-use-of-calculators-in-new-gcses-as-and-a-levels.

[31] Office of the Schools Adjudicator. How to Raise an Objection to School Admission Arrangements [EB/OL]. [2017-04-16]. http://www.education.gov.uk/schoolsadjudicator/howwecanhelp/a0076144/how-to-raise-an-objection-to-school-admission-arrangements.

[32] Politics Co UK. Academies[EB/OL].[2013-04-16]. http://www.politics.co.uk/reference/academies.

[33] Prakash Higher Secondary School. Admission and Withdrawals [EB/OL].[2013-04-16]. http://www.prakashcbseschool.in/admission-and-withdrawals.html.

[34] St. Xavier's Higher Secondary School. Admission Procedure [EB/OL]. [2013-04-16]. http://www.stxaviersbth.com/admission-procedure.aspx St. Xavier's Higher Secondary School.

[35] Sixth Form College. How to Apply[EB/OL].[2013-04-16]. http://www.lipasixthformcollege.org/page/? title=How+to+apply&pid=33.

[36] The Sixth Form College (Colchester). How to Apply[EB/OL].[2017-04-16]. https://www.colchsfc.ac.uk/documents/index.php#prospectus.

[37] South Gloucestershire Council. School Admissions Appeals [EB/OL]. [2017-04-16]. http://www.southglos.gov.uk/Pages/Article%20Pages/Children%20Young%20People/School%20admissions/School-admission-appeals.aspx.

[38] South Gloucestershire Council. Admission to Secondary Schools in South Gloucestershire September 2014-August 2015 A Guide for Parents /

Careers[EB/OL].[2017 - 04 - 16]. http://www. southglos. gov. uk/Documents/CYP130076.pdf.

[39] The UNESCO Institute for Statistics (UIS). Global Education Digest 2012 Opportunities Lost: The Impact of Grade Repetition and Early School Leaving[EB/OL].[2013 - 04 - 16]. http://www. uis. unesco. org/Education/GED%20Documents%20C/GED-2012-Complete-Web3.pdf.

[40] The US-UK Fulbright Commission. US School System[EB/OL].[2013 - 04 - 16]. http://www. fulbright. org. uk/study-in-the-usa/school-study/us-school-system UCAS. Who We Are [EB/OL]. [2017 - 03 - 15]. https://www.ucas.com/about-us/who-we-are.

[41] Wikimedia Foundation. English Baccalaureate[EB/OL].[2017 - 04 - 16]. http://en.wikipedia.org/wiki/English_Baccalaureate.

[42] Wikimedia Foundation. Independent school (United Kingdom)[EB/OL].[2013 - 04 - 16]. http://en. wikipedia. org/wiki/Independent_school (UK).

[43] Wikimedia Foundation. Education in the United States[EB/OL].[2013 - 04 - 16]. http://en. wikipedia. org/wiki/Education_in_the_United_States #Secondary_education.

[44] 九州大学. 平成 24 年度九州大学入学者選抜概要[M/OL]. 九州:九州大学出版社,2011:7[2012 - 05 - 07]. http://www.kyushu-u.ac.jp/entrance/examination/result/H24_jyokyo.pdf.

[45] 東京大学.東京大学入学者選抜要項[EB/OL].[2014 - 03 - 06]. http://www.u-tokyo.ac.jp/stu03/e01_01_j.html.

[46] 大学入試センター.平成 24 年度大学入試センター試験実施結果の概要[EB/OL].[2017 - 04 - 16]. http://www. dnc. ac. jp/modules/center_exam/content0011.html.

[47] 京都府教育委員会.平成 25 年京都府公立高等学校入学者選抜要項[EB/OL].[2013 - 04 - 16]. http://www. kyoto-be. ne. jp/koukyou/senbatsu/youkou/youkou1.pdf.

[48] 文部科学省.調查結果の概要(高等教育機関)[EB/OL].[2020 - 03 - 06]. https://www.mext.go.jp/content/20191220-mxt_chousa01-000003400_3.pdf.

[49] 文部科学省.平成 24 年度国公私立大学入学者選抜実施状况[EB/OL].[2020 - 03 - 06]. http://www. mext. go. jp/b_menu/houdou/24/10/__

icsFiles/afieldfile/2012/10/19/1326903_1_4.pdf.
[50] 文部科学省.高等学校教育の現状[EB/OL].(2011 - 09 - 27)[2013 - 04 - 16]. http://www. mext. go. jp/component/a _ menu/education/detail/__icsFiles/afieldfile/2011/09/27/1299178_01.pdf.
[51] 文部科学省.平成 24 年度第 1 回高等学校卒業程度認定試験実施結果について(訂正)[EB/OL].[2017 - 04 - 16]. http://www. mext. go. jp/b_menu/houdou/24/09/__icsFiles/afieldfile/2012/09/21/1326098_01.pdf.
[52] 文部科学省.第 6 期中央教育審議会委員[EB/OL].[2017 - 06 - 05].http://www.mext.go.jp/b_menu/shingi/chukyo/chukyo0/meibo/1327416.htm.

后　记

2004年以来，我一直在教育部教育发展研究中心从事宏观教育政策研究，切身体会到政策研究不仅要符合教育逻辑、理论逻辑、学术逻辑，更要遵从政治逻辑、经济逻辑、实践逻辑。2013—2014年，我作为核心成员参加了《国务院关于考试招生制度改革的实施意见》文件的起草、论证与解读工作。随后几年里，我又陆续参加国家社会科学基金教育学重点课题“升学考试制度改革的基本目标与总体框架研究”、教育部人文社会科学研究项目“考试招生制度改革的总体目标和基本框架”、中央级公益性科研机构基本科研业务费专项课题“国外高中考试招生制度研究”和“中国特色教育评价体制、政策与实践”、教育部基教司委托课题“高中阶段学校考试招生制度研究”等课题的申报、研究或结题工作，主持并完成2013年留学回国人员科研启动基金项目“国外高校招生自主运行及保障机制研究”、2015年首都教育发展协同创新中心一般课题“北京市中考改革政策建议研究”等课题。2016年，我受教育部委派前往美国调研国外考试招生制度改革，利用哈佛大学图书馆收集了有关国外考试招生制度改革的重要文献。

经过这些课题研究，我在考试招生制度改革方面渐渐积累并形成了一些较扎实的学术成果，先后在《中国教育学刊》《光明日报》等报刊发表论文15篇，其中1篇被《新华文摘》全文转载，3篇被人大复印资料全文转载，拙著就是在这些成果的基础上深化拓展而成的。拙著得以顺利出版，直接归功于工作单位领导们的关心提携和同事们的支持帮助，同时也离不开众多亲朋好友的热情鼓励和无私奉献。

首先，要感谢教育部教育发展研究中心的领导们。彭斌柏主任接手不到一年，迅速融入中心这个大家庭，带领汪明、马陆亭、陈如平三位副主任从职能定位、队伍赋能、经费筹集、制度建设、文化重塑等方面深化改革，确保中心工作正常运转、科学运转、高效运转。已调任教育部职业教育与成人教育司的陈子季前主任在中心的两年间锐意改革，为中心全体同志搭平台、找资源、鼓斗志、促成长，很快让曾经辉煌却深陷低迷的发展中心重新焕发出勃勃生机，高质量研究成果不断涌现，成为国内首屈一指的高端教育智库，每个人脸上都洋溢着久违的自豪感、幸福感和获得感；已升任中国教育学会秘书长的杨银付前副主任也对相关研究工作给予了大力支持和具体指导。

其次，要感谢教育部教育发展研究中心的同事们。汪明、马陆亭两位研究员陆续升任中心副主任，奖掖后学不遗余力，是大家做人治学的好榜样。综合研究部王烽主任儒雅清正、学识渊博、极富洞见，是发展中心首席专家，直接参与很多考试招生制度改革政策文件的起草和调研，拙著中很多思路和观点深得王烽主任的指导和启发。首席专家王晓燕研究员、王建研究员、安雪慧研究员、刘承波研究员等在各自研究领域都有不同凡响的成就，在日常工作中给予我数不清的鼓励和帮助。鞠光宇博士博学多才、勤学善思，每有感悟总是第一时间与我分享，成为我购书、阅读和选题的第一向导和重要参谋。

再次，要感谢王英杰、陈敬朴两位恩师。硕士导师陈敬朴教授一直默默地关注我的成长，为我每一个微不足道的点滴进步鼓掌喝彩。博士导师王英杰教授自始至终从容自如、淡泊名利，从不给学生压力，为每一位工作生活不如意的学生送去抚慰和开导。

另外，要感谢很多朋友的鼎力支持和热情帮助。在研究过程中，国内外很多朋友提供了颇具价值的建议和帮助，例如美国哈佛大学 Helen Haste 教授和中国留学生向芯、高鹏宇等，日本大阪大学的岛津茜和中国留学生李楠、乌日嘎等，为我提供了美国和日本考试招生制度改革的宝贵资料和信息。在我为拙著辗转联系出版社之际，很多新朋老友纷纷出谋划策、施以援手，特别是南师校友胡献忠博士辗转联络对接，竭力为拙著寻找归宿。身处新冠肺炎疫情震中之地湖北的好友张华英女士，素来古道热肠，有侠女风范，不顾疫情风险东奔西走，为我联系业界知名的出版单位。刘祥辉、程娟等也为拙著的出版四处打探消息，努力为我争取最佳机会。

还要特别感恩上海教育出版社，缪宏才社长一如既往地把出版的社会效益放在首位，对我这名素未谋面的普通作者关爱有加；责任编辑曹婷婷以极高的工作效率逐项落实出版流程，为提高拙著的质量付出大量心血。拙著由初稿到正式出版，真如一场破茧成蝶，一步一进，而每一进步都离不开编辑老师的细心审阅和匠心打磨。

最后，要感谢家人的支持。2017 年夏天，岳母张爱连女士只身离开河南省温县舒适温馨的老家远赴陌生的首都，在京期间她老人家昼夜照看刚出生的小女儿，还帮助我们操持洗衣、做饭、清洁等繁琐家务，从未喊苦喊累。妻子朱玉华放弃即将到手的博士学位，把重心放在辅导儿子学习、照看闺女生活上，不敢让我有丝毫的分心。父母张传清、余嗣荣均年届八旬，仍放心不下早已成家立业的子女，每年都祈求祖先保佑我们事业有成、生活顺心。

此时此刻，我忍不住又一次想起善良的姐姐张家珍，她学习成绩一向优秀，但初中读了一年就辍学回家挣工分，成为家里名副其实的顶梁柱。家姐是村里第一批外出打工的女性，生活的重压和无休止的加班摧毁了她的身体。2012年初夏，年仅49岁的她带着无尽的留恋和不舍离开了这个世界。姐姐一生最大的幸福就是看着弟弟妹妹们成长进步，我依稀记得自己考取中师时、结婚时姐姐脸上灿烂的笑容，祈愿姐姐在天之灵安稳静好！

拙著虽是多年研究成果积淀而成，但由于考试招生制度改革的高度复杂性、敏感性和专业性，难免存在肤浅、片面、谬误之处，欢迎读者诸君批评指正。